安徽师范大学教材建设基金资助项目
安徽省教育科学研究重点项目
芜湖市科技计划（软科学）项目

科技文献检索入门与提高

潘杏仙◆编著

安徽师范大学出版社

责任编辑:吴毛顺
装帧设计:王 芳 丁奕奕

图书在版编目(CIP)数据

科技文献检索:入门与提高 / 潘杏仙编著. —芜湖:安徽师范大学出版社,2013.10(2020.9重印)
ISBN 978-7-5676-0986-0
Ⅰ.①科… Ⅱ.①潘… Ⅲ.①科技情报—情报检索 Ⅳ.①G252.7

中国版本图书馆CIP数据核字(2013)第231814号

科技文献检索:入门与提高

潘杏仙 编著

出版发行:安徽师范大学出版社
芜湖市九华南路189号安徽师范大学花津校区 邮政编码:241002
网 址:http://www.ahnupress.com/
发 行 部:0553-3883578 5910327 5910310(传真) E-mail:asdcbsfxb@126.com
经 销:全国新华书店
印 刷:苏州市古得堡数码印刷有限公司
版 次:2013年10月第1次修订
印 次:2020年9月第5次印刷
规 格:787×960 1/16
印 张:15.25
字 数:290千
书 号:ISBN 978-7-5676-0986-0
定 价:24.00元

序

当今时代，信息技术飞速发展，信息量急剧增长，信息和知识成为国家和社会发展重要的战略资源。如何在浩如烟海的信息海洋中，成功获取并有效利用所需要的知识和信息，成为个人和组织适应信息社会生存和发展的必备素养。这种信息素养不仅是现代人文化素养的一部分，也是科学素养的重要基础。信息素养能培养人独立自主学习的态度和方法，培养人追求新信息的意识，获取、运用和创造新的信息和知识的能力。因此，信息素养教育理所当然成为发展终身教育的核心要素和造就创新型人才的重要途径。早在20世纪70年代，欧美发达国家就开始了信息素养教育研究与实践，普及信息素养教育，重视适应信息时代的高素质人才培养，增强国际竞争力。高等教育是培养国家建设人才的基地，在高等教育中普及信息素养教育，对于我国培养创新型人才，推行终身教育，提高全社会信息素养水平，无疑具有十分重要的意义。

20世纪80年代，我国高等教育通过在课程体系中设置"文献检索课"开始了推行高校信息素养教育的尝试。"文献检索课"已经成为高校学生重要的通识课或必修课，通过对各类型信息资源的介绍和查询检索技能的指导，实现大学生从"学会知识"到"会学知识"的转变，被公认为是大学生提高信息素养必不可少的入门和基础。

自20世纪90年代以来，随着信息技术的迅速发展，信息环境发生了巨大的变化。数字信息资源以传统信息资源难以比拟的优势逐渐成为信息资源的主体。新的网络环境使信息的生产、存储和传递的方式发生了革命性的变化，进而深刻影响了信息资源的内容、类型、组织、交流和分布。以信息内容动态化、信息载体多样化、信息组织知识化、信息交流多元化和信息分布网络化为特征的信息环境带来了信息资源的获取、开发和利用在方式和方法上的变革，这对包括高校文献检索课程在内的信息素养教育的改革提出了新的挑战。

为适应不断变化的信息环境，文献检索课程从名称到内容体系都进行了相应的调整。在名称上，许多高校的文献检索课程更名为"信息检索"、"文献信息检索"、"电子资源检索与利用"和"网络资源评价与利用"等。文献检索课程的内容体系也从以印刷型检索刊物和工具书的检索方法和技巧为重点转向计算机检索、数据库使用方法和技巧以及Internet信息资源检索，以适应数字时代信息资源的新变化。当今信息资源的整体特征和发展态势仍然是传统文献资源和数字信息资源并存互补，这就决定了在相当长的一段时间里，文献检索课程内容体系中既要包括传统文献检索和利用的基本原理，也要涵盖数字信息资源的检索和使用技巧。通过文献（信息）检索课程体系化的内容，实现教学最终目的，即提高大学生信息素养，帮助他们有效利用现有的条件，通过各种途径获取和利用信息资源，最大限度地满足学习和生活上的信息知识需求。

文献检索课程内容体系的变化需要能适应这种变化要求的文献检索课教材。2000年以前出版的教材，基本是依据1992年5月国家教委颁发的《文献检索课教学基本要求》编写的，其内容以手工检索教学为主，计算机检索涉及有限，已无法适应形势发展的需要；2000年以后出版的教材则以数据库和网络检索为主，强调学科专业检索，比较适合于信息管理类专业学生，适应面较窄。因此，编写一部难度适中，适应面较宽，符合现今本科生大众教育模式的通用、综合检索为主体内容的教材，乃当务之急。

《科技文献检索：入门与提高》正是一部应大学生文献信息检索课程改革需要而编写的适时教材。该教材专门针对普通高等院校理科专业和师范院校的大学生的文献检索课程要求，系统地介绍了科技文献检索与利用的基本原理和基础知识与检索技能，并针对本科生学习的特点，结合学生在校学习期间以及今后走向工作岗位的需要，在阐述手工检索和计算机检索原理的基础上，着重介绍国内外常见理工科信息检索工具的实际使用方法，帮助学生掌握文献检索知识，增强信息意识，了解利用各种专业性参考工具书及相关数据库来获取所需信息的途径和方法。该书的特色在于将手工检索与计算机检索融会贯通，深入浅出地介绍科技文献检索的理论知识和著名检索工具系统的使用方法，理论与实践紧密结合，适应面宽、内容丰赡、图文并茂，既具有很强的可读性，又使读者在阅读中掌握相关信息检索理论。

该书的编著者潘杏仙老师20世纪80年代初毕业于武汉大学图书馆学专业，具有系统扎实的图书馆学专业知识，毕业后长期从事文献检索课教学和图书馆信息服务工作，在信息素养教育和信息服务方面有着丰富的经验，并有多项研究成果问世。该教材是作者在借鉴国内已有科技文献检索教材和专著的基础上，结合自己多年从事文献检索与利用及本科生教学实践的经验编著而成的，是作者长期从事信息检索实践与教学研究成果的结晶。

该书适用于普通高等院校的理科专业学生以及师范院校类学生，同时，也可作为图书情报人员和科技工作者自学信息检索的普通读物。相信该书的出版，对于深入开展我国高校信息素养普及教育、深化信息检索课程改革将大有裨益。

肖希明
2013年1月于珞珈山

目　录

第1章　科技文献检索基础

在人类社会的演变和发展过程中，人类的信息活动从来没有间断过，信息一直在积极地发挥着人类意识到或没有意识到的重要作用。20世纪以来，随着科学技术的空前进步，信息、材料和能源已构成现代社会文明的三大支柱。我们随时随地都在自觉不自觉地接受、传递、存储和利用各种信息，毫无疑问，人类已经进入信息时代。为了提高大学生的全面素质以适应信息时代的要求，许多国家将信息素养（Information Literacy）教育作为培养新世纪人才的重要内容，其目的是培养学生的信息意识和提高学生的信息能力，最终达到具备研究和创新能力。

信息意识是指对知识信息的本质及功能的认识和反映，它的强弱决定了对信息获取、判断和利用等方面的敏感和自觉程度。信息能力是指对信息搜集、检索、鉴别、整理、加工、利用和创新的能力，其基础是文献检索与整合的能力。

文献检索是指对文献信息的查找与获取，检索，即查找与索取意思。文献的整合是指对获取文献的鉴别、整理和加工。人们无论是学习、工作、生活、娱乐，还是进行科学研究，都离不开文献利用。我们只有具备一定的文献信息检索与整合能力，才不至于面对汪洋大海般的文献资料陷入找不到、读不完的困境。

科技文献是人们从事生产和科学实验的记录，是人类精神财富的一部分。它汇集着世世代代、千千万万科技工作者的劳动结晶，积累了无数有用的事实、数据、理论、定义、方法、科学构思和假设，记载着成功的经验和失败的教训；同时，它反映着科学技术的进展和水平。大量科学史料证明：没有科学上的继承和借鉴，就没有提高；没有科学上的交流和综合，就没有发展。科学上的继承和借鉴、交流和综合，在当代的物质条件下，主要是通过文献检索与利用来实现的。

高校普遍开展的文献检索课是信息素养（或称信息素质）培育课，是一门科学方法课。旨在掌握查询、利用文献信息资源的科学方法，培养学生信息意识和信息能力。通过文献检索课的学习，使学生能够了解文献检索语言，熟悉文献检索的基本方法，掌握在现代信息网络环境下的信息化生存的基本技能，满足在学习和工作中知识更新和从事科学技术理论与实践研究的需要。

综合归纳一下，科技文献检索有以下几个方面的作用：

1.培养素质能力

现代教育的职能不单纯是知识的传授，还要大力进行各种能力的培养，包括自学能力、思维能力、研究能力、表达能力、创新能力、终身教育能力、组织管理能力和收集处理信息能力。学习和掌握信息的检索、整理和利用是培养和提高学生素质能力的重要途径之一。

2.促进知识更新

现代科技日新月异,科研成果从发明到推广应用的周期和知识的有效期大大缩短。科技人员具备了较强的信息意识就能主动觅取更深、更广、更新的知识;掌握了文献检索的方法和技能,就等于掌握了开启人类知识宝库的钥匙,就能开拓视野,无师自通,让自己的专业知识不断丰富和提高。

3.提高科研效率

一项科研课题无论在立项之前,或者在研究过程中,甚至在研究完成以后的成果评价方面,都离不开查阅有关资料。如果没有掌握科学的查阅文献资料的方法和手段,则耗时耗力;反之,如果能有完善的检索设施和周到的检索服务,研究人员无疑会节省大量时间,把更多精力用于构思相关研究上,那就等于增加或延长了科研人员的寿命,有利于提高科研效率。

4.保障科研成功率

正如牛顿所说,假如我看得远一点,那是因为我站在巨人的肩膀上。科学技术史表明科技发展的重要前提是积累、继承和借鉴前人的研究成果。任何一个科研项目,从选题立项、实际研究到成果鉴定,只有充分掌握相关信息,才能避免重复别人的劳动和研究课题,少走弯路,保证科研的高起点、高水平,获得预期效果。

1.1 文献信息源的识别

联合国教科文组织出版的《文献术语》将"信息源"定义为:个人为满足其信息需要而获得信息的来源。广义的角度是指信息活动中各种要素的总称,即除了信息本身,还包括与信息相关的人员、设备、技术和资金等各种资源;狭义的角度就是指文献信息资源(包括数据和各种媒介形式的信息集合)。

文献信息的表现形式多种多样,了解文献信息的不同形式不仅有助于我们加深对信息内涵及其特征的认识,也为利用文献信息打下了坚实的基础。

1.1.1 基本概念

一、文献的定义

在我国,"文献"一词始见于《论语·八佾》:"夏礼吾能言之,杞不足徵也;殷礼吾能言之,宋不足徵也;文献不足故也。足,则吾能言之。"大意是,孔子能讲解夏、殷的典章制度,但杞、宋两国的典章制度因缺乏足够的文献而无法证实。对孔子所说的文献,宋代朱熹在《四书章句集注》中注释为:"文,典籍也,献,贤也。”这就是说，文献包括典籍和宿贤。典籍指有关典章制度的文字资料；宿贤指阅历丰富、满腹经纶的贤人。

到了现代，由于科学技术的发展，出现了各种各样的载体材料，发明了各种各样记录知识信息的方式，文献大量涌现，文献概念的外延也在不断扩大。按照国际标准化组织《文献情报术语国际标准》(ISO/DIS5217)对文献的定义：“在存储、检索、利用或传递记录信息的过程中，可作为一个单元处理的，在载体内、载体上或依附载体而存储的信息或数据的载体。”这里不仅包括了传统的书刊、文稿等，而且包括了缩微品、音像资料、机读资料和电子出版物等新型的信息知识载体。《中华人民共和国国家标准·文献著录总则》(GB3792·1-83)则定义为：“文献是记录有知识的一切载体。”

文献定义为：是用文字、图形、符号、声频、视频等技术手段记录人类知识的一种载体。

不论定义如何，知识、载体、记录方式是文献构成不可分割的三要素。文献有存储知识、传递和交流信息的功能。文献的属性有知识性、物质性、记录性、发展性等。

二、与文献相关的几个概念

1.信　息

信息的概念十分广泛，在当今社会，信息无时无处不在。信息是物质存在并运动着的表征，人们正是通过来自自然界和社会的不同信息以区别各种事物，从而认识世界、改造世界的。人与人，人与计算机，动物界和植物界等等的消息交换都是信息。

由于信息论被广泛运用于各学科，因而人们对信息的认识和定义各有差别，自1948年以来，学术界专家、《辞海》《韦伯斯特词典》《牛津词典》等有关“信息定义”的表述，据不完全统计达60种之多。

一般认为信息的定义为：生物以及具有自动控制功能的系统，通过感觉器官和相应的设备与外界进行交换的一切内容。

2.知　识

知识是人脑意识的产物，是经过人脑加工系统化了的信息，是人对客观世界的物质形态及其运动过程和规律的认识。自然界和人类社会中普遍存在着信息，这些信息通过人的感觉器官获取送到大脑之后，经过大脑思维加工处理，又重新组合而成为新的序列化的东西，最后在物质载体上固化或“沉淀”，这就是知识。

知识定义为：是人类通过信息对自然界、人类社会以及思维方式与运动规律的认识，是人的大脑通过思维重新组合的系统化的信息的集合。

人类知识的存在有三种方式：第一，存在于人脑的记忆中，它是属于人们主观精神世界的东西；第二，存在于实物中，如文物、样品、样机、各类产品等，即可以通过研究实物而获得某种知识；第三，存在于文献中，人们使用文字、图形、符号、声频、视频、代码等技术手段，将知识记录在一定的载体上，如纸、感光材料、磁录材料等。

3. 情 报

"情报"一词最早产生于军事领域：战时关于敌情之报告，后来扩充为泛指一切最新情况报道。一般认为，情报是针对特定目的、特定对象、特定时间所提供的能起借鉴和参考作用的信息或知识。

情报的定义在国内外学术界尚未定论，但在其基本属性上达成了共识，即知识性、传递性和效用性。

情报的主要功能有：启迪思维，增进知识，提高人们的认识能力；帮助决策，协调管理，节约各项事业的人力、物力和财力；了解动向，解决问题，加快人们各项活动的进程，以便在竞争中获胜。

三、信息、知识、情报和文献的关系

从科学概念和客观对象的规律性来考虑，信息、情报和知识之间的逻辑关系为包含和被包含的关系。情报、知识都属于信息这个大的范畴，三者都可以被记录、储存、传递，而且在一定条件下可相互转化。文献是记录知识的载体，是信息、知识、情报赖以存在的外壳。从图 1–1 可以直观的了解四者的关系。

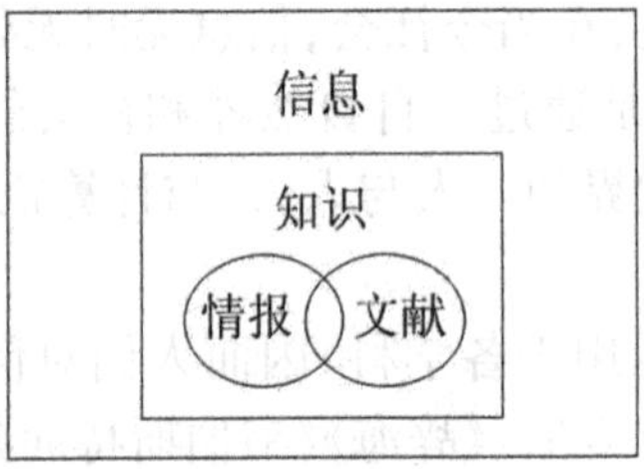

图 1–1 信息 知识 情报 文献关系示意图

1.1.2 文献类型与识别

文献的类型有很多，分类方法也多种多样。根据载体形式分为纸质文献、感光材料文献、磁性材料文献、光盘文献等；根据介质的可识别性分为人可读型文献、机器可读型文献；根据记录信息所采取的形式分为文字型、代码型、视频型、声频型。将上述多种形式集于一体的称为综合型文献。这里主要介绍按照文献外在形态划分的文献类型。

一、文献的载体类型

1. 刻写型(Manuscript)

是指在印刷术尚未发明之前的古代文献和当今尚未正式付印的手写记录，以及正式付印前的草稿。如古代的甲骨文、金石文、绵帛文、竹木文以及现今的日记、书信、笔记、会议录等。

2. 印刷型(Printed Form)

是指印刷术发明以后,以纸张为存储载体,通过铅印、油印和胶印等手段,将知识固化在纸张上的一类文献。如图书、期刊以及各种印刷资料,至今仍广为应用,有着悠久历史。

3. 缩微型(Microforms)

也称为缩微复制品。以印刷型文献为母本、感光材料为存储介质、缩微摄影为记录手段,采用光学摄影技术,将纸质文献的影像固化在载体上的一类文献。常见的缩微型文献包括缩微平片和缩微胶卷等。

4. 声像型(Audio-visual Form)

这是一种非文字形式的文献,也称为视听资料。它是以磁性材料或者感光材料为存贮载体,借助特定的机械设备直接记录声音和图像信息,以唱片、录音带、录像带、幻灯片、电影片、激光视听系统等形式出现的记录声音和图像的文献。

5. 电子型(Electronic Form)

也称机读型,其全称为计算机可读型文献。在计算机与网络技术的支持下,通过编码和程序设计,将信息变为数字语言和机器语言并存储在磁带、光盘、磁盘等介质上,从而建立起相应的文献数据库。包括文摘、题录、全文等各种类型数据库。

6. 多媒体型(multi-medium)

多媒体即多种信息媒体,是一种崭新的文献载体。它采用计算机、通信、数字、超文本(Hypertext)或超媒体(Hypermedia)方式,将声音、图像、文字、数据等多种媒体信息综合起来,在内容表达上具有多样性与直观性,并且有人机交互的友好界面,是以上数种载体形式的混合型,是一种立体式的信息源。

二、文献的出版类型

文献的出版类型一般分为十二大类。

1. 图书(Book)

一般来讲,图书是指内容比较成熟、资料比较系统、有完整定型的装帧形式的出版物。图书又可分为三类:一类是教科书、科普读物和一般生产技术图书,属阅读性的图书;一类是辞典、手册和百科全书等,属工具性的图书;一类是含有独创性内容的专著,它属原始文献。要全面、系统地获取某一专题的知识,参阅图书是行之有效的方法。

图书的著录特点是:有书名、著者(编者);出版地、出版社名称和出版年份;版次、国际标准书号(ISBN)等。

2. 期刊(Periodical)

期刊也称杂志(Journals 或 Magazine),指名称固定、开本一致的定期或不定期连续出版物。期刊论文内容新颖,报道速度快,信息含量大,是传递科技情报、交流学术思想最基本的文献形式。据估计,期刊情报约占整个情报源的60%~70%,因此,受到科技工作者的高度重视。大多数检索工具也以期刊论文作为报道的主要对象。对某一问题需要深入了解时,较普遍的办法是查阅期刊论文。

期刊的著录特点是:有作者、篇名;期刊名称(或缩写)、年(卷、期)、所在页码等。

3.报纸(Newspaper)

是一种出版周期最短、发行量最大的出版物。报道内容极为广泛,和人们生活息息相关,是人们日常生活中最常接触到的信息源。报纸的信息具有极强的时效性,信息量大,但这也是造成报纸查找不便的原因。

报纸的著录特点是:有作者、文章名、报纸名称、年月日、所在版面。

4.学位论文(Dissertation)

是高等院校和科研院所的本科生、研究生为获得学位资格(学士、硕士和博士)而撰写的学术性较强的研究论文,是在学习和研究中参考大量文献、进行科学研究的基础上而完成的。其质量参差不齐,但都是就某一专题进行研究而作的总结,多数有一定的独创性。学位论文是非卖品,除极少数以科技报告、期刊论文的形式发表外,一般不出版,属难得文献。

学位论文的著录特点是:有表示学位论文的词(如Thesis等),有论文作者所在学校的校名等。

5.会议文献(Conference Paper)

是指各种科学技术会议上所发表的论文、报告稿、讲演稿等与会议有关的文献。会议文献可分为会前文献,如会议日程预报和会议论文预印本,以及会后文献,如各种会议录。会后文献是主要的会议文献,其特点是:传播信息及时、论题集中、内容新颖、专业性强、质量较高,往往代表某一学科或专业领域内最新学术研究成果,基本上反映了该学科或专业的学术水平、研究动态和发展趋势。

会议文献的著录特点是:有表示会议或会议录的专门用词(如Conference、Proceedings of.. 等),会议召开的地点、届次、时间,会议录的出版社、出版地、出版时间等。

6.科技报告(Sci-Tech Report)

又称研究报告和技术报告,是科学技术工作者围绕某个课题研究所取得的成果的正式报告,或对某个课题研究过程中各阶段进展情况的实际记录。报告的出版特点是各篇单独成册,统一编号,由主管机构连续出版。在内容方面,报告比期刊论文等专深、详尽、可靠,是一种不可多得的情报源。可分成技术报告(Technical reports)、技术备忘录(Technical memorandums)、札记(Notes)、通报(Bulletins)和其他(如译文、专利等)几种类型。有些报告因涉及尖端技术或国防问题等，所以又分绝密、秘密、内部限制发行和公开发行几个等级。

科技报告的著录特点是：有表示报告的词（如Report），有报告号。

7. 专利文献（Patent Document）

是指发明人或专利权人申请专利时向专利局所呈交的一份详细说明发明的目的、构成及效果的书面技术文件，经专利局审查，公开出版或授权后的文献。广义的专利文献还包括专利公报（摘要）及专利的各种检索工具。主要由专利说明书构成，内容比较具体，有的还有附图，通过它可以了解该项专利的主要技术内容。由于只有符合新颖性、创造性和实用性的发明创造才能获得专利权，所以专利说明书对于工程技术人员，特别是产品工艺设计人员来说，是一种切合实际、启迪思维的重要情报源。

专利说明书的著录特点是：有表示专利的词（Patent），有专利号。专利号按国际规定由两个字母表示的国家名称和其后的顺序号构成。

8. 标准文献（Standard Document）

是技术标准、技术规格和技术规则等文献的总称。它是记录人们在从事科学试验、工程设计、生产建设、商品流通、技术转让和组织管理时共同遵守的技术文件。一个国家的标准文献反映出该国的生产工艺水平和技术经济政策，而国际现行标准则代表了当前世界水平。作为一种规章性文献，它具有一定的法律约束力。国际上最重要的两个标准化组织是国际标准化组织（ISO）和国际电工委员会（IEC）。

标准文献的著录特点是：有表示标准的词（如standard等）；有标准号，每个标准一个号，并按惯例由标准颁布机构代码顺序号和颁布年份三部分构成。

9. 产品技术资料（Product Literature）

是厂商为推销产品而印发的介绍产品情况的文献，包括产品样本、产品说明书、产品目录、厂商介绍等。其内容是对产品的规格、性能、特点、构造、用途、使用方法等的介绍和说明，技术成熟，数据可靠，内容通俗易懂，有较多的外观照片和结构简图，形象直观，对科技人员选型和设计、引进国外仪器设备有参考价值。

产品技术资料的著录特点是：有表示产品样本一类资料的词（如Catalog等）、公司名称等。

10. 技术档案（Technical Records）

是在技术活动中形成的，是某个工程对象的技术文件、图样、图表、照片或原始记录等。其内容真实、详尽，准确可靠，是科研和生产建设工作的重要依据。详细内容包括任务书、协议书、技术指标、审批文件、研究计划、方案大纲、技术措施、调查材料、设计资料、试验和工艺记录等。这些材料是科研工作中用以积累经验、吸取教训的重要文献。技术档案一般为内部使用，不公开出版发行，有些有密级限制，因此在参考文献和检索工具中极少引用。

11.政府出版物(Government Publications)

是指各国政府部门及其所属机构出版的文献,又称官方出版物。它可分为行政性的和科技性的两类:行政性文献(包括立法、司法文献)有政府法令、方针政策、规章制度、决议、指示、统计资料等;科技文献是政府部门的研究报告、标准、专利文献、科技政策文件、公开后的科技档案等,政府出版物对了解各国的方针政策、经济状况及科技水平,有较高的参考价值,一般不公开出售。

12.电子型出版物(Digital Publications):

以数字代码方式将图、文、声、像等信息存储到磁、光、电介质上并通过计算机阅读的文献。数字化文献信息容量大,检索方便,容易更新、复制、交互,成本低。数字化文献的特征是数字化存储、多媒体处理和网络传输。数字化文献的实质是形成有序的信息空间,实现真正意义的信息资源共享。主要有电子期刊、电子图书、电子报纸、各类数据库等。

三、文献的等级类型

由于文献出版量的急剧增长,再加上文献的种类繁多,且各具特色,不同类型文献所记载的信息内容也各有侧重,因此,了解文献的级别类型和特点,对进一步做好文献检索工作将有很大的帮助。依据文献内容性质和加工程度的不同,文献可分为以下四个级别:

1.零次文献

是一种特殊形式的信息源,包括两个方面的内容:形成一次文献以前的知识信息,即未经记录、未形成文字材料,是人们的“出你之口,入我之耳”的口头交谈;是未经正式发表的原始文献,或未正式出版的各种书刊资料,如书信、手稿、记录、笔记和包括一些内部使用通过公开正式的订购途径所不能获得的书刊资料。零次文献一般是通过口头交谈、参观展览、参加报告会等途径获取,不仅在内容上有一定的价值,而且能弥补一般公开文献从信息的客观形成到公开传播之间费时甚多的弊病。

2.一次文献

是人们直接以自己的生产、科研、社会活动等实践经验为依据生产出来、首次出版的各种文献,也称原始文献。其所记载的知识信息比较新颖、具体、详尽、价值大。如期刊论文、科技报告、会议论文、专利、学位论文等。具有创新性、实用性和学术性等明显特征。

3.二次文献

是将大量分散、零乱、无序的一次文献进行整理、浓缩、提炼,并按照一定的逻辑顺序和科学体系加以编排存储,使之系统化,以便于检索利用;是报道和查找一次文献的检索书刊,如各种目录、题录和文摘等,属检索工具类;是一次文献的集约化、有序化的再次出版;是贮藏、利用一次文献的主要的、科学的途径。

4.三次文献

是选用大量有关的文献,经过综合、分析、研究而编写出来的文献。它通常是围绕某个专题,利用二次文献检索搜集大量相关文献,对其内容进行深度加工而成。如各种述评、进展报告、动态综述、手册、年鉴和百科全书等,属参考工具类,这些对现有成果加以评论、综述并预测其发展趋势的文献,具有较高的实用价值。我们使用的各种教科书也属三次文献。

上述的零次文献由于没有进入出版、发行和流通这些渠道,收集利用十分困难,一般不能作为我们利用的文献类型。而后三种文献是一个由分散到集中,由无序到有序,由博而精对知识信息进行不同层次的加工过程。一般说,零次文献是一次文献的素材;一次文献是基础,是检索利用的对象;二次文献是检索一次文献的工具,称之为检索工具;三次文献是一次文献内容的高度浓缩,是重要情报源,称之为参考工具书。

1.2　文献检索工具

1.2.1　文献检索原理

一、文献检索概念

文献检索又称信息检索,对于用户来说,就是从存贮的文献中找出特定文献的过程。它根据检索对象的不同,通常又分为文献检索、事实检索和数据检索三种类型。

文献检索(Document Retrieval):是以文献(包括文摘、题录和全文)为对象的检索过程。

数据检索(Data Retrieval):是以文献中数据为检索对象,查找出特定数据的过程。

事实检索(Fact Retrieval):是通过对文献中已有的基本事实,或对数据进行处理(逻辑推理)后得出新的(未直接存入或所藏文献中没有的)事实过程。

事实与数据型检索是一种确定性检索,其结果一般直接回答有或无,正确或错误,是要检索出包含在文献中的具体信息。文献检索的结果是与某一课题有关的若干篇论文、书刊的来源出处以及收藏地点等,是要检索出包含所需要信息的文献;是最典型和最重要,也是最常用的检索类型。

二、文献检索原理

文献检索的全过程应包括存储和检索两个过程,存储过程是文献工作者对信息源进行标引,将其外表(如书名、著者、出版项)和内容的特征(如分类和主题)用一定的检索语言转化为检索标识,并将标识按一定的顺序编排成检索系统,为用户提供检索途径;检索过程则是将用户表达检索课题的概念与检索系统中表达信息特征的标识进行匹配比较,凡是对比吻合,就按要求将相关信息从检索系统中输出。所输出的信息可能是用户需求的最终信息,也可能是线索类的中介信息,依据中介信息的指引,可以进一步获得最终所需要的文献和信息,如图1-2所示。

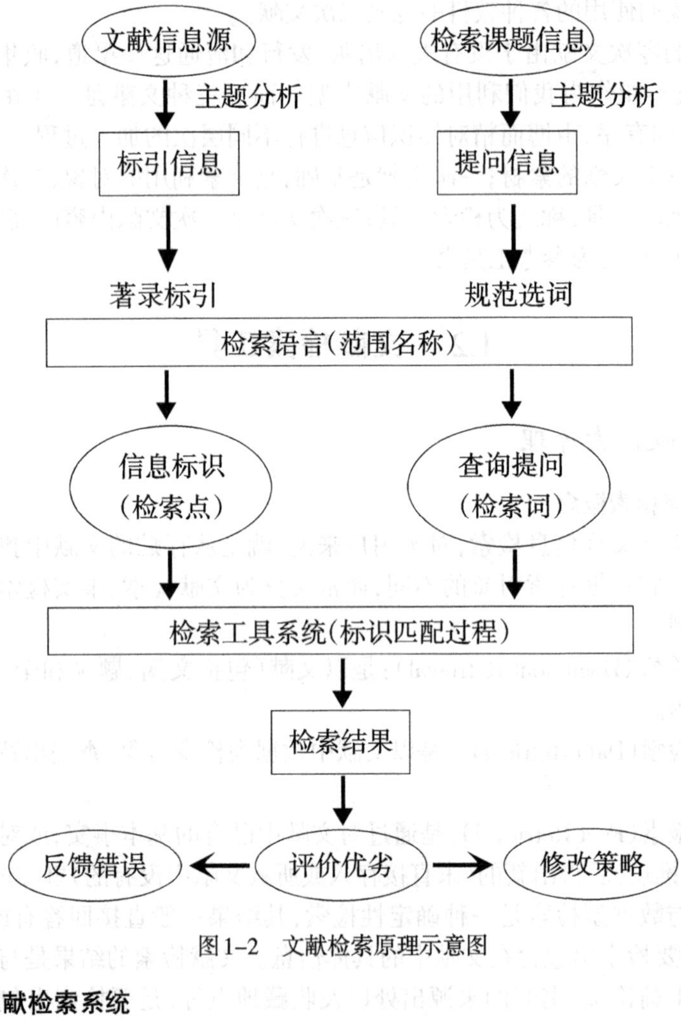

图1-2 文献检索原理示意图

三、文献检索系统

检索系统由文献信息资源、物质设备资源、人和方法等因素有机结合而成的。不同的功能和特征可以分成多种类型,根据检索设备和载体划分为手工检索和计算机检索系统。

1. 手工检索系统

印刷型检索系统的通称,根据其文献来源和出版类型分为检索工具书、检索刊物、卡片式检索工具、附录式检索工具。它由手工检索设备(如书本式目录、文摘、索引、卡片柜等)、检索语言、文献库等构成。具有使用方便,成本低廉等特点,但检索效率和响应时间均较差。

2.计算机检索系统

就是利用计算机和一定的通信网络设备查找所需信息的检索方式。主要由计算机检索设备(网络、光盘、缩微品等)、检索语言、文献库等构成。它具有检索效率高,响应速度快等特点,但是成本和检索费用较高。

1.2.2　检索语言

检索语言是为了解决对文献标引、存储和检索之间认识和理解上的差异,提高检索效率而创造的一种人工语言,即保证存储与检索一致的一种语言。

检索语言的使用能促使不同标引人员描述信息特征一致,促使检索提问与信息标引一致;协助检索者获得较高的查全率和查准率。

一、检索语言种类

检索语言种类很多,具体按不同功能划分有:

(1)按结构原理划分为:分类语言、主题语言、代码语言和引文语言。

(2)按描述文献的特征分为:描述文献外表的特征语言(题名、著者、代码语言)和描述文献内容的特征语言(分类、主题、分类主题一体化语言)。

①分类语言,以学科体系为基础,将信息概念按学科性质进行分类、排列,用分类号来表示。

②主题语言,是以表达信息内容特征的主题词汇为基础,经规范化处理所形成的。

③代码语言,又称号码语言,对文献所论述事物的某一方面的特征,用代码加以描述和标引。

④引文语言,是利用文献的引文关系而建立的一种自然语言。

⑤题名语言,是按文献题名字顺,逐字排检。

⑥著者语言,是按著者姓名(姓前名后)字顺,逐字排检。

(3)按规范化程度划分为:自然语言和规范化语言。自然语言就是直接从原始信息中抽取出自由词作为检索点的检索语言。对主题概念中的同义词、多义词等不加处理,取其自然状态。

规范化语言,又叫受控语言,就是人为地对标引词和检索词加以控制和规范,使每个检索词只能表达一个概念。经过规范化控制使词和事物概念之间具有一一对应的关系,排除了自然语言中同义词、多义词、同形异义词现象。

(4)按标识的使用方法分为:先组式语言和后组式语言。先组式检索语言,指在检索前检索词已被预先用固定关系组配好,并编制在词表中。检索时,用户只能根据词表去查找信息而不能任意组配检索词。

后组式检索语言，是指在检索前，检索词在词表中没有被预先组配，检索时用户可根据不同的检索需求对某些词进行任意组配。

二、分类语言

分类语言是用分类号来表达学科的各种概念。将各种概念按照学科的性质进行分类和系统排列，具体是按知识门类的逻辑次序，从总到分，从一般到具体，从低级到高级，从简单到复杂的层层划分，逐级展开的分门别类，每个类目都用分类号作为标识。分类号代表特定的信息内容，是检索课题的主要依据。

分类法种类很多，我国在图书情报系统广泛采用的有《中国图书馆图书分类法》（简称中图法）、《中国科学院图书馆图书分类法》（简称科图法）、《中国人民大学图书馆图书分类法》（简称人大法）。世界上比较著名的分类法有：《杜威十进分类法》（DDC）、《国际十进分类法》（UDC）、《美国国会图书馆图书分类法》（LC）、《国际专利分类表》（IPC）等。

1. 中国图书馆图书分类法——简称《中图法》

《中图法》是我国图书分类法的基础，其他分类法均是在其基础上以适应各种特殊需要而生产的。尽管从名称看是一部图书分类法，但实质乃是针对一切文献资料的。《中图法》是北京大学图书馆联合全国36个图书情报部门组织全国力量编辑的，它于1973年3月完成了初稿，当前的最新版本是1999年出版的第四版。

《中图法》由22个大类组成，归属于五大部类：(1)马列、毛泽东思想、邓小平理论；(2)哲学；(3)社会科学；(4)自然科学；(5)综合性图书。在5大部类的基础上，建成由22个大类组成的体系系列，每一大类（用字母表示）下又分成若干小类（用数字表示），如此层层划分（见表1-1）。

2.《中国科学院图书馆图书分类法》——简称《科图法》

《科图法》是中科院图书馆1958年编制的，它仍然包含对社会科学文献的分类，共分5大部类25个大类。与“中图法”不同的是它用2位数字作为大类类号（见表1-1）。

“科图法”以对自然科学分类见长，广泛应用于中科院系统各分院、研究所，各部属研究所、科研系统的图书情报部门及理工科高等院校等。

3.《中国人民大学图书馆图书分类法》——简称《人大法》

“人大法”由4大部类、17大类组成。类标识用1-17表示17个基本大类（见表1-1）。

4. 杜威十进分类法——DDC

杜威十进分类法（Dewey Decimal Classification and Related Index 简称DC或DDC）是由美国图书馆学家麦维尔·杜威（Melvil Devey）在1876年根据培根关于

知识分类的思想创建的，这是世界上出现最早、流行最广、影响最大的一部分类法。它按学科系统组织和检索图书，将全部学科分为10大类，以0–9序号代表（见表1–1）。

5. 国际十进分类法——UDC

国际十进分类法（Universal Decimal Classification 简称UDC）是由比利时学者鲍威尔·奥特勒（Paul Otlet）和亨利·拉芳（Henri la）在“杜威法”的基础上扩充而成的，初版于1905年，现已出第三版，有23种文字，被称为世界图书信息的国际交流语言。它在揭示文献内容上比“杜威法”更加深入，是一种组配式的体系分类法。UDC把人类的全部知识划分为10大部类（见表1–1）。

表1–1 著名图书分类法大类一览表

中国图书馆图书分类法（5大部，22大类）	中国图书馆图书分类法（5大部，25大类）	中国人民大学图书馆图书分类法（4大部类、17大类）	杜威十进分类法DDC（10大类）	国际十进分类法UDC（10大类）
A马列、毛泽东思想、邓小平理论	00马列、毛泽东思想、邓小平理论	1马克思列宁主义、毛泽东著作	000 总论	0总论
B哲学	10哲学	2哲学、辩证唯物主义与历史唯物主义	100 哲学	1哲学、心理学
C社会科学总论	20社会科学总论	4经济、政治经济学与经济政策	200 宗教	2宗教、神学
D政治、法律	21历史	5国防、军事	300 社会科学	3社会科学、法律、行政
E军事	27经济、经济学	6国家与法、法律	400 语言学	4（语言学）
F经济	31政治、社会生活	7教育	500 纯粹科学	5数学、自然科学
G文化、科学、教育、体育	34法律、法学	8艺术	600 技术科学	6应用科学、医学、工学、农学
H语言、文字	36军事、军事学	9语言、文字学	700 美术	7艺术、美术、摄影、音乐、娱乐、竞技
I文学	37文化、科学、教育、体育	10文学	800 文学	8语言学、文学
J艺术	41语言、文字学	11历史、革命史	900 历史	9地理、传记、历史
K历史、地理	42文学	12地理、经济地理		注：1964年UDC将“4语言学”并入“8语言学、文学”，现序号4暂缺。
N自然科学总论	48艺术	13自然科学		
O数理科学和化学	49无神论、宗教	14医药、卫生		
P天文学、地理科学	50自然科学（总论）	15工程、技术		
Q生物科学	51数学	16农艺、畜牧、水产		
R医学、卫生	52力学	17综合参考		
S农业科学	53物理学	注：1–2为第一部类总结、结晶性，3–12为第二部类社会科学，13–16为第三部类自然科学，17为第四部类综合性。		
T工业技术	54化学			
U交通运输	55天文学			
V航空、航天	56地质、地理科学			
X环境科学、劳动保护科学（安全科学）	58生物科学			
Z综合性图书	61医药、卫生			
	65农业科学			
	71工程技术			
	90综合性图书			

三、主题语言

主题语言是以文献的主题为依据用语词作为概念标识，将概念标识进行字顺排列，并用参照系统等方法间接显示概念之间的相互关系的一种检索语言。

主题标识使用自然词语，即以自然语言的字符为字符，以规范化或未经规范化的名词术语为基本词汇，以概念之间的形式逻辑作为语法和构词法，用一组词语作为文献检索标识而构成的一种直接性的检索语言。不同的检索工具和检索系统通常都有自己的主题词表，如《汉语主题词表》。主题语言按照主题性质的不同，又分为关键词语言、标题词语言和叙词语言。

1. 关键词语言(Keyword)

是直接选用原始文献中的自然语言作基本词汇，并将能够揭示文献题名或主要意旨的关键性语词抽出作为关键词进行标引的一种检索语言。

关键词是指那些出现在文献的标题(篇名、章节名)、摘要或正文中，表征文献主题内容且具有实质意义的语词，也就是对揭示和描述文献主题内容起关键性作用的词语。几乎所有具有实际意义的信息单元(冠词、连词、副词、介词等除外)都能作为关键词。概括地说，关键词就是将文献原来所用的，能描述其主题概念的那些具有关键性的词抽出，不加规范或只作极少量的规范化处理，按字顺排列，以提供检索途径的方法。

由于检索词来自文章标题或文摘、正文，专指度高，查准率高；因未经规范处理，故其查全率较低。

2. 标题词语言(Subject Heading)

是用以标明和查询信息主题概念的规范词。标题词又分为主标题词和副标题词，若有多级标题，副标题词还可细分为第三级、第四级标题。主标题词和副标题词是固定组配好的，属于先组式检索语言。

标题词语言是采用规范化了的自然语言，即经过标准化处理的名词术语作为标识，来表达文献所论述或涉及的事物——主题，并将全部标识按字顺排列。

3. 叙词语言(Scripter)

是经过规范化处理的词和词组。叙词语言是以表达文献主题内容的概念单元为基础，经过规范化处理，可进行逻辑组配的一种主题语言。

叙词是指一些以概念为基础的，经过规范化的，具有组配功能并可以显示词间关系和动态性的词或词组。概念组配是叙词语言的基本原理，概念组配是概念的分析和综合，而不是简单的依据字面意义进行组词和拆词。叙词语言是后组式检索语言，有一套较完整的参照系统，能显示叙词之间相互关系，对于熟悉自己专业词汇的科技人员来说，从叙词表中找到切题的叙词后，只要组配得当，就能大大提高检索效率。

1.2.3　检索工具

一、检索工具的概念

检索工具是用来存储、报道和检索文献线索的工具，它具有存储和检索两方面的功能。存储过程是使文献由分散到集中，由无组织到系统化的过程；检索过程是使人们按照一定的检索方法，随时从中查检所需的文献。

检索工具除具有存储和检索的职能外，还必须具备以下基本特征：

(1)必须详细著录文献的外部特征和内容特征，如文献篇名、著者姓名、主题内容等。

(2)必须具有既定的检索标识，如主题词、分类号、著者姓名等。

(3)全部检索标识必须科学地、系统地排列，组成一个有机的整体。

(4)具有多种检索手段，能够提供多种检索途径。

事实上，前3条是对文献存储过程所提出的要求，最后一条则是对文献检索过程所提出的要求。

二、检索工具的类型

随着科学技术的发展，记录文献载体的形式越来越多，检索工具的形式也就变得多样化。检索工具根据不同的划分标准或方法可分为不同的类型。

按出版形式划分：有期刊式、单卷式、卡片式、缩微式、磁带式、光盘式和网络式检索工具；

按加工文献和处理信息的手段分：有手工检索工具和机械检索工具；

按收录范围划分：有综合性、专科性、专题性和单一性检索工具；

按文献揭示方式划分：有目录、题录、文摘、索引和数据库。

1. 目录(Bibliography Catalogue)

是著录一批相关文献并按照一定的次序编排而成的一种揭示与报道文献的工具。

通常的著录对象为一个完整出版单位(如一本书或期刊)，仅描述出版物的外表特征，提供了解出版单位、销售单位、收藏单位的相关文献线索。一般著录项目有书(刊)名、卷(期)数、作者、出版年月、出版地及书(刊)收藏情况等。目录的种类很多：按出版物类型划分，有图书、期刊、标准、专利等目录；按语种划分，有中文、西文、日文、俄文等目录；按载体划分，有书本目录、卡片目录、机读目录等；按检索途径划分，有书名目录、分类目录、专题目录、著者目录等；按编制单位划分，有出版社目录、书店目录、馆藏目录、联合目录、国家书目等；按照目录的编制目的和社会功能分，有登记书目、科学通报书目、推荐书目、专题书目；按照目录收录文献的内容范围可分为综合书目，专科(专题)书目，地方文献书目，个人著述书目等。

对于广大文献信息检索者来说,国家书目、馆藏目录、联合目录等最为重要。

2.题录(Title)

是将图书和报刊中论文的篇目按照一定的排检方法编排,是提供查找篇目出处的工具。

通常的著录对象为单篇文献外表特征,只按“篇”报道,不论是否收藏原文,只要是已出版发行的文献都收录,具有“广”、“全”、“快”的特点。一般著录项目:篇名、作者、文献出处(刊名、卷期、页码等)及语种等。

3.文摘(Abstracts)

是以简明扼要的文字摘述原始文献的主要内容,以精练的语言形成摘要,并按一定的方式组织编排起来,提供查阅的检索工具。

文摘按篇报道,著录项目除了篇名、作者、出处等还提供内容摘要,能帮助专业人员以较少的时间和精力,了解有关文献资料的概貌和基本内容。

最常用的文摘的类型是按编写方式分为:指示性、报道性和评论性文摘。

指示性文摘:又称描述性、概括性文摘,是指明一次文献的论题及取得的成果的性质和水平的文摘。一般不具体传递论文的具体内容,只涉及论题的研究方法、论题范围、结论与建议等,为判断是否需要进一步阅读原始文献提供依据。此种文摘字数少、概括性强。

报道性文摘:又称叙述性文摘、信息性文摘。是指明一次文献的主题范围及内容梗概的简明摘要,是对原始文献基本内容言简意赅的浓缩,形式相当于简介。它能概述原文的内容要点(特别是创新点),提供原文的主题范围、基本观点,以及结论等,反映的内容具体、客观,不带有任何评价。用户不需要阅读原文便可大致了解文献的内容。

评论性文摘:是文摘员在做文摘时有意插入个人的分析与见解,这类文摘的价值在很大程度上依赖于文摘员的专业水平。由于评论性文摘有违于文摘的客观性标准,因而现在已极少采用。但美国《数学评论》是一种在国际数学界享誉很高的评论性和报道性的数学文摘杂志。

4.索引(Index)

是将书刊内容中所论及的篇名、语词、主题等项目,按照一定的排检方法加以编制,注明出处,供读者查检使用的检索工具。

索引是对文献内容较深入的揭示。著录对象是完整出版物的某一部分、某一观点、某一知识单元,能解决目录只对文献作整体的宏观著录的不足,满足用户对文献内容单元的微观揭示和检索的要求。

索引的种类繁多,按照索引的对象可分为:篇目索引、分类索引、主题索引、著者索引、号码索引、语词索引、引文索引及专用索引(如型号索引、功能索引、分子式索引等)。

5. 数据库(Database)

是人们为解决特定的任务,以一定的组织方式存储在一起可共享的相关数据的集合,是计算机信息检索系统的重要组成部分。

数据库种类繁多,按国际通用的分类方法划分为:文献参考数据库、源数据库。

(1)文献参考数据库

是指引用户到另一信息资源以获得原文或其他细节的一类数据库。它包括书目数据库和指南数据库。

①书目数据库,是存储某个领域的二次文献(如目录、题录、文摘等)的一类数据库,有时又称为二次文献数据库,或简称文献数据库。主要提供文献的题名、作者 、出处等基本书目信息。

②指南数据库,是存储关于某些机构、人物、出版、项目、活动等对象的简要描述,指引用户从其他有关信息源获取更详细的信息,也称指示性数据库或事实数据库。

(2)源数据库

源数据库是指能直接提供原始资料或具体数据的数据库,用户不必再查阅其他信息源。主要有:

①数值型数据库,是专门提供以数值方法表示的数据的一种源数据库。记录含有大量的原始调查数据和统计数据。

②文本与数值数据库,是同时提供文本信息与数值数据的一种源数据库。

③术语数据库,是指专门存储名词术语信息、词语信息以及术语工作和语言规范工作成果的一种源数据库。

④全文数据库,是存储文献全文或其中主要部分的一种源数据库。

三、检索工具的结构

1. 印刷型检索工具组成

(1)使用说明。使用说明通常放在检索工具的开头部分,是编者为使用者提供的必要指导。主要包括编制目的,适用范围,收录文献年限,文献记录或索引著录格式,查阅例述,注意事项等。用户首次使用某一检索工具之前,需要仔细阅读内容。

(2)目次。又称分类目次表,是正文部分的分类类目和其对应的页码,提供从分类途径查找文献。作为编排检索工具正文和从分类查找文献信息的依据。

(3)正文。正文部分是检索工具的主体部分,由描述文献特征的记录排列组织而成。即由所收录文献的著录款目,按一定顺序编排而成。每条款目由若干著录项目组成,如篇名、作者、出处、文摘等。为用户提供了解文献原文的内容和索取原文的线索。

(4)索引。索引是将表达文献主题内容的检索标识(主题词、分类号、作者等)和与其相关的文献信息地址(文摘号或顺序号等),按一定的顺序和方法组织编排而成。虽处于辅助地位,但在检索过程中起着主导作用,是利用正文内容的钥匙。通常有分类索引、作者索引、书名或篇名索引、主题索引等。

(5)附录。附录是对检索工具内容的必要补充。主要包括专业术语缩略语、字母英译对照表、引用期刊一览表、文献来源名称缩写与全称的对照表、收藏单位代码等。有助于检索者更好地利用检索工具正文的内容。

2.数据库结构组成

数据库结构由相互关联的文档组成,文档由记录组成,记录由字段组成。

(1)记录:是作为一个单位来处理有关数据的集合,是对某一实体属性进行描述的结果。

(2)字段:是记录的下一级数据单位,用来描述实体的某一属性。

(3)文档:是若干记录构成的集合,是数据库中数据组成的基本形式,有顺排文档和倒排文档两种。

顺排文档,指文档中全部记录按顺序一个接一个地存放,也称主文档。

倒排文档,是数据库中记录的一切可检字段或检索标识抽出,按某种顺序重新组织的一种文档,相当于印刷型检索工具的各种索引。

1.3 文献检索方法、途径和检索技术

1.3.1 文献检索的方法

一、直接检索法

又称为直查法,是指不利用检索工具或检索系统,通过直接浏览或查阅原始文献,来获取所需信息的一种检索方法。

二、间接检索法

间接文献检索是利用检索工具并从中查出特定文献的过程,就是利用文摘或题录等各种文献检索工具查找文献的方法,也称常用法或工具法。

由于检索工具种类繁多,一般应根据课题内容特点选择利用。根据时间范围又分为顺查法、倒查法和抽查法。

(1)顺查法:以所查课题起始年代为起点由远而近地按时间顺序的查找方法。首先要确定具体课题研究的历史背景,从研究开始的年代查起,一年年或一卷卷地翻阅查找。

(2)倒查法:是一种由近而远逆时间顺序的查找方法。从新到旧、近期往远期查找,多用于新开课题或有新内容的老课题,注意力一般放在查找近期文献

上。近期文献不仅反映了现在的研究水平,而且可以通过引用、论证了解早期文献,不必一年一年地查找完。

(3)抽查法:根据研究课题的特点,抽取一段时间(几年或十几年)或一段时间内的几个点,再进行顺查或者倒查的检索方法。

三、追溯检索法

追溯法是指从已有的文献后所列的参考文献着手,逐一追查原文,再从这些原文后所附的参考文献逐一检索,获得一批相关文献的方法。

四、循环检索法

循环法也称综合法、分段法,是常用法和追溯法的结合,具体地说,先利用检索工具查找出一批有参考价值的相关文献,然后利用这些文献后所附的参考文献或原文中涉及的重要线索进行追溯,分期分段地交替使用,直到满足检索提问需要为止。

实际课题的检索要根据具体情况而定,一是根据课题研究的需要,二是视所能利用的检索工具和检索手段。在检索工具书刊比较丰富的条件下,可以利用常用法;在获得针对性很强的文献的条件下即可利用追溯法获得相关性较强的文献;获悉研究课题出版文献较多的年代即可利用抽查法。总之,只有视条件的可能和课题的需要选用相应的检索方法,才能迅速地获得相关的文献,完成课题检索的任务。

1.3.2　文献检索的途径

检索工具有多种索引,可以提供多种检索途径。一般而言,检索途径可以分为分类途径、主题途径、题名途径、著者途径和序号途径等。

一、分类途径

根据文献的内容特征,利用分类目录或分类索引查找文献的途径。绝大多数检索工具的分类目次表提供了从分类角度进行检索的途径,有些检索工具附有分类索引或累积分类索引。

二、主题途径

是根据文献的主题特征,利用各类主题目录和索引进行检索的途径。主题目录和主题索引就是将文献按表征其内容特征的主题词组织起来的索引系统。只要根据所选用主题词的字顺找到所查主题词,就可查得相关文献信息。

三、题名途径

根据文献的题名利用题名索引检索文献的途径。其依据是检索工具的题名索引,一般标识就是以书名、刊名、篇名本身作为检索点,查出具有特定名称的文献。检索工具中的书名索引、会议名称索引、书目索引、刊名索引等均提供了由题名检索文献和途径。

四、著者途径

是根据文献的外部特征著者姓名，利用著者(个人或单位著者)目录和著者索引进行检索的途径。常用的索引工具有“著者索引”和“机构索引”等，国外比较重视著者途径的利用，绝大多数检索工具都把著者索引作为最基本的辅助索引。

五、序号途径

是根据文献的序号特征，利用其序号索引进行检索的途径。这类检索工具有：“报告号索引”、“合同号索引”、“入藏号索引”、“专利号索引”等。利用序号途径，需对序号的编码规则和排检方法有一定的了解；往往可以从序号判断文献的种类，出版的年份等等，有助于文献检索的进行。

此外，还有引文途径、分子式途径、化学物质途径等，只有根据课题的需要，选用相应的检索途径，才能获得相关的文献。

1.3.3 检索技术

检索技术是指利用计算机检索系统，检索有关信息而采用的相关技术，是应用于信息检索过程的原理、方法、策略、设备条件和检索手段等因素的总称。常用的有分类导航检索、布尔逻辑检索、截词检索、位置检索、字段限定检索等。

一、分类导航检索(Subject Directory)

分类导航检索是通过文献的主题类目，引导用户从主题等级分类的途径来浏览数据库记录。从学科分类的途径对文献进行检索，便于用户从学科的角度入手，进行文献检索，几乎所有的数据库都支持分类导航功能。

二、布尔逻辑检索(Boolean operators searching)

布尔逻辑检索是采用逻辑算符将不同的检索词组配起来，使一些具有简单概念的检索单元成为一个具有复杂概念的检索式，用以表达用户的信息检索要求。它是构造检索表达式最基本、最简单的匹配模式，也是当今检索理论中最成熟的理论之一。

布尔逻辑检索是通过布尔逻辑算符(布尔算符)来实现的。用算符来表示检索词与检索词之间的逻辑关系，常用与(and)、或(or)、非(not)表示不同的逻辑思想。

逻辑“与”：通常用AND或“*”表示，用于交叉概念和限定关系的组配，可以缩小检索范围，有利于提高查准率。

如A AND B，见图1-3，表示查找文献记录中同时包含“文献检索”和“信息教育”两个概念范围的文献，即C的内容；

逻辑“或”：通常用OR或“+”表示，用于并列关系的组配，可以扩大检索范围,防止漏检,有利于提高查全率。

如A OR B,见图1-3,表示查找文献记录中包含"文献检索"或者"信息教育"任何一个概念的文献,即图中所有的内容;

逻辑"非":通常用NOT或"-"表示,用于排斥关系的组配,即从原来的检索范围中排除不需要的概念或影响检索结果的概念。

如A NOT B,见图1-3,表示查找文献记录中包含"文献检索"概念内容,去掉其中含有"信息教育"这个概念范围的文献,即A-C的内容;

反之,B NOT A,表示查找文献记录中包含"信息教育"概念内容,去掉其中含有"文献检索"这个概念范围的文献,即B-C的内容。

逻辑算符的优先顺序为NOT、AND、OR,可以根据需要用括号来改变执行顺序。

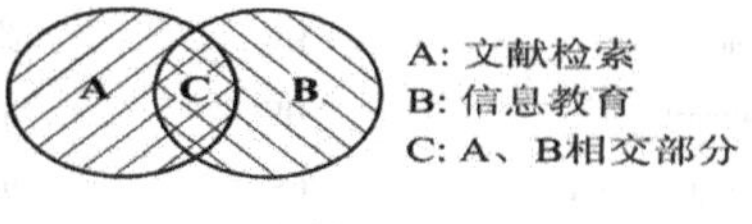

图1-3 逻辑算符关系示意图

三、截词检索(truncation)

截词检索指在检索词的某个局部截断,采用专门的截词符号表示检索词的某一部分有一定的词形变化,构成模糊检索的方式。目的是针对由于近义词、同一词根、单复数等词汇的变化,减少检索词的输入而保证相关检索概念的涵盖,防止漏检,提高查全率。

截词按位置分为前截词、中间截词和后截词三种,前截词因误检率高,一般不用,中间截词也很少使用,最常用的是后截词,又称后端截词或前端一致。

截词符,也称统配符,通常用"*"、"?"表示。截词符的使用各检索系统略有差别。如Dialog系统。

Comput? compute,computer,computation,computerisation等(词尾无限截断)。

computer? ? <=1 computer,computers;

comput?? <=2 compute,computer;

comput??? <=3 compute,computer,computing(词尾有限截断)。

alumin??m <=2 aluminum,aluminium(中间截断);

四、字段限定检索(field searching)

字段限定检索是指限定检索词在数据库记录中的一个或几个字段范围内查找的一种检索方法。检索时,系统只对指定字段范围进行匹配运算,提高了检查效率和查准率。字段检索有时用代码来表示,不同检索系统其数据库的字段名称和代码有所不同,常用字段名称及代码见表1-2。通常检索字段符分作两类:后缀式和前缀式。

后缀式对应基本索引,反映文献的主题内容(如篇名、文摘、叙词、自由标引词等),字段代码用"/"放在检索词之后,如electron/ti 表示electron一词须出现在篇名字段。

前缀式对应辅助索引,反映文献的外部特征(著者及其机构、文献类型、语种等),字段代码用"="放在检索词之前。如AU=Johnson,A. R. 表示Johnson,A. R. 须出现在作者字段。

表1-2 数据库常用字段名称及代码列表

西文数据库常用手段		中文数据库常用手段
字段名称	字段代码	
Title	TI	题名
Author	AU	作者
Keyword, Topic	KW	关键词
Descriptor, Subject	DE	主题词
Crporate Source,Company	CS	机构(作者单位)
Abstract	AB	文摘
Document Type	DT	文献类型
Journal Name, Publication Title	JN	期刊名称
Publication Year	PY	出版年
ISSN/ISBN	ISSN/IBSN	ISSN/IBSN
Full text	FT	全文

五、位置算符检索(proximation operator)

位置算符(proximation operator)(又称邻近算符,全文查找逻辑算符),表示其连接的两个检索词之间的位置关系,以原始记录中词与词之间特定位置关系为检索对象的运算。

常用的位置算符有:With(W、nW),Near(N、nN),Field(F),Subfield(S),以及与NOT的连用NOT W,NOT N,NOT F,NOT S等。

1.W与nW算符

W是with的缩写。W或用( )表示其连接的两个检索词必须按序出现,中间不允许插词,只能有一空格或标点、符号;nW与W类似,只是它允许插词,插词量小于或等于n个。

例如:computer W network会出现computer network或computer-network等;laser 1W printer会出现laser printer,laser color printer,laser and printer等。

2.N、nN算符

N是near的缩写。N表示其连接的两个检索词的顺序可以互易,但两词间不允许插词;nN中的n表示允许插词量少于或等于n个。

例如：chemistry N physics 会出现：chemistry physic, physics chemistry; internet 1N accessing 会出现 accessing internet, accessing the internet, internet intranet accessing等。

3.F算符

F是Field的缩写。F表示其连接的两个检索词必须出现在同一字段中，字段不限，词序不限。

4.S算符

S是Subfield的缩写。S表示其连接的两个检索词必须出现在同一子字段中。子字段是指字段中的一部分，如一句句子，一个词组、短语。字段不限，词序不限。

以上所有算符的书写用大小写均可，与NOT连用表示意义相反。

第2章　网络信息检索

1990年以前，没有任何人能够检索互联网上的信息。应该说，所有的网络信息检索工具都是从1990年的Alan Emtage等人发明的Archie开始的，虽然它当时只能实现简单意义上的FTP文件检索。随着Word Wide Web的出现和发展，基于网页的信息检索工具出现并迅速发展起来。1995年基于网络信息检索工具本身的检索工具元搜索引擎由美国华盛顿大学的Eric Selberg等人发明。伴随着网络技术的发展，网络信息检索工具也得到了长足的发展。互联网络已经成为知识、信息的巨大集合体，是人们获取信息的重要途径之一。

由于Internet没有一个真正的管理机构，Internet上的信息分散在世界各地的服务器上，任何人都可发布信息。正是因为Internet资源的丰富、分散、无序状态，使得人们在网上查找自己感兴趣的信息并非易事，如何快速而准确地查找网上信息并充分利用就显得十分重要和紧迫了。

2.1　网络信息资源概述

一、基本概念

随着Internet的迅速发展，网上信息正以爆炸式的速度不断增长，其资源内容几乎涉及各个专业领域。资源类型有各种报纸、期刊的摘要和全文、政府出版物、标准等全文数据；城市介绍、企事业机构名录、指南、年鉴、节目预告、天气预报等事实型数据；商品价格、统计数据等数值型数据；各图书馆和信息机构提供的馆藏书目信息；各种投资行情与分析、聊天、讨论组、网上购物等实时交互活动型信息等。

网络信息资源迄今尚无统一的定义，通常是指以数字化的形式把文字、图像、声音、动画等多种形式的信息储存在光磁等非纸质载体上，并通过网络通信和终端方式再现的信息资源。可以理解为通过计算机网络可以利用的各种信息资源的总和。如电子信息、因特网信息、联机信息、万维网资源等等。

二、类型与特点

1. 类型

Internet上的资源超乎想象的丰富，其信息不仅包括目录、索引、全文等，还包括程序、声音、图像等各类文件和多媒体信息；信息内容涵盖社会、经济、政治、军事、科技、文化教育、国际贸易、娱乐等。数量急剧增长、类型极为丰富、多媒体存取、远程网络传输、智能化检索、跨库无缝链接、超时空信息服务等等。

大多数印刷型学术期刊已经数字化且回溯年限越来越长，同时出现了大量已没有印刷本读物的在线出版刊物。电子图书数字化版本也越来越多，包括电子期刊、电子图书、电子报纸、学位论文、网络数据库、二次文献数据库（主要包括文摘、题录索引信息，提供较丰富的检索功能）、全文数据库（提供检索功能，同时可链接原始文献的全文）、多媒体光盘资源、因特网免费资源（如专利信息等）。通常分类方式有：

(1)按信息获取的方式：万维网（WWW）信息资源；FTP信息资源（File Transfer Protocol），Telnet（用于远程连接服务的标准协议或者实现此协议的软件）信息资源，USENET（世界性的新闻组网络系统）/Newsgroup信息资源；LISTSERV（BITnet[Because It's Time Network]上用来管理讨论邮件清单的程序）/Mailing list（邮件发送清单）信息资源等。

(2)按数据库类型：书目、索引、文摘二次型数据库，查阅知识条目的三次型数据库；期刊文献型数据库；其他文献型数据库。

(3)按对应的非网络信息资源：联机馆藏目录OPAC（On-line Public Access Catalogue System），电子期刊，电子图书，电子报纸，参考工具书，数据库。

(4)按信息资源传播范围：光盘局域网信息；传统的联机网络信息；Internet网络信息资源。

(5)按发布机构：企业站点信息资源，学校、科研院所站点信息资源，信息服务机构站点信息资源，行业机构站点信息资源。

2.特　点

与其他类型信息资源相比，网络信息资源具有以下特点：

(1)数量巨大，增长迅速：随着网络的覆盖范围的不断扩大以及网络技术的发展，存在于网络上的信息资源以飞快的速度传播并迅速增长。据统计，目前全球在互联网上有300万台服务器，8亿个主页，每天还要新增150个主页，每天发布14万件新的信息，全网提供的信息总量逾20TB。

(2)内容丰富，形式多样：数量巨大的网络信息资源来源于各行各业，包括不同学科、不同领域、不同地区、不同语言的各种信息，其内容是非常丰富的，并且以文本、图像、音频、视频、软件、数据库等多种形式存在。

(3)结构复杂，分布广泛：互联网是开放性的，通过TCP/IP将不同的网络链接起来，对网络信息资源的组织管理并无统一的标准和规范，信息广泛分布在不同地区的服务器上，服务器有不同的操作系统、数据结构、字符集、处理方式等等。

(4)不稳定性,强交互性:网络信息资源的地址、链接及内容本身处于经常变动之中,使得信息资源的更迭、消亡无法预测,整个网上信息资源目前状态都是不稳定的。同时,与传统的媒介相比,交互性是网络信息传播的一大特点,具体体现在它具有主动性、参与性、交谈性和操作性。

(5)无序混乱,质量参差:因特网改变了信息发布和评价的程序,网络信息分布具有很大的自由度和随意性,缺少必要的质量控制和管理机制;各种虚假信息、劣质信息充斥因特网,信息污染程度加深,信息内容繁杂、混乱,质量良莠不齐,安全存在隐患,给用户选择、利用网络资源带来了障碍。

三、获取途径

1.搜索引擎

网页是因特网的最主要的组成部分,也是人们获取网络信息的最主要的来源。为便于人们在大量繁杂的网页中找寻自己需要的信息,这类检索工具得到快速发展。一般认为,基于网页的信息检索工具有检索型搜索引擎和目录分类型搜索引擎两种。

2.虚拟图书馆

虽然当前搜索引擎的种类繁多,但是由于各引擎使用的自动搜索和标引技术尚不够智能,检索结果常会含有大量的冗余和噪音,这些严重影响了对网络信息资源的利用。所以,由某一专业领域机构精心选择和提供的该领域网络信息资源就有了更大的参考价值。专业机构搜集的网络信息一般反映为虚拟图书馆,在国内,人们通常称其为学科导航。

3.专业检索数据库

搜索引擎和虚拟图书馆是两种获取网络信息资源的重要途径,前者主要考虑检全率,后者主要考虑检准率。专业检索数据库则兼顾了检全率和检准率两方面的因素,能够向用户提供相对全面和准确的网络资源。

2.2 搜索引擎

2.2.1 简 述

1993年,Internet上出现了最早的Web浏览器Mosaic,次年Netscape推出了Navigator,相继IE浏览器、火狐浏览器出现了。浏览器的发展促使Web得到迅速推广,同时也推动了搜索引擎的发展。1994年4月,Web上的第一个搜索引擎——WebCrawler问世,时至今日,Internet上有记录可查的搜索引擎数量已达数千个,既有大型综合性搜索引擎,也有在一特定领域发挥作用的专业性搜索引擎,它们已成为人们检索网络信息资源必不可少的工具。

一、搜索引擎的概念

搜索引擎既是检索软件,又是提供查询和检索的网站。与普通网站不同的是,搜索引擎网站的主要资源是描述互联网资源的索引数据库和分类目录,为人们提供一种搜索因特网信息资源的途径。

搜索引擎通过网络机器人(网络信息挖掘系统)在网际某一空间、某一领域中寻找和发现有用或相关的信息,并在此基础上建立检索数据库,通过简单友好的界面提供给用户查询。搜索引擎的索引数据库,以网页资源为主,有的还包括电子邮件地址,新闻论坛文章,FTP,Gopher 等因特网资源。

二、搜索引擎的类型

对搜索引擎的分类存在很多的观点和意见,而且各搜索引擎也在不断地丰富和完善服务,更使其分类界限模糊。一般说来,目前网络搜索引擎可以按照数据检索机制、检索内容、语种和检索特性等划分为不同的类型。

根据搜索引擎的数据检索机制,可分为检索型搜索引擎、目录分类型搜索引擎。(1)检索型搜索引擎提供用户以主题关键词的方式进行全文检索,适合于那些对所查信息专指度要求较高、能够明确表述自身信息需求概念且要求快速完成检索的用户使用。用户直接输入检索词,按词语进行查询,检索方便直接,可以满足特定条件的自然准确定位。(2)目录分类型搜索引擎按引擎提供的主题目录进行查询。依靠专业人员搜集到的信息进行甄别、筛选、分类、加工建立起以分类导航或分类摘要提供浏览查询为目的。用户一般采取逐层浏览目录、逐步细化来寻找合适的类别直至具体资源。

根据搜索引擎的检索内容,分为综合型搜索引擎、专题型搜索引擎。(1)综合性搜索引擎的资源包罗万象,可以提供对网上多类型、多主题信息内容集成进行检索,人们可利用它们检索几乎任何方面的资源。(2)专题型搜索引擎专门用来检索某一主题范围或某一类型信息或数据。

根据搜索引擎的检索特性,可分为独立型搜索引擎和元搜索引擎。(1)独立型搜索引擎一般拥有自己的索引数据库,可向用户提供基于自身索引库的查询服务,并根据数据库的内容反馈出相应的查询信息或链接站点。(2)元型搜索引擎没有自己的网页索引数据库,只给用户提供一个集成的查询界面,在查询时调用其他的搜索引擎,用户的查询要求输入后,经它加工处理转发给相应的多个独立型搜索引擎,真正的查询过程由它所调用或链接的多个搜索引擎完成,而从多个独立的搜索引擎查询到的结果经元搜索引擎处理后,对结果简单合并和去重再返回给用户。

根据搜索引擎的检索语种,分为中文搜索引擎和西文搜索引擎等。

根据搜索引擎的检索结果,分为网页全文搜索引擎和网站搜索引擎。(1)网页全文搜索引擎由程序搜索网页进行分析,并建立索引,搜索结果为网页及其全文的信息。(2)网站搜索引擎由编辑人工分类和维护，搜索结果为包含搜索词的网站信息。

三、搜索引擎工作原理

搜索引擎并不真正搜索互联网，它搜索的实际上是相关的网页索引数据库。真正意义上的搜索引擎，首先通过网络自动索引程序收集信息，建立网页索引数据库；当用户提交搜索关键词后，所有在页面内容或HTML代码中包含了该关键词的网页都将作为搜索结果被搜索出来，再经过搜索引擎网站自身的算法进行排序后，这些结果将按照与搜索关键词的相关度高低，依次排列，返回给用户。一般分为四个步骤：(1)信息的采集存储；(2)索引数据库的建立；(3)检索界面的建立；(4)检索结果的相关性处理。

搜索引擎对网络资源的收集和整理主要有两种方式：一是图书馆和信息服务专业人员通过对因特网信息资源进行筛选、组织和评价，编制描述网络资源的主体目录，不过，其编制速度无法适应因特网资源增长变化的速度；二是计算机人员设计开发巡视软件和网络机器人等，对因特网资源进行自动搜集、整理、加工和标引。这一方式省时、省力，加工信息的速度快、范围广，可向用户提供关键词、词组或自然语言的检索。

由于计算机软件在人工智能方面与人脑的思维还有很大的差距，检索的准确性和相关性的判断上质量不高。现在很多搜索引擎则是把人工编制的主体目录和搜索引擎提供的关键词检索结合起来，充分发挥两者的优势。但因特网本身的特点，任何一种搜索引擎都不可能做到对因特网信息资源的全面检索。

四、著名搜索引擎简介

1.中文搜索引擎

(1) 百度 (http://www.baidu.com)

百度公司成立时间不长，但目前已经拥有世界上最大的中文信息库，总量达到6000万页以上，并且还在以每天超过30万页的速度不断增长，较好地克服了目前搜索引擎普遍存在的数据更新不及时的弱点。搜索范围涵盖了中国大陆、香港地区、台湾地区、澳门地区、新加坡等华语地区以及北美、欧洲的部分站点。提供网页快照、网页预览/预览全部网页、相关搜索词、错别字纠正提示、新闻搜索、Flash搜索、信息快递搜索、百度搜霸、搜索援助中心等。

(2)北大天网(http://e.pku.edu.cn)

由北京大学计算机系网络与分布式系统研究室研制开发，是国家“九五”重点科技攻关项目“中文编码和分布式中英文信息发现”的研究成果，并于1997年10月29日正式在CERNET上向广大Internet用户提供Web信息导航服务。有简体中文、繁体中文和英文三个版本。提供全文检索、新闻组检索、FTP检索(北京大学、中科院等FTP站点)。目前大约收集了100万个WWW页面(国内)和14

万篇Newsgroup(新闻组)文章。由于是教育网内的搜索引擎,对校园网的用户来说,比用其他搜索引擎速度要快。

(3)新浪(http://search.sina.com.cn)

新浪网搜索引擎是面向全球华人的网上资源查询系统。提供网站、网页、新闻、软件、游戏等查询服务。网站收录资源丰富,分类目录规范细致,遵循中文用户习惯。目前共有16大类目录,一万多个细目和数十万个网站,是互联网上最大规模的中文搜索引擎之一。在关键词的查询反馈结果中,在同一页面上包含目录、网站、新闻标题、新闻全文、频道内容、网页、商品信息、消费场所、中文网址、沪深行情、软件、游戏等各类信息的综合搜索结果,最大程度地满足用户的检索需要,使用户得到最全面的信息。

(4)雅虎中国(http://yahoo.com.cn)

Yahoo!是世界上最著名的目录搜索引擎之一。雅虎中国于1999年9月正式开通,是雅虎在全球的第20个网站。Yahoo! 目录是一个Web资源的导航指南,包括14个主题大类的内容。

(5)搜狐(http://www.sohu.com)

搜狐于1998年推出中国首家大型分类查询搜索引擎,到现在已经发展成为中国影响力最大的分类搜索引擎。每日页面浏览量超过800万,可以查找网站、网页、新闻、网址、软件、黄页等信息。

(6)网易(http://search.163.com)

网易新一代开放式目录管理系统(ODP)拥有近万名义务目录管理员为广大网民创建了一个拥有超过一万个类目,超过25万条活跃站点信息,日增加新站点信息500-1000条,日访问量超过500万次的专业权威的目录查询体系。

(7)3721网络实名(http://www.3721.com)

3721公司提供的中文上网服务——3721"网络实名",使用户无须记忆复杂的网址,直接输入中文名称,即可直达网站。3721智能搜索系统不仅含有精确的网络实名搜索结果,同时集成多家搜索引擎。

(8)搜狗(http://www.sogou.com)

搜狗是搜狐公司于2004年8月3日推出的全球首个第三代互动式中文搜索引擎,包括了网页应用和桌面应用两大部分。网页应用以网页搜索为核心,在音乐、图片、新闻、地图领域提供垂直搜索服务,通过说吧建立用户间的搜索型社区;桌面应用则旨在提升用户的使用体验:搜狗工具条帮助用户快速启动搜索,拼音输入法帮助用户更快速地输入,PXP加速引擎帮助用户更流畅地享受在线音视频直播、点播服务。

2.英文搜索引擎

(1)Yahoo(http://www.yahoo.com)

有英、中、日、韩、法、德、意、西班牙、丹麦等10余种语言版本,各版本的内容互不相同。提供类目、网站及全文检索功能。目录分类比较合理,层次深,类目设置好,网站提要严格清楚,但部分网站无提要。网站收录丰富,检索结果精确度较高,有相关网页和新闻的查询链接。全文检索由Inktomi支持。有高级检索方式,支持逻辑查询,可限时间查询。

(2)AltaVista (http://www.altavista.com)

AltaVista自1996年12月开始服务以来,引起了世界各地网民的广泛注意,每天都要接受200万次以上的访问。AltaVista自诩拥有2100多万全文索引的网页,可以称得上是最大的网络搜索数据库。AltaVista是关键词型搜索引擎的典型代表,相对其他搜索引擎而言,AltaVista的搜索结果总是比其他任何站点的搜索结果内容更丰富,是Internet上资源采集范围最广、功能最强大和最受用户欢迎的检索工具之一。它有详细和全面的网络资源全文索引,索引的内容包括标题、文摘、关键词、META标记、图像、链接、URL(统一资源定位地址),所以检索入口较多。AltaVista搜索引擎提供三大类信息检索:Web检索和新闻组检索,商业检索以及人物检索。除公共检索服务外,AltaVista还提供免费Email,页面翻译等相关服务。

(3)InfoSeek (http://www.infoseek.com)

提供全文检索功能,并有较细致的分类目录,还可搜索图像。网页收录极其丰富,以西文为主,支持简体和繁体中文检索,但中文网页收录较少。查询时能够识别大小写和成语,且支持逻辑条件限制查询(AND、OR、NOT等)。高级检索功能较强,另有字典、事件查询、黄页、股票报价等多种服务。

(4)Lycos (http://www.lycos.com)

是搜索引擎中的元老,是最早提供信息搜索服务的网站之一,1994年7月20日,数据量为54,000的Lycos正式发布,2000被西班牙网络集团Terra Lycos Network以125亿美元收归旗下,是目前最大的西班牙语门户网络。多功能搜索引擎,提供类目、网站、图像及声音文件等多种检索功能。目录分类规范细致,类目设置较好,网站归类较准确,提要简明扼要。收录丰富,搜索结果精确度较高,尤其是搜索图像和声音文件上的功能很强。有高级检索功能,支持逻辑条件限制查询。

(5)AOL (http://search.aol.com)

提供类目检索、网站检索、白页(人名)查询、黄页查询、工作查询等多种功能。目录分类细致,网站收录丰富,搜索结果有网站提要,按照精确度排序,方便用户得到所需结果。支持布尔操作符,包括AND、OR、AND NOT、ADJ以及NEAR等。有高级检索功能,有一些选项,可针对用户要求在相应范围内进行检索。

(6)HotBot (http://hotbot.com)

提供有详细类目的分类索引,网站收录丰富,搜索速度较快。有功能较强的高级搜索,提供有多种语言的搜索功能,以及时间、地域等限制性条件的选择等等。另提供有音乐、黄页、白页(人名)、Email地址、讨论组、公路线路图、股票报价、工作与简历、新闻标题、FTP检索等专类搜索服务。

(7)Google (http://www.google.com)

Google由两个斯坦福大学博士生Larry Page与Sergey Brin于1998年9月发明,Google Inc. 于1999年创立。Google是当今世界范围内最受欢迎的搜索引擎之一,凭借其精确的查准率,极快的响应速度广受用户好评,同时又因为其坚持不走商业化道路,保持开放的企业文化而深受人们的拥戴。Google的成功得益于其强大的功能和独到的特点:①检索网页数量达24亿,搜索引擎中排名第一;②支持多达132种语言,包括简体中文和繁体中文;③速度极快;④提供准确率极高的搜索结果;⑤智能化的"手气不错"功能,提供可能最符合要求的网站;⑥"网页快照"功能,能从Google服务器里直接取出缓存的网页;⑦具有独到的图片搜索功能;⑧具有强大的新闻组搜索功能;⑨具有二进制文件搜索功能(PDF,DOC,SWF等)。

(8)Scirus学术搜索(http://www.scirus.com)

Scirus是目前互联网上最全面、综合性最强的科技文献门户网站之一,由Elsevier科学出版社开发。Scirus引擎的信息源主要是两部分:网页和期刊。Scirus覆盖的学科范围包括:农业与生物学,天文学,生物科学,化学与化工,计算机科学,地球与行星科学,经济、金融与管理科学,工程、能源与技术,环境科学,语言学,法学,生命科学,材料科学,数学,医学,神经系统科学,药理学,物理学,心理学,社会与行为科学,社会学等。

五、搜索引擎常用方法

(1)简单(基本)搜索:指输入一个检索词(关键词),提交搜索引擎查询的搜索方式。这种查询方法最简单、最常用。直接输入关键词查找往往会反馈回大量不需要的信息。

(2)词组(短语)搜索:指输入两个检索词以上的词组(短语),提交搜索引擎查询,也叫短语搜索,现有搜索引擎一般都约定把词组或短语放在引号内表示。双引号可以实现精确查询,一个带引号的词组意味着只有完全匹配该词组的网页才是要搜索的网页。

(3)高级搜索:指输入多个检索词组提交搜索引擎查询。检索词组之间用布尔逻辑组配以及使用通配符和范围运算符等。

(4)目录(分类)搜索:指按搜索引擎提供的分类目录逐级查询,用户一般不需要输入查询词,而是按照查询系统所给的几种分类项目,选择类别进行搜索。

(5)使用网页快照功能:网页内容更新频繁,有时在搜索引擎中能够搜索到相关链接,但点击后会发现该网页已经被删除了,无法打开。为了避免这种情况,许多引擎提供了网页快照功能,把网页储存在自己的服务器中,这样即使网站已经把这个网页删除了,用户也能正常浏览 。

六、使用搜索引擎的注意事项

搜索引擎的出现极大方便了用户搜索网络资源信息,但因其本身所固有的差别使不熟悉的用户在检索时难以获得满意的检索效果,为提高检索效率,使用搜索引擎时应注意的几点:

(1)阅读引擎的帮助信息。许多搜索引擎都有帮助信息,提供该引擎的操作方法、使用规则及运算符说明。这些信息是用户进行网络信息资源查询所必须具备的知识。

(2)选择适当的搜索引擎。不同的搜索引擎在设计目的、收录内容、使用对象及用途上各有偏重。用户在选择搜索引擎时应针对自己的需要,选择合适的搜索引擎。

(3)选择恰当的检索关键词。查找相同的信息,不同的用户使用相同的搜索引擎,会得出不同的结果,造成这种差异的原因就是关键词选择不同,选择搜索用关键词要做到"精"和"准",同时还要具"代表性"。"精"、"准"才能保证搜索到所需的信息,"代表性"才能保证搜索的信息有用。

(4)合理使用检索运算符。如果只给出一个关键词进行搜索,那么将发现数以千计甚至以百万计的匹配网页。加一个关键词,选择恰当的运算符,搜索结果可能会更切题。不同的搜索引擎在布尔逻辑运算等具体的检索运算表达式写法上有区别,要针对不同搜索引擎,使用正确的检索运算符。

2.2.2 搜索引擎检索举要

一、Scirus

1.检索基础

(1)特定字符限定:+,关键词前加+号,表示所有检索结果里都要包含关键词;-,关键词前加-号,表示检索结果里不包含关键词;""号,几个关键词用引号""引起来,其作用是定义一个词组,将引号中的几个单词作为一个词组进行检索。

(2)布尔逻辑符:AND(与)、OR(或)、ANDNOT(非)。

(3)字段限制检索:au:用于作者检索;ti:用于题目检索;jo:用于刊名检索;ke:用于关键词检索;url:用于网址检索;af:用于作者单位检索等。

2.检索方法

Scirus检索主页面见图2-1,可分为基本检索(Basic)和高级检索(Advance)两种方式。

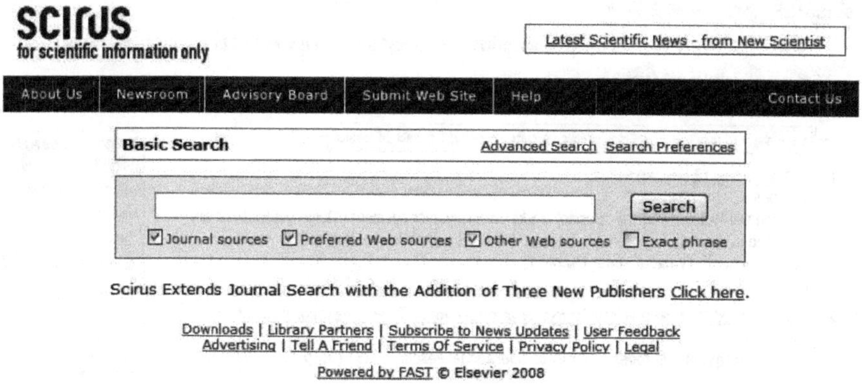

图2-1 Scirus主页界面

基本检索：见图2-1，用户仅需输入检索词，敲一下回车键（Enter）或单击"search"按钮即可得到相关资料。在基本检索的操作中，用户还可以选择不同的操作方式来缩小检索范围。

高级检索：见图2-2，在检索框中根据需要选择检索字段（包括：The complete document、Article title、Journal title、Author name(s)、Author affiliation(s)、Keyword(s)、ISSN、(Part of a) URL）和逻辑符写出检索策略及限定出版物出版年限、内容类型、期刊来源、学科范围等。

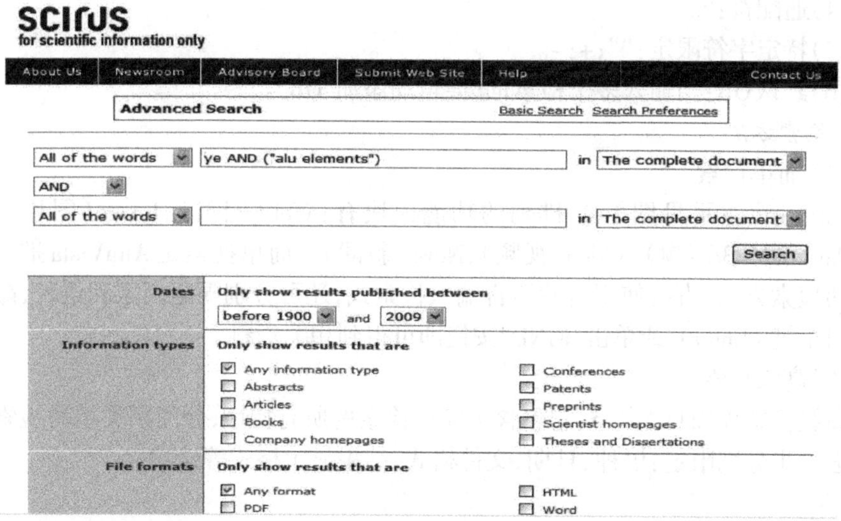

图2-2 Scirus高级界面

3. 检索结果

如图2-3所示，在检索结果的基础上，可进一步做二次检索（refine）。

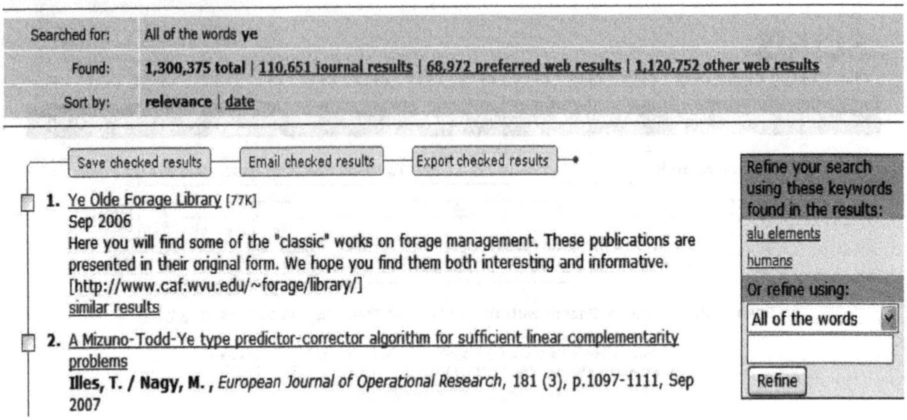

图2-3 Scirus检索结果

二、AltaVista

1.检索基础

(1)布尔逻辑符: &(或AND)、|(或OR)、!(或NOT)。

(2)接近符:NEAR(~)。NEAR/n,n是两个被搜索词之间的单词的数目,如Microsoft NEAR/5 Internet表示在"Microsoft"和"Internet"这两个关键字之间的单词数目不得超过5个。如果不输入n,表示两个词挨在一起。

(3)ADJ操作符:如Microsoft ADJ Internet,表示Microsoft必须在Internet之前。

(4)通配符:*。

(5)特定字符限定:“”;+;-。

(6)默认OR:当输入多个检索词,会自动添加"OR"。

2.检索方法

(1)简单检索

AltaVista主页见图2-4,排列的功能模块有:Web(网页)、Image(图片)、MP3/Audio(MP3/声频)、Video(视频)、News(新闻)。简单搜索是AltaVista推荐使用的检索方法,直接使用自然语言输入检索式,还可分别限定国家和语种,敲一下回车键(Enter),或单击"FIND"按钮即可得到相关资料。

(2)高级检索

高级检索界面见图2-5,它包含了简单检索的所有特性,分门别类填写检索词及进一步分别限定:语种、日期、文件格式、结果显示格式等选项。

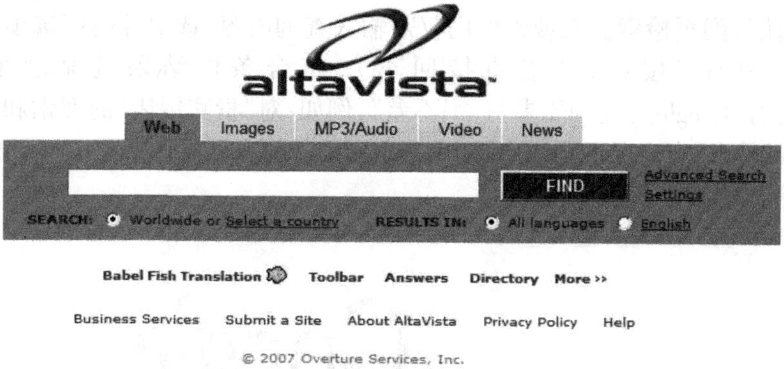

图2-4　AltaVista检索主页

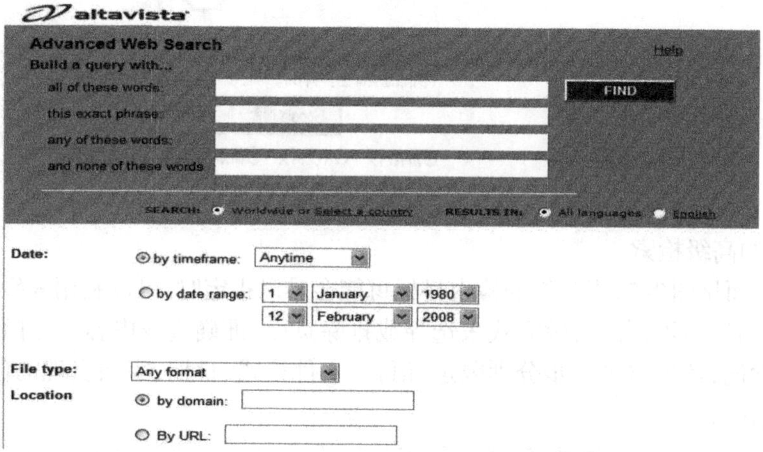

图2-5　AltaVista高级搜索界面

三、Google

1.检索基础

(1)默认AND:当输入多个检索词Google会自动添加"AND",缩小搜索范围只需输入更多的关键词;

(2)排除常用词:对一些网路上出现频率极高的英文单词,如"a"、"the"、"how"、"com"、"www"等,以及一些符号如"*"、"."等,作忽略处理;

(3)排除标点符号:忽略掉检索词之间的大多数标点符号;

(4)使用双引号界定字句:专用语查询加上双引号,就可以准确地进行查询;

(5)通配符:用"*"来替代单个字符,而当包含"*"时,必须用""引起来;

(6)运算符:分别用"空格"表示"与"、"-"表示"非"、"OR"表示"或"。

2.检索方法

(1)基本检索

Google的首页见图2-6,排列的功能模块有:网页、图片、资讯、地图、更多等,默认是网页检索。在搜索框内仅需输入查询内容,选中"网页"选项,点击"Google 搜索"按钮(或者直接回车),符合条件结果就显示出来。

还有,Google对查询要求"一字不差",例如:对"贵宾饭店"的搜索和"贵宾酒店"的搜索,会出现不同的结果;"手气不错"按钮自动将您带到Google推荐的网页等。

图2-6 Google主页界面

(2)高级检索

界面见图2-7,当我们的检索目标可能会难以指定时,可以利用高级检索表格,使用许多不同的有效方式来选择或排除页面,准确查找内容。分门别类填写检索词;还可以进一步分别限定:语言、文件格式、日期、字词出现的位置、网域等选项。

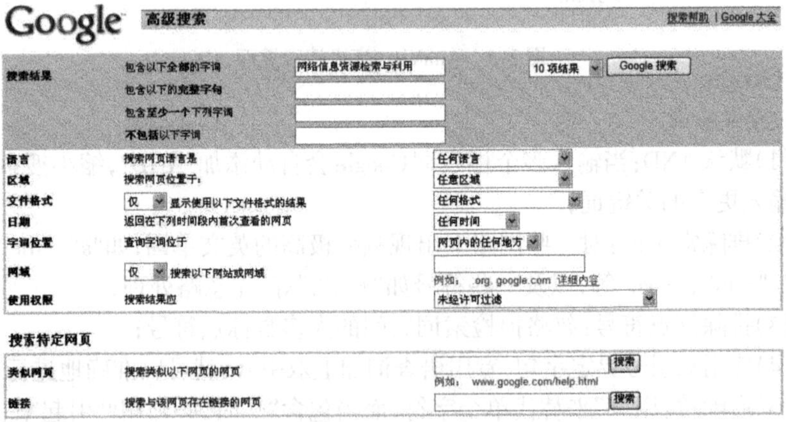

图2-7 Google高级检索页面

四、百 度

1.检索基础

(1)运算符:+(或AND)、-(或NOT)、|(或OR)。

(2)默认AND:当输入多个检索词,会自动添加"AND"。

2.检索方法

(1)基本检索

百度的首页见图2-8,排列的功能模块有:新闻、网页、贴吧、知道、MP3、图片等,默认是网页搜索。百度搜索简单方便,您只需要在搜索框内输入需要查询的内容,敲回车键,或者点击搜索框右侧的“百度搜索”按钮,就可以得到最符合查询需求的网页内容。输入多个词语搜索(不同字词之间用一个空格隔开),可以获得更精确的搜索结果。

图2-8 百度检索主页面

(2)高级检索

界面见图2-9,分门别类填写检索词;进一步分别限定:检索结果显示条数、时间、语言、文档格式、关键词位置、站内搜索及一些个性设置等选项。

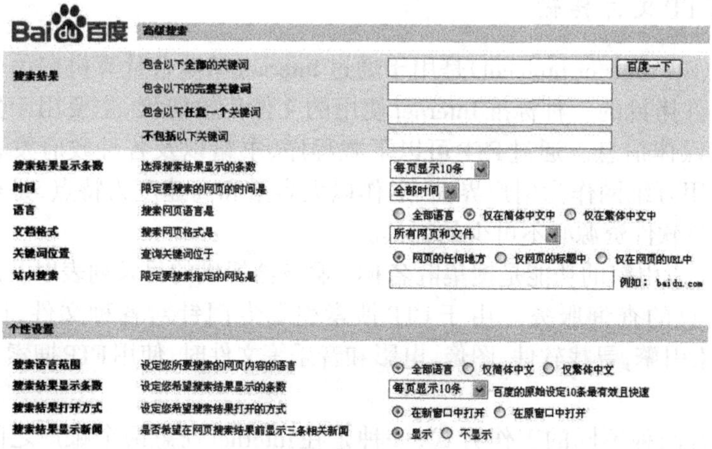

图2-9 百度高级检索页面

2.3 其他免费资源检索简介

2.3.1 Telnet远程登录

Telnet用于Internet的远程登录,它可以使用户坐在已上网的电脑键盘前通过网络进入另一台已上网的电脑,使它们互相连通。这种连通可以发生在同一房间里面的电脑或是在世界范围内已上网的电脑。习惯上来说,被连通的并且为网络上所有用户提供服务的计算机称之为服务器(Servers),而自己在使用的机器称之为客户机(Customer)。一旦连通后,可以使自己的电脑暂时成为远程计算机的一个终端,客户机可以享有服务器所提供的一切服务,可以访问、共享远程系统中对外开放的资源,包括硬件资源和软件资源。

利用Telnet功能去运行和访问保存在远程计算机中的程序和信息,许多机构都允许用户将自己的计算机作为某一个因特网主机的远程终端与该主机相连,从而使用该主机上的硬件、软件和信息资源,如各类图书馆的公共目录系统、信息服务机构的综合信息系统、商业化数据库系统大都可供远程登录,检索许多大学和公共图书馆中的目录,沟通与政府间的联系,获得相应的资源。有特许和公开两种登陆方式。

Windows环境中运行的Telnet客户软件:Cterm、STerm、Telnet32 pro等。在“运行”窗口或在MS-DOS状态下键入"Telnet",就可以启动Telnet程序。它们的作用仅仅是起着连接、登陆主机的作用,当登陆成功后,本地用户的计算机将作为该远程主机的仿真终端。

2.3.2 FTP文件传输

FTP (file transfer protocol)是用于通过Internet从一台计算机向另一台计算机进行文件拷贝的一种标准Internet使用的文件传输协议,主要用于传送程序软件和多媒体信息。通过FTP可以下载程序、书籍以及各种政府发布的信息等。它采用万维网作为用户界面,运作以大容量和高速度为特点,是获取免费软件和共享软件资源必不可少的工具。

FTP搜索引擎的功能是搜集匿名FTP服务器提供的目录列表以及向用户提供文件信息的查询服务。由于FTP搜索引擎专门针对各种文件,因而相对WWW搜索引擎,寻找软件、图像、电影和音乐等文件时,使用FTP搜索引擎更加便捷。

FTP有两种不同的工作方式,一种是在Internet任意两个账户之间传送文件,这要求知道两个账户的口令;另一种是匿名FTP,匿名FTP网点允许任何人连入此系统并下载文件,在匿名FTP中包含了庞大的有用信息,从中可以找到研究论文,免费软件,会议记录及其他信息。

登陆方式有匿名和特许两种。匿名登录:Anonymous为用户名,E-mail为口令;特许登陆:要向FTP站点管理员申请帐号登录。

使用FTP搜索引擎搜索FTP站点,利用专用FTP软件中“站点管理器”均可获取地址。它把自己的电脑与世界各地所有运行FTP协议的服务器相连,通过相应的用户名、密码可以访问服务器上的大量程序和信息,上传、下载网页、软件、游戏、驱动程序等。

一般用户容易将FTP与Telnet混淆,实际上Telnet是将用户的计算机当成远程计算机的一台终端,用户在完成远程登录后,具有远程计算机上的本地用户一样的权限。而FTP没有给予用户这种完全的权限,它允许用户根据服务器所设定的不同权限对远程计算机上的文件进行有限的操作,包括查看文件、交换文件以及改变文件目录等。

搜索引擎的雏形以及最早的搜索引擎都是基于FTP文件搜索的。最早的FTP搜索引擎是基于文本显示的Archie,后来由于Web的出现,FTP搜索引擎发展受到了一定的影响。直到基于Web的FTP搜索引擎出现,它才越来越多受到人们的欢迎,用户量也在迅速上升,重要性也日渐显现出来。近几年来,虽然FTP搜索引擎技术发展的很快,但相对WWW搜索引擎而言,FTP搜索引擎为数不多,技术上也还不十分成熟,还有很多需要改进的地方:

(1)FTP搜索引擎的收录数量还比较少,其规模和质量还是要取决于其维护的信息量。

(2)检索功能还不完善。检索功能是一个搜索引擎最重要的部分,有很多搜索引擎还不能支持"and"和"or"等简单的布尔检索,使得数据库中的文件不能被检索到。

(3)FTP服务器本身特点决定了FTP搜索引擎弱点,即由于FTP服务器有开放时间、限制IP地址、限制登陆的用户量、不同的服务器设立的连接端口号并不相同等决定了其搜索到的结果有一部分是不能访问的,大大降低了用户的满意度。

目前,国内做得最好的、规模最大的当属天网FTP文件搜索引擎,现在可以搜索2400万个文件(数据来源于天网主页),2002年时的统计日访问量是40万次,这在世界FTP搜索引擎界也算是一个佼佼者。另外国内还有清华星空搜索引擎、西安交大思源搜索、华南木棉搜索引擎、网络指南针、中科大天狼搜索引擎以及南京理工的“一网打尽”搜索引擎等,国外的有Philes.com、AlltheWeb.com、Filesearching.com、souborak.com和ftpfind.com等,其中ftpfind.com是目前国外最先进的,支持包括站点快照和文件分类等新兴功能,而且文件数据量非常大。

2.3.3 USENET/Newsgroup 新闻组

USENET是因特网上的一种应用软件,用于提供新闻组(Newsgroup)服务。新闻组服务是Internet上与WWW(HTTP)、E-Mail(SMTP、POP3)与FTP(FTP)齐名的四大网络信息服务系统之一,其对应的英文名称是Newsgroups,该服务使用的网络协议是NNTP(Network News Transfer Protocol)。新闻组(USENET)由成千上万个兴趣小组(newsgroup)组成,每个兴趣小组每天来往信息的总量可多达上百条至上千条,如此多的信息汇集在一起,构成一个巨大的信息库。因此,相当一部分综合型检索工具(如AltaVista和Infoseek)都把USENET信息纳入了自己的收录范围,人们在使用时只需在预先设置好的检索范围内加以选择即可。

在这个服务体系中,有众多新闻服务器,接收和存储有关主题的消息,供自己的用户查阅。用户可在自己的主机上使用新闻组阅读软件(News Reader),申请加入某个新闻组,并从新闻服务器上读取消息或向新闻组发送消息,新闻组又称"电子论坛"。简单地说,新闻组是一个可以离线浏览的论坛,当在线时候可以把新闻组里面的帖子先接收到自己的电脑中,断线后仍旧可以阅读。

新闻组是互联网上一种高效的交流方式,在国外,它的使用频率仅次于电子邮件。其主题已经涵盖了人类社会所能涉及的所有内容,如科学技术、人文社会、地理历史、休闲娱乐等,无论我们有什么样的问题,都可以发送到新闻组上,届时会有成千上万的人和我们讨论这一问题,帮助我们找到最好的解决方法。

与其他网络应用的对比,新闻组的实时性没有论坛好,但是客户端不必登录到服务器,安全性相对要好;另外新闻组可以离线浏览,这在论坛中是不可能的。

新闻组和电子邮件相比,电子邮件保存在客户端,只有收件人能够查看和保存,而新闻组存储在服务器端,可以随时查阅。

新闻组和文档相比,新闻组的优越性在于时效性和便于沟通,文档的优越性在于条理性和归档保存。每个新闻组都具有鲜明的主题。这和Web不同,虽然Web的网页做得越来越精致、越来越美观,但大多数时间只是从一个页面转到另一个页面,漫无头绪,而且由于图片、广告条的影响,Web的传输速度太慢。而新闻组则不同,每个新闻组只要看它的命名就能清楚它的主题,所以我们在使用新闻组时其主题更加明确,往往能够一步到位,而且新闻组的数据传输速度与网页相比则要快许多。

要获取新闻必须要有一台电脑连接到Internet上的新闻组服务器,用户可以通过终端仿真到服务器主机上使用字符方式的新闻组阅读器，或者以SLIP/PPP的方式，使用基于Winsock的新闻组阅读器来阅读其上的内容。

Windows 新闻组客户端软件最常用的是Outlook Express。Outlook Express的新闻组功能：(1)建立新闻组账户；(2)输入新闻组ID；(3)订阅新闻组；(4)发表和回复新闻组文件。

基本功能：所有新闻阅读器程序能够提供的功能。

(1)订阅或停止订阅某个新闻组；

(2)浏览消息并阅读后续消息(线索)；

(3)直接向消息的作者回复一个邮件消息；

(4)针对某个新闻组上的消息发布后续评论；

(5)保存某个消息的内容(通常保存在用户子目录中名为News的子目录中)。

国内著名新闻组：新帆新闻组(http://www.newsfan.net、news://www.newsfan.net)、宁波新闻组(http://news.cnool.net、news://news.cnool.net)、宁波电信169新闻组(http://news.zj.cninfo.net)、万千新闻组(news://news.webking.com.cn)、希网新闻组(http://newscn99.com)、或(news:// news.cn99.com)。

国外著名新闻组：Google新闻组(http://groups.google.com；Newsone)、新闻组(http://newsone.net；Realplayer)新闻组(http://www.usenet-replayer.com)。

2.3.4 LISTSERV/Mailing list 邮件列表

Listserv/Mailing List是指一组成员的E-Mail地址列表。是通过E-mail在Internet上实现的多对多或一对多的通信交流方式，中文称之为邮件列表，邮件讨论组、电子论坛等。

其主要功能是为有共同兴趣的一组用户建立一种关联，使用户彼此拥有一个网上交流的空间。加入邮件列表的用户可以收到发给邮件列表的所有邮件，同时，也可通过邮件列表向所有其他组员发送信息。每个邮件列表都有管理员，负责维护邮件列表，进行日常管理。管理员分为两种：一种是人，一种是称为Listserv的计算机程序。这种用程序进行自动管理的邮件组，有时也称为Listserv列表。

邮件列表的使用范围很广：

(1)新产品发布、与客户保持联系、产品的技术支持、信息反馈；

(2)组织俱乐部，吸引新用户的加入，提供成员之间的交流工具；

(3)与同学和亲友保持快速、方便的联系；

(4)可以主办自己的电子杂志，通过邮件列表的方式，向数十万用户同时发送；

(5)还可以订阅其他人建立的邮件列表，取得感兴趣的信息，同时可以参与讨论。

Mailing List的传播方式，可以把同一封电子邮件送给一大群人。这些收信人都是主动表示要订阅的订户，没有垃圾邮件的问题。简单地说，Mailing List是一个能够大量散发文件资料的电子邮件系统，全球各地的使用者只要下达订阅的指令，就可以定期收到各式各样的信息，我们把这种传播方式称为"邮递传播"。

各式各样的Mailing List超过一万个，要找到自己感兴趣的主题，最好的方法就是利用网络搜寻功能，找出自己有兴趣的Mailing List订阅。除了电脑相关的主题以外，也涵盖了科学、新闻、哲学、文学、医学、社会、政治等不同的领域，内容是包罗万象、应有尽有。

Mailing List有两种传播方式。第一种是"一对多"的方式，是由资料来源方统一发信给所有订户，订户之间无法进行任何讨论。第二种则是"多对多"的方式，订户之间可以自由进行讨论，每一个订户所发出的信件，全部的订户都可以收到。在订阅多对多传播的Mailing List时，因为信件内容非常繁杂，难免垃圾信件一大堆，需要多花一点时间过滤整理。

中文的Mailing List数量并不多，而且多半是直接在站点上订阅，必须登录简单的个人资料，和一般的寄信订阅方式不同。

1K电台(http://www.1k.net/ ~ 1k/)是最大的中文Mailing List服务中心，提供了数十种不同主题的邮件广播服务，内容涵盖电脑、法律、旅游、金融、移民等，种类非常多。这些信息服务都是完全免费，靠在信件中挟带广告的方式来维持运作。

南方电子报是最早的一份中文Mailing List，内容以杂文和环保为主。在连接上站点后，还可以订阅十几份其他主题的Mailing List，内容也同样偏向人文方面。

国内邮件列表检索工具：希网网络(http://www.cn99.com)、通易(http://www.exp.com.cn)、网路(http://www.softreg.com.cn/maillist.asp)等等。

国外邮件列表检索工具：CataList (http://www.Lsoft.com/lists/listref.html)、Vivian Neou (http://catalog.com/vivian/interest- group- search.htm)、Publicly Accessi-
ble Mailing Lists(PAML)(http://www.neosoft.com/internet/paml)等等。

2.3.5 BBS电子公告牌

BBS是英文Bulletin Board System的缩写，翻译成中文为"电子布告栏系统"或"电子公告牌系统"。BBS是Internet上的一种电子信息服务系统，通过在计算机上运行服务软件，向用户提供了一块公共电子白板，允许用户使用终端程序通过电话调制解调器拨号或者Internet来进行连接,执行下载数据或程序、上传数据、阅读新闻、与其他用户交换消息等功能。BBS与Usenet有相同之处,事实上,这两个系统除了使用的网络协议不同(前者是BBS协议,后者使用UUCP协议),有很多内容是相互交叉、相互引用的。

早期的BBS由教育机构或研究机构管理,现在多数网站上都建立了自己的BBS系统,供网民通过网络来结交更多的朋友,表达更多的想法,每个用户都可以在上面书写,发布信息或提出看法。象日常生活中的黑板报一样,电子公告牌按不同的主题、分主题分成很多个布告栏,布告栏的设立是依据大多数BBS使用者的要求和喜好,使用者可以阅读他人关于某个主题的最新看法(几秒钟前别人刚发布过的观点),也可以将自己的想法毫无保留地贴到公告栏中。同样的,别人对你的观点的回应也是很快的(有时候几秒钟后就可以看到别人对你的观点的看法)。如果需要私下的交流,也可以将想说的话直接发到某个人的电子信箱中。如果想与正在使用的某个人聊天,可以启动聊天程序加入闲谈者的行列,虽然谈话的双方素不相识,却可以亲近地交谈。

在BBS里,人们之间的交流打破了空间、时间的限制。在与别人进行交往时,无须考虑自身的年龄、学历、知识、社会地位、财富、外貌,健康状况,而这些条件往往是人们在其他交流形式中无可回避的。同样的,也无从知道交谈的对方的真实社会身份。这样,参与BBS的人可以处于一个平等的位置与其他人进行任何问题的探讨。BBS连入方便,可以通过Internet登录,也可以通过电话网拨号登录。BBS站往往是由一些有志于此道的爱好者建立,对所有人都免费开放。而且,由于BBS的参与人众多,因此各方面的话题都不乏热心者。可以说,在BBS上可以找到任何你感兴趣的话题。目前国内的BBS已经十分普遍,大致可分为这么几种类型:

(1)校园BBS:目前很多高校都建立有自己的BBS系统,几乎遍及全国上下,大多数BBS是由各校的网络中心建立的。如清华、北大的BBS则是全国闻名。

(2)商业BBS:主要是进行有关商业宣传,产品推荐的,目前手机、电脑、房地产等商业BBS比比皆是。

(3)专业BBS:是指部委和公司的BBS,主要用于建立地域性的文件传输和信息发布系统。

(4)情感BBS:是许多娱乐网站的首选,主要用于交流情感方面。

(5)个人BBS:是指制作者自己在个人主页上建设了BBS,用于接受别人的想法,更有利于与好友进行沟通。

获取途径可以通过WWW检索工具来获取(如Yahoo、Google、All in One、Hotbot、Webcrawler、Infoseek、Lycos、Altavista等),也可以通过BBS登录软件中的“地址簿”。

第3章 参考工具检索

3.1 概 述

人们在从事生产、学习、科学研究、其他日常工作或各项经济活动中，都会遇到的一些疑难问题，比如英文缩写的全称，代码的含义，计量单位的换算，电子器件的技术特性，某学科名词的确切概念、技术含义，某个国家电气电子类产品的生产、市场、消费及贸易情况，某位著名的科学家论著和生平简介等，这些确定性的字词、事件、事实、人物、机构名称、年代日期、公式、常数、规格、方法等具体的事实与数据，主要依靠参考工具来解决。

3.1.1 基本概念

参考工具就是根据某种需要，全面系统地汇集一定范围的文献资料，经过审定、整理或概括，用简明易查的方法加以组织编排，专供查检和参考的文献。它是对知识进行分类、提炼、加工、浓缩和重组而形成的以图书或是数据库形式出版的检索工具，属于三次文献。

一、参考工具分类

习惯上，根据所收录的内容及所具备的功能，参考工具可分为：

(1)术语型：指专门用于揭示字、词的形、音、义和使用方法，以及学科名词术语的含义、演变和发展的工具书和数据库，如各种字典、词典和各类专科辞典。

(2)事实型：指根据一定的社会需要，广泛汇集某一领域的文献信息(如名词术语、事件、人名、地名、机构、产品)按一定方法编排，专供检索有关事实信息和解难释疑的工具。百科全书、年鉴、手册、表谱、图录、名录等都是家族中的主要成员。

(3)数值型：指提供各类数值信息(如各种科学、人口、管理、金融、财政、商业等数据)的存储和检索的工具，也是进行各种统计分析、定量研究、管理决策和预测的重要工具。各类统计年鉴、统计资料汇编以及统计数据库是其家族中的主要成员。

二、参考工具的主要特点

参考工具除有普通出版物的特点之外,还具有:

(1)收集内容的广泛性和完整性:其宗旨是以其丰富的资料汇集供人们参考、解答疑难问题、提供知识和文献线索。相应地根据特定需要,汇集了各领域或某一领域的完整信息资料和最新的研究成果,汇编内容具有概述性质。

(2)反映内容的简明性和精确性:它对原始信息经过整序、浓缩、重组和综合,文字简洁,有附图、表、照片,使人一目了然。

(3)特定的编排方法和检索方便:参考工具编排体例特殊,按照一定的检索层次性的序列编排起来,只要了解体例和编排方法,便可一查即得。

三、参考工具数据库

因参考工具书编写和出版周期长,许多正在发展中的最新事实与数据,如各类产品的最新产销数据、价格、股票和黄金市场每日升跌,哪些厂家正在推出新的电气电子类产品等,不可能及时被收录。借助网络工具的发展,参考工具数据库也就应运而生。一般分为:

(1)事实类数据库:存储的是相互关联的事实集合。收录人物、机构、事务等的现象、情况、过程之类的事实性数据。所包括的信息数据类型较多,如经贸信息、统计数据、企业基本信息及产品信息等相关信息均可划分到此种类型的数据库中。

(2)数值类数据库:指存储的数据是某种事实、知识的集合,主要包含数字数据,如统计数据、科学实验数据、科学测量数据等。

3.1.2　参考工具的类型及其特征

参考工具主要用于各种事实和数据的检索,其结果是获得直接的、可供参考的答案。进行事实和数据检索时,使用各种参考工具,包括词典、百科全书、年鉴、手册、名录、表谱及其相应的光盘和数据库系统等。

一、字(词)典、辞典

字典和词典是收录字、词的出版物,是以字、词为标目,其内容在于注释字、词、科技名词术语、缩略语的形、音、义、全称、用法、不同文种的对译等,回答有关词的来源、演变,以及同义词、反义词等方面的问题。通过网络可使用各种在线字(词)典。

科技类的辞(词)典:主要是学科名词术语或定义的解释或不同文种互译对照。如《现代电子学辞典——英汉、汉英名词对照》、《英汉计算机辞典》、《电子工业技术词典》等。

综合性字(词)典:对字的音、形、义和词汇的意义、用法全面加以解释。如《新华字典》、《汉语大字典》、《现代汉语词典》、《Oxford of English Language》等。

专门性字(词)典:只收某一类的字、词,或只解释字或词形、音、义的某个方面。如《成语词典》、《汉语虚词词典》、《简明同义词典》、《中国民间方言词典》等。

百科词典:汇集各学科重要的术语和概念加以解释,提供最基本的知识。如《辞海》、《中国百科大辞典》等。

专科词典:收录一个学科或专门领域的术语、概念加以解释,系统地反映专业知识的概要,所提供的知识往往比百科词典更为详尽。如《哲学大辞典》、《中国艺术家辞典》、《中国古今地名大辞典》等。

多语词典:外语或2种语言以上互译类的词典,是两种或两种以上语种间的对译词典。一般可以分为:一般语言词典、缩略语词典、学科或专科性词典三种。如《英汉大词典》、《英汉科技文献缩略语词典》、《英汉计算机综合词典》等。

二、年　鉴

年鉴是指汇集一年内的重大事件、各方面进展情况、最新成果及统计数据,按年度连续出版的工具。其资料主要取材于政府公报和文件、有关部门的统计、重要报刊的报道以及专业工作者的撰述,所述内容总结性强,包含年内的各类事实、数据、统计资料、图表、图片及近期发展动向等等,多为一年一鉴,报道有关方面的最新资料,反映各领域的发展趋势与动态。具有资料性、时限性和新颖性等特点。

按收录范围及侧重点不同可分为:综合性年鉴、专门性年鉴、统计性年鉴、地方性年鉴等,如《世界知识年鉴》、《中国百科年鉴》、《中国统计年鉴》、《中国教育年鉴》、《上海年鉴》等,通过网络可以使用它们的网络版。

三、手　册

手册也有叫“指南”、“便览”、“须知”、“大全”;英文手册则有"Handbook"和"Manuals"两类,是汇集某一方面的基本知识和数据资料的速查性工具。手册属于简便的参考资料,它是围绕某一课题或学科的各种事实和数据、统计数字、规则、技术参数、图表、符号公式、原理方法等各类资料汇集成册的出版物。简要概述某一学科、专业的基本知识与基本资料,常以分类形式编排。所提供的资料、公式和数据一般比较成熟、准确、可靠。主要回答各种常识性的问题,说明如何操作等。

按收录范围可分为综合性和专门性手册。综合性手册概括了各学科的内容,知识面广泛、全面、系统,但浅显简要。专科(业)性手册内容只涉及某学科的专业知识,概括了某学科的基本知识,如专业的发展史、基本概念、基础理论、原理叙述、结构特点、物理化学性能、物质特征、方法、材料、元器件、辅助设备、公式数据、图表、规格、规则、检验测试、使用方法,以及设计、维修、安装、符号与代码说明等。以专门性的手册居多,科技领域的手册数量庞大,内容涉及产品参数、工程设计与管理、各种实用数据、物质属性、具体操作等方方面面。如《吉尼斯世界纪录全书》、《经济工作手册》、《出国留学手册》等，现在互联网上有许多手册。

四、百科全书

百科全书是以条目的形式，全面、系统地概述各学科知识或某一领域知识，按词典形式编排的工具。素有"工具书之王"的美誉，它上自天文，下至地理、社会生活、科学技术，凡人类的知识几乎无所不收。内容包括各学科或专业的定义、原理、方法、基本概念、历史及现状、统计资料、书目和重大事件等各方面的资料。百科全书有综合性和专科性之分：综合性百科全书包含多个学科和领域的知识；专科性百科全书提供的是只限于某个学科或领域的知识。

按收录范围可分为：综合性百科全书、专科性百科全书、地域性百科全书、百科词典等，如《中国大百科全书》、《The Encyclopedia American》（美国百科全书）、《简明不列颠百科全书》（中译本或英文本）、《科学技术百科全书》、《亚洲百科全书》等，有些百科全书可以通过网络检索使用。

五、名　录

名录是专门收录有关人物、地名、机构信息的工具。词典、百科全书、年鉴、手册等工具中也有大量的人名、地名和机构资料，相对它们而言，名录汇集的有关信息更为广泛、全面，而且针对性强，检索方便。名录按收录的具体内容又可以分为机构名录、人名录和地名录。

机构名录收选的内容是机构名称及其概况介绍，如机构的宗旨、组织结构、权限、业务或研究工作范围、地址、职能、人员等。机构名录有学校名录、研究机构名录、工商企业名录、行政和组织机构名录、学会协会名录等。如《中国高等学校大全》（高教出版社，1989）、《中国科学研究与技术开发机构要览》（科技文献出版社，1987）等。

人名录收选的内容是各学科、领域知名人士的个人资料，主要内容包括姓名、生卒年月、学历、职称、所在国别、民族、工作单位、所从事的专业、论文和著作、主要科研活动及成就等生平传略。如《中国普通高等学校教授人名录》（高教出版社，1988）、《中国科学院科学家人名录》（科学出版社，1990）、《Who's who in Technology Today》（今日科技界名人录）等。

地名录是汇集一定范围地名及简况的名录。其特点是收录地名数量大，但只提供地理位置、所属国别、经纬度等简单资料。如《世界地名录》、《中国地名录》等。

在互联网上有大量的名录数据库，如在Dialog系统、万方数据资源系统中都有许多名录数据库。

六、图册（集）、表册

图册是收录各类设计图、线路图、工作曲线图、产品装配图、结构图和其他以图为主并附以少量文字说明或解释的出版物，如《录像机电路图集》、《中外电视机电路图及维修全集》等。

表册主要是以公式、数据、计量单位换算及其他以数据数表为主的出版物，如《常用数学公式大全》、《电子学数据表与公式手册》等。

此类工具的主题单一，一般从书名便可知道其专业范围和内容，个性鲜明。

七、产品资料

产品资料主要指产品样本、产品目录和产品说明书。

产品样本和目录是公司或厂商用作宣传及推销产品的资料，是沟通厂商和用户的重要媒介之一。内容包括产品名称、型号、外观造型、外部尺寸、主要性能、参考价格及其他简要的说明。

一种是公司或厂商自行出版的，如美国的摩托罗拉、IBM，荷兰的菲利浦，日本的索尼、松下、日立等公司的电子产品目录；另一种是由地区、国家或某种机构收集出版的，如共有19卷之巨、报道美国12,300多家厂商的《Thomas Register of American Manmufacturers and Thomas Register Catalog File》（美国厂商托马斯登记册和托马斯产品目录），报道欧洲32个国家出口工业产品的总目录《Europ Production》（欧洲产品）等。

产品说明书是公司和厂商用来说明产品性能及使用方法随产品附上的技术资料，其内容包括产品的性能、规格、用途、结构或电路、工作原理、操作方法、安装维修方法、零部件目录等，并附有产品的照片及必要的技术数据或其他内容。

八、事实和数据类数据库

事实和数据类数据库是提供有关事实信息的存储与检索的，内容非常广泛，如查找某一词的解释，某人、某事件、某地名、某企业及其产品情况等，其结果是获得直接的、可供参考的答案。进行事实与数据检索时，使用各种参考工具，如词典、百科全书、年鉴、手册、名录、表谱等相应的数据库。如公司企业机构数据库、产品资料信息数据库、现货和期货市场数据库、股票市场数据库、黄金和金融数据库、人才供求信息数据库等。按收录内容可分为百科全书数据库、年鉴数据库、人物数据库、机构数据库、产品数据库、地图数据库（电子地图）等。数据库用计算机检索，速度快，利用方便，还可以作远程的联机检索，实现信息资源的共享。

百科全书数据库是以条目的形式，全面、系统概述各学科知识或某一领域知识，按词典形式编排的工具，提供百科知识检索与利用的数据库。主要指以传统百科全书的内容为基础开发的书本式百科全书的电子版（包括光盘版和网络版）。如《中国大百科全书（光盘版）》、《新世纪百科全书（2004）光盘数据库》、《Britannica不列颠百科全书（网络版）》等。

年鉴数据库是指汇集一年内的重大事件、各方面进展情况、最新成果及统计数据，按年度连续出版的工具。主要指以各类传统年鉴为基础开发的数字年鉴。如《世界知识年鉴》、《中国百科年鉴》、《WorldAlmanac〈世界年鉴〉》等。

人物数据库主要提供有关人物的名称、籍贯、出生日期、职业等相关信息的数据库。如《中国人物库》、《中国科技名人数据库》等。

机构数据库主要提供国家政府、经济、文化、教育科研等各类机构的名称、负责人、职能、电话、地址等信息的数据库，如《中国中央及地方政府机构库》等。

产品、商品数据库提供各类公司企业的名称、产品（商品）名称、商标、服务项目等信息的数据库。如《中国企业产品数据库》、《中国企业、公司及产品数据库（CECDB）》等。

地图数据库（电子地图）提供地理信息查询的数据库，主要指电子地图、数字地图。如《全世界电子地图》、《全中国电子地图》等。

3.1.3 常用的编排和检索方法

参考工具书内容的排检方法主要有：字（音）顺法、分类法、主题法、地序法和时序法等。

一、字（音）顺法

字（音）顺法是以字或词的笔画多少，或读音的字母顺序编排的方法。此法主要用于字（词）典、辞典的排检，还用于各类工具书所附索引或目录的排检，如手册、百科全书等类工具书所附词条术语或所附中英文索引的排检。

字顺组织法主要包括形序法、音序法和号码法。

1.形序法（常用的是部首法和笔画法）

（1）部首法：这是我国古老的传统的检字方法，早在公元96年，东汉许慎编写的我国第一部字典《说文解字》中，首创了这种方法。部首法依据汉字的形态特征，按部首、偏旁相同的部分归类，如珍、皇、弄等均归“王部”，江、河、流等均归“水”部，再按部首、偏旁的笔画多少排列，若部首、偏旁相同的字，再按部首以外的其余笔画多少排列。我国现用的部首法有三种：旧部首法，以《康熙字典》为代表；新部首法，以《辞海》为代表；介于新旧法之间的部首法，以《汉语大字典》为代表。以部首法编排的工具书一般都配有笔画法。一般的字典笔形顺序是：一丨丿丶乙。

它的优点是把字形复杂，数量庞大的汉字，划归入一、二百个部首里，符合人们由字形求音、解义的习惯；缺点是部首位置不固定，难以捉摸，如按字取部首时，或上下，或左右，或在中间，规定不一，同时对同一部首的字，笔画相同，排列时谁先谁后，又无定论。可见，部首法不是一种完善的检字法。

（2）笔画笔顺法：笔画法是按汉字的笔画数多少排列，少笔数排前，多笔数排后的检字法。

笔顺法是按汉字笔形顺序，确定排列先后的检字法。如按“、”“一”“丨”“丿”“㇄”为序。

使用时，笔画笔顺二者往往相结合，成为先按画数多少排，同画数的字再按笔顺次序排列的笔画笔顺法。如图书馆书名目录，著者目录，均用该法排检。优点是排检原理简单，易学，易检，使用方便；缺点是笔画多少不均，最多的52画，最少为1画，而各画的字数分布不平衡，如一、二、三画的字数很少，四、五、六画字数很多，同时，由于汉字笔顺复杂，人们书写起、落笔的习惯不同，加之，各种工具书对笔画、笔形笔顺的规定不一，因此，给查找工作带来一定困难。

2. 音序法

即按字音的顺序排检字、词的方法。汉字按音序法排检已有悠久历史，早在隋朝，公元601年，《切韵》成书，即采用了韵部排检法。以后，有些工具书又使用注音声母排检法。新中国成立以后，很多工具书采用了拼音字母音序排检法。

常用的是汉语拼音字母法和声韵法，古代许多韵书多采用声韵法，现代汉语辞书多用汉语拼音字母法编排，英文辞书则按英文字母顺序编排。

拼音字母音序排检法是按照汉语拼音字母ABC……XYZ次序排检方法。在英文26个字母中，除IUV三个字母不做字头，其他23个都可做字头，分成23部，排列时，先以首字母的ABC音序排，若首母相同再按第二个字母音序，以此类推，如果两个字或词相当，再按阴平，阳平，上声、去声、轻声顺序排列。

优点是使用拉丁字母作为拼音字符，简化了编排方法，检索方便、准确，促进语言标准化，利于推广普通话，并且符合国际上工具书的编排规则；缺点是读者必须学会普通话，语言要求标准，否则发音不准，不易查找，同时，由于汉字为形义字，形体与语言全然分开，人们遇到的字词，往往不知其音，不明其义，无法使用音序法检索，另外，汉字同音字很多，但它们的编排方法不尽相同，有的按笔画多少排，有的按部首排序，必须加以研究解决。

3. 号码法

号码法实际上是形序法的一种变形。它把汉字形体，归纳起来，编成阿拉伯数码，再把所取的笔形数码连接成一体，然后，按号码数量多少加以排列。号码法流行的有四种：四角号码法，中国字庋撷法，起笔笔形法以及五笔字型法。其中，四角号码法为古代各种辞书采用的最多，利用率最高，而五笔字型法则为计算机专用检字法。

四角号码法是根据汉字的方块形体，找出相同或相似笔形，归为10种，用0–9的10个数码表示，按每个字的四个角的笔形，依左上、右上、左下、右下为序，分别依形号取号，连成一组号码，这些号码按大小排列。为了帮助记忆，有人依照这10种笔形编成顺口溜口诀：“横一垂二三点捺，叉四插五方框六，七角八八九是小，点下有横变零头。”

优点是以笔形编码，取码位置固定，只要记住号码、位置次序，检索迅速，使用便当；缺点是学习掌握较难，只有经过反复练习，才能运用自如。

二、分类法

分类法是将文献或知识，按学科或按事物性质的系统性排列的方法。使用工具书时，必须熟悉分类体系，了解排列顺序。是书刊资料常用的分类法，如古代的“经、史、子、集”的四部法，现在使用的“中国图书馆图书分类法”、“中国科学院图书分类法”、“中国人民大学图书馆图书分类法”、“国际十进分类法”等。这些分类法不仅是图书馆的书刊资料分编、排架的依据，而且大量的工具书，也依此法进行编排、检索。分为体系分类法和功能分类法。

体系分类法：实际上是按学科分类的方法，大多数参考工具书都按这一方法排检。如手册、百科全书、年鉴、产品资料、名录等。

功能分类法：就是按收录的内容功能不同分类。大多数的电子元器件及其产品特性手册、电气电子类产品目录或电气电子类的其他各种手册，都是按功能分类的。

三、主题法

主题法是按主题词的字顺编排的方法。即从文献内容中抽取规范化的自然语言，标引文献中心内容，然后根据这些规范语言按字顺排检。一些学科性术语词条解释是按学科的主题词字顺排检的，如年鉴、百科全书等。主题法不受学科领域限制，能使同一事物的知识相对集中，再利用“参照”项，沟通相关知识。主要用于各种工具书索引的排检，一般较少用作正文内容，而作为一个辅助性的工具。

四、地序法

地序法是按地理、地域编排的方法，即按地理区划或行政区划的顺序（如洲、国家、地区、省、市、县等）编排的一种方法。主要用于编制和检索地理和地方资料的工具书，如中外地图集、地方志、地名录、机构名录类等参考工具书，也有一些年鉴、人名录或产品目录按地序排检。

五、时序法

时序法是按时间顺序编排的方法，即按事件、事物发生、发展的时间次第性的顺序加以组排的方法。一般统计资料、年表、历表、大事记、年鉴、年谱等工具书都有这种排检方法。

通常而言，许多工具书都有两种或两种以上的排检方法。如先按学科或专业分类，然后在各自类目下再按字顺或其他排检法排检。手册、百科全书、年鉴、名录、产品目录等一般都有两种或两种以上的排检方法。

3.2 参考工具检索举要

3.2.1 字(词)典、辞典选介

一、《康熙字典》

《康熙字典》是张玉书、陈廷敬等30多位著名学者奉康熙皇帝圣旨编撰于康熙四十九年(1711),成书于康熙五十五年(1716),历时6年,故名《康熙字典》,此后多次重印。1988年上海书店对《康熙字典》进行重新修订,除订误外,还将散见于原字典"补遗"、"备考"的单字,按其部首笔画同时纳入字典正文,并依字的性质及出现频率加以分类,各设特殊标志,依次排列。另外还对字头增加注音符号注音,将全书正文加以标点。《康熙字典》内容引用了古代诗文以追溯字源,同时还注明了历代的用法以佐证其变迁。它的文字、音义、书证被广泛引用,它的体例也成了后世出版字书的蓝本。

《康熙字典》是古代收字最多的一部字典,采用部首分类法,按214部首编排。按笔画排列单字,字典全书分为十二集,以十二地支标识,从子集到亥集,每集又分为上、中、下三卷,共收录汉字47,035个,是历代字书的集大成之作,可以满足读者阅读和研究古典文献时查检的基本需要,全书逐句加标点,主要使用逗号、句号、冒号、书名号等。为方便读者使用,在原注音反切、直音后加标汉语拼音和注意符号。原书无篆文,现据徐铉校本《说文解字》,将规范小篆附于正文字头之后,书末新编四角号码索引,书中并按韵母、声调以及音节分类排列韵母表及其对应汉字,为汉字研究的主要参考文献之一。

汉珍数位图书股份有限公司与书同文数字化技术有限公司2001年合作推出全套两张光盘电子版。《康熙字典(电子版)》可从部首列表中点选待查单字之部首,再键入该单字除部首外的笔画数进行查询。

在线《康熙字典》(http://tool.httpcn.com/dict_kx.html)只要在检索输入框中输入汉字(简、繁均可)、拼音或康熙笔画数任一种,并选择相应的查询方式,就可查询,见图3-1。

二、《辞源》

《辞源》是我国第一部大规模的语文辞书,始由陆尔奎等主编于1908年(清光绪三十四年),1915年商务印书馆初版,以语词为主,兼收百科,新旧并容,重在溯源,至今已经多次修订再版。1931年出版续编(方毅主编)本;1939年出正续编增修合订本;1949年出版《辞源简编》;1950年出版改编本,又称《新订辞源》,删繁就简,增入新词,修正后剩词目4万余条。1958年开始重新修订,专收古代汉语词汇和成语,以及关于文史学科的条目,成为一部最大的阅读古典文

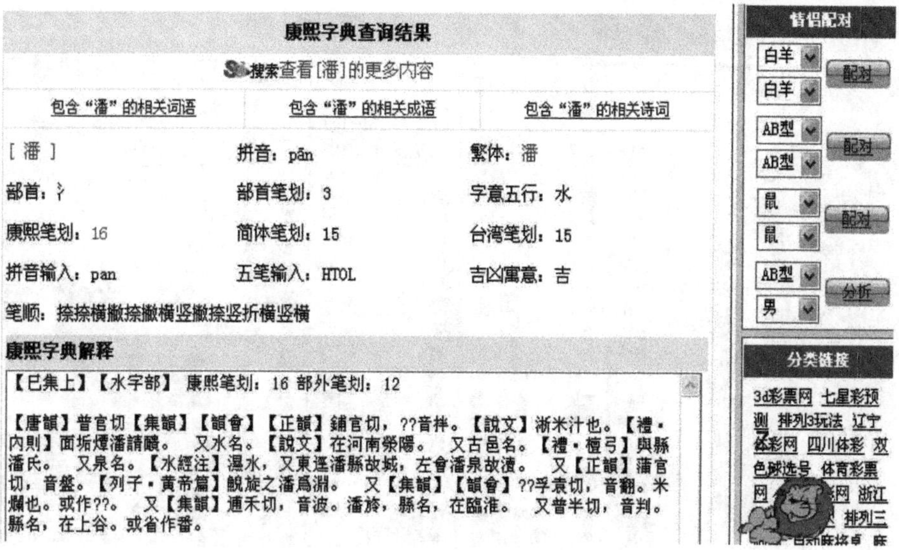

图 3-1　在线《康熙字典》查询结果页面

献和研究文史用的古汉语辞书。

《辞源(修订本)》于1979–1983年由商务印书馆出版，全书四册，收单字12890个，复词84134条，仍按旧《辞源》214个部首排列，字体仍用繁体字。注音标出拼音字母、注音字母和反切、声调、韵部及声纽。每册前有“部首目录”，见图3–2，“难检字表”后附该册的四角号码索引，第四册附有全书的单字汉语拼音索引。商务印书馆于1991年出版了《辞源修订本索引(四卷本·四角号码)》，专供查阅《辞源(修订本)》单字的四角号码。

修订版《辞源》以旧有的字书、韵书、类书为基础，吸收了现代词书的特点，以语词为主，兼收百科，以常见为主，强调实用，是一部综合性、实用性极强的百科式大型工具书。修订版《辞源》的内容丰富，除了大量的字词释义，对于艺文、故实、曲章、制度、人名、地名、书名以及天文星象、医术、技术、花鸟虫鱼等也兼收并蓄，融词汇、百科于一炉，既体现了工具性和知识性，又兼顾了可读性。修订版《辞源》历经几代专家学者的修订，改善体例，纠谬补缺，内容更为准确精到，查用更为容易便捷，极具权威性。全书由国内最负盛名，最具实力的商务印书馆承担校审，工作上精益求精，这也在一定程度上增加了本书的准确程度和权威性。

在线《辞源》为http://brochure-printer.brochure-printer.cn/help/ciyuan.aspx。

三、《辞海》

《辞海》是以字带词，兼有字典、语文词典和百科词典功能的大型综合性辞典。最初由舒新城等编，1936年由中华书局初版(二册)于上海，1947年出版合

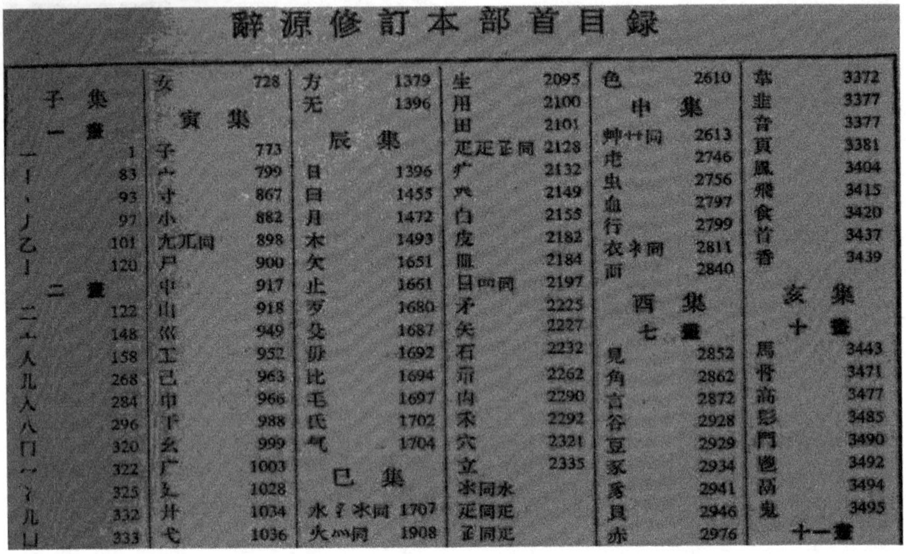

辭源修訂本部首目録

子集
一畫
一 1
丨 83
丶 93
丿 97
乙 101
亅 120
二畫
二 122
亠 148
人 158
儿 268
入 284
八 296
冂 320
冖 322
冫 325
几 332
凵 333

女 728
寅集
子 773
宀 799
寸 867
小 882
尢兀同 898
尸 900
屮 917
山 918
巛 949
工 952
己 963
巾 966
干 988
幺 999
广 1003
廴 1028
廾 1034
弋 1036

方 1379
无 1396
辰集
日 1396
曰 1455
月 1472
木 1493
欠 1651
止 1661
歹 1680
殳 1687
毋 1692
比 1694
毛 1697
氏 1702
气 1704
巳集
水氵氺同 1707
火灬同 1908

生 2095
用 2100
田 2101
疋正正同 2128
疒 2132
癶 2149
白 2155
皮 2182
皿 2184
目罒同 2197
矛 2225
矢 2227
石 2232
示 2262
禸 2290
禾 2292
穴 2321
立 2335
氺同水
疋同疋
正同疋

色 2610
申集
艸艹同 2613
虍 2746
虫 2756
血 2797
行 2799
衣衤同 2811
襾 2840
酉集
七畫
見 2852
角 2862
言 2872
谷 2928
豆 2929
豕 2934
豸 2941
貝 2946
赤 2976

韋 3372
韭 3377
音 3377
頁 3381
風 3404
飛 3415
食 3420
首 3437
香 3439
亥集
十畫
馬 3443
骨 3471
高 3477
髟 3485
鬥 3490
鬯 3492
鬲 3494
鬼 3495
十一畫

图 3–2 辞源修订本部首目录

订本。1958年开始修订，1962年出版《辞海（试行本）》16册分册，1965年出版《辞海（未定稿）》三卷本，之后，在1979年上海辞书出版社出版修订三卷本，并出版分册，按学科编排共20册。1980年出版缩印本一册，1983年出版《辞海·增补本》。1984年又重新修订，1986年出版修订后的新分册，共26册。后汇编合订，于1989年出版《辞海》新修订三卷本，另出版缩印本一册。这两版《辞海》各有三卷本、缩印本、增补本和按学科编印的分册。其中，三卷本和缩印本累计发行500余万部。《辞海》1989年版本同1979年版本相比，单字从14872个增加到16534个，词目从106578条增加到12万多条。1989年版立部250个，所收辞目由普通词语和专科词语两大部分组成。书前有笔画查字表，书后附汉语拼音索引和四角号码索引，可用部首（见图 3–3）、笔画、拼音、四角号码等不同方法进行查找。

1992年，上海辞书出版社与东华书局合作，在台湾地区出版《辞海》（1989年版）。1993年，《辞海》获首届国家图书奖最高奖——荣誉奖。从1994年起，开始对1989年版《辞海》进行修订，1999年版《辞海》在内容上和形式上都以新面貌出现在读者面前，新增条目6000余条，大部分为10年来的新词，主要是反映国内外形势的变化和文化科学技术的发展，弥补缺漏，纠正差错，精简少量词目和释文，并对许多条目作了新的解释，修订本版新增彩图本，配置16000余幅图片，版式也有革新，分为四卷，另加附录、索引一卷。全书共收单字（包括繁体字和异体字）19485个，其中17674个列为字头。字头及其下所列词目（包括普通词语和百科词语）共122835条。有彩图本、普及本、缩印本、彩图珍藏本等多个版本形式。同时，继续出版普及本（三卷），并在此基础上出版缩印本，另外出版分册和光盘。

辞海部首表

	34 ⺌ 1363	3143	3474	148 生 4899	187 亦(亦	216 青 5618	
上册	35 厶 1365	75 子(孑)	108 攵 4162	149 矢 4919	䜌) 5408	長(镸)	十一画
	36 又 1386	3170	109 片 4196	150 禾 4927	188 齐(齊)	5499	239 [illegible] 5803
	37 廴 1436	76 马(馬)	110 斤 4200	151 白 4992	5416	亞(亚)	240 黄 5804
		3199	111 爪(爫)	152 瓜 5024	189 衣 5421	5176	麥(麦)
一画	三画	77 纟(糸)	4241	153 鸟(鳥)	190 羊(⺶⺷)	217 韋 5633	5493
1 一 1	38 干 1445	3249	112 父 4256	5027	5427	218 雨 5643	鹵(卤)
2 丨 167	39 工 1450	78 幺 3379	113 月(⺝)	154 疒 5043	191 典 5455	219 非 5667	5556
3 丿 175	40 土(士)	79 巛 3382	4257	155 立 5058	192 米 5458	220 齿(齒)	鳥(鸟)
4 丶 251	1472		114 氏 4334	156 玄 5074	聿(⺻⺺)	5679	5027
5 乛(㇆乚	41 艹 1584	四画	115 欠 4335	157 穴 5079	4553	221 虎 5683	魚(鱼)
𠃊.)	42 廾 1767	80 王 3383	116 风(風)	158 衤 5099	193 艮 5485	222 黾(黽)	5698
267	43 大 1774	81 主 3466	4347	聿(⺺肀)	194 羽 5487	5687	241 麻 5826
6 乙(⺄乚)	44 兀 1858	82 天(夭)	117 殳 4359	4553	糸(纟)	223 隹 5688	242 鹿 5838
305	45 尢 1866	3474	118 文 4365	159 民 5116	3249	金(钅)	
	46 扌 1883	83 韦(韋)	119 方 4396	160 疋(⺪)		4800	十二画
二画	47 寸 2021	3503	120 火 4421	5126	七画	飠(饣食)	243 黹 5843
7 十 316	48 弋 2026	84 耂(老)	121 斗 4456	161 皮 5131	195 麦(麥)	2376	244 鼎 5843
8 厂 405		3507	122 灬 4460	162 癶 5138	5493	224 鱼(魚)	245 黑 5844
9 𠂇 430	中册	85 廿(卄)	123 户 4477	163 矛 5141	196 镸(長)	5698	246 黍 5860

图 3-3　辞海部首表

四、《汉语大词典》

是一部反映汉语全貌的大型多卷本综合性汉语词典。由罗竹风主编，中国汉语大词典编辑委员会、汉语大词典编纂处编纂，上海辞书出版社1986年出版第1卷，第2卷起由汉语大词典出版社陆续出版。全书正文12卷，共收词目约37万条，其中单字字头22000条，约5000万字，并配有插图2000余幅；另有《附录·索引》1卷。1986年11月第一卷出版，至1993年11月全书出齐。

以“古今兼收，源流并重”为编纂原则，多字条目按“以字带词”的原则列于单字条目之下。以传统214部为基础，酌情删并为200部，以繁体字立目，简化字括注于后。注音既用汉语拼音字母标注现代音，又用韵书、字书反切标注中古、近古音，单字下用汉语拼音，并征引古代字韵书中的反切古音。复词亦以繁体字立目，广泛收列古今汉语中的词语、熟语、成语、典故和较常见的百科词。义项分析精当齐全，释义扼要准确，并辅以丰富饱满的书证。每个义项一般精选3–4条书证，全面反映语词的历史源流演变。书证涉及经部史部、诸子百家、古今文人别集、戏曲小说、笔记杂著、宗教经典、科技著作、学术专著、近现代报纸杂志乃至方志、碑刻、出土资料等，弥足珍贵，所引例证，均注明年代、作者、书名、篇名或卷次章节，并按年代先后顺序排列，集古今汉语词汇之大成。

该词典各卷卷首有“部首总表”、“《广韵》韵目表”、“《广韵》四十一声类表”、“新旧字形对照举例”、“繁简字对照表”等。第13册为附录和索引，包括单字笔画索引和单字拼音索引。1998年9月4日,《汉语大词典》光盘问世,《汉语大词典》2.0版光盘将十二卷《汉语大词典》印刷本中的绝大部分字、词及其释义和关联等信息浓缩于一张光碟上,并扩充了大量电子信息,共收入汉字20902个,复词343307条,成语23649条,释义515524项,新增例证877130条。查阅手段上集各种结构化的电子信息和查询方法于一体,有强大的多媒体功能,每个汉字均可发声,包括多音字,还收入了519幅黑白图片。采用了超文本数据库结构,标记出字和词的形、音、义复杂的逻辑关系,利用导航式查询方式、多方式查询入口,超文本自动跳转查询等手段,方便快捷,很好地解决了传统方式查找字或词时繁琐且效率低的弊病。还有网络版,在线版(http://fawen.cn/hanyu-zidian.html)查询结果界面见图3-4。

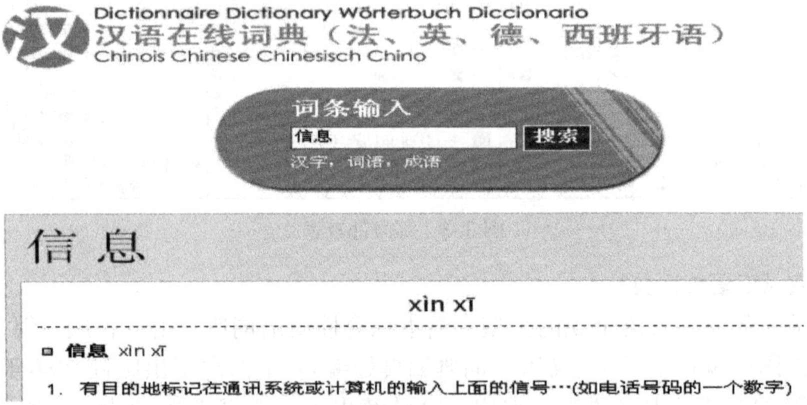

图3-4 在线汉语大词典网络版查询结果界面

五、金山词霸在线版

金山词霸在线版(http://www.iciba.net/)见图3-5,是最权威的金山公司研制的电子、免费在线字典词典,亦被称为无话不说的超厚词典,装备全球领先的TTS全程化语音技术,2亿多字,27个专业词库,600万专业词条。词霸的快译通是集智能汉化、永久汉化、游戏汉化、网页翻译及文档翻译等五大功能于一体的汉化翻译新平台;在线版囊括了金山词霸III标准版、通译科技版和企业经贸版中的所有词汇。具体包含内容有:《现代英汉词典》最新版、《高级汉语词典》、《朗文综合电脑辞典》(英英/英汉双解)、《朗文清华英汉电脑词汇》、《最新商务英汉汉英大辞典》(企业管理出版社)、《最新会计师英汉汉英大辞典》(外经济贸易出版社)、《汉英英汉经贸大辞典》(中国社会科学出版社)、《新汉英英汉法律词典(法律出版社)等。此外还包含总计400万条以上的通译专业词库,12000万字的翔实内容,同时增补了200万条词汇,相当于厚达45000页的科技类综合大辞海。专业文章专业取词,可根据专业类型优先设定专业取词功能。扩充了横跨机械、电信、经贸、化工、医学、中医 、冶金、建筑、广播、石油、环境、能源、地质、汽车、电力、造纸、船舶、农牧林、纺织、航空、计算机等23套专业的大型科技词库。

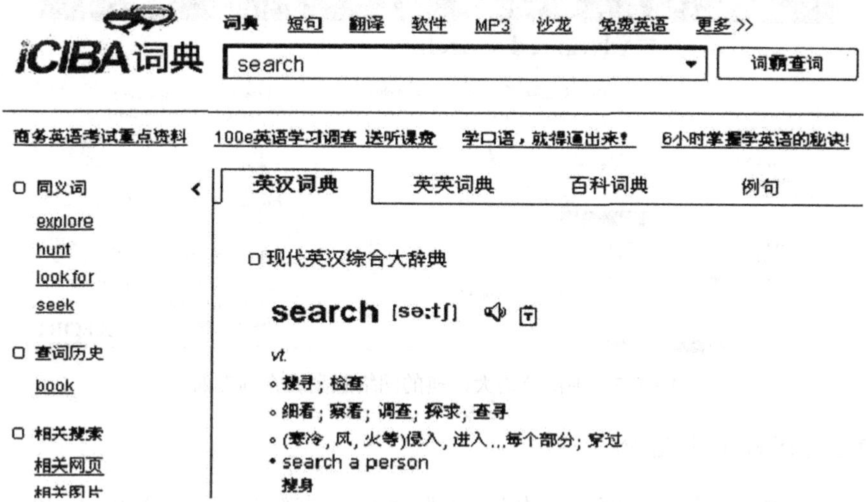

图3-5 在线金山词霸界面

六、《在线牛津英语大词典》

《牛津英语大词典》的网络版(http://www.oed.com)，User Name(用户名)：ramonahs；Password(密码)：ramonahs。

2000年推出，总字数达6000万，词条数约75万，例证240万条，不仅包括1989年《牛津英语词典》20卷的所有内容，还增加了补编中的9000个词条。登录OED网站后，可以在"Free Tour"查阅。提供简单查询和高级查询两种方式。简单查询可以实现快速查词，直接输入待查单词即可获得检索结果见图3-6，支持单词的精确查询和模糊查询。

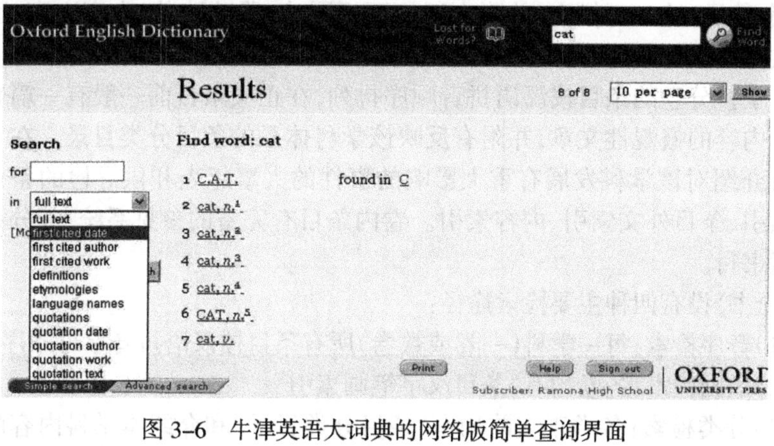

图 3-6 牛津英语大词典的网络版简单查询界面

高级查询则提供多个检索条件的逻辑组配,见图3-7。

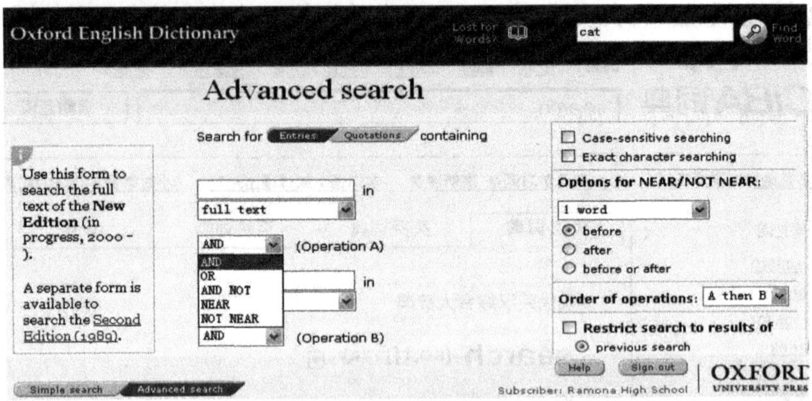

图 3-7 牛津英语大词典的网络版高级查询界面

3.2.2 百科全书选介

中文的有《中国大百科全书》。国际著名的有《美国百科全书(全30卷)》(The Encyclopedia Americana),《不列颠百科全书》及中文版(Encyclopedia Britannica,还有“柯里爾百科全书”(Collier‘s Encyclopedia)。国内通称A、B、C的三套英文百科全书。

一、中国大百科全书

《中国大百科全书》是我国现阶段最大的一部综合性百科全书,也是世界上规模较大的几部百科全书之一。中国大百科全书总编辑委员会编,中国大百科全书出版社1980年起陆续出版,1994年全部出齐。全套书74卷(包括总索引一卷),以条目形式全面、系统、概括地介绍科学知识和基本事实。内容包括哲学、社会科学、文学艺术、文化教育 、自然科学、工程技术等66个学科和领域。共收7.8万个条目,计1.26亿字,并附有近5万幅图片,册叶浩瀚,内容宏富,适于高中以上、相当于大学文化程度的读者使用。

各学科分卷的条目按汉语拼音顺序排列,在正文条目前一般有一篇介绍该学科卷内容的概观性文章,并附有反映该学科体系的条目分类目录。在正文条目后有介绍对该学科发展有重大影响的事件的大事年表和供寻检的条目汉字笔画索引、条目外文索引、内容索引。卷内条目有完备的参见系统,部分条目附有参考书目。

《全书》设有四种主要检索途径:

(1)音序检索:每一学科(一卷或数卷)所有条目按汉语拼音字母顺序排列;

(2)笔画检索:各卷均有“条目汉字笔画索引”;

(3)分类检索:各卷正文前均有“条目分类目录”和介绍本学科内容的总论

文章，提供从学科分类角度检索；

（4）内容检索：各卷末均附“条目内容索引”，将全部条目以及条目释文中隐含的知识主题（如人物、著作、流派、团体、专有名词术语等）集中起来按音序排列，注明出处，既可查找某一条目，也可查找隐含于某一条目中的内容。

除上述四种主要检索途径外，还设有一些辅助检索途径：

（1）除纯中国内容的学科卷（《戏曲·曲艺》）外，其他各卷都附有“条目外文索引”；

（2）各卷均有“彩图插页目录”；

（3）《全书》重要的条目均列有“参考书目”；

（4）大部分卷都刊有本学科的“大事年表”；

（5）大多数卷中附有“外国人名译名对照表”。

此外，《全书》设有《总索引》一卷，将73卷中所有条目标题集中，统一按汉语拼音字母顺序并辅之以汉字笔画、起笔笔形顺序排列，条目标题后注明所在的卷名和页码。利用《总索引》可以查找《全书》中的任一条目。

《中国大百科全书》图文数据光盘1995开始制作，1999年10月面世，集74卷书于24张光盘之内，有完善的多种检索功能。《中国大百科全书》第二版印刷版出版的同时，推出电子版和网络版。中国大百科在线搜索测试版（http://www.cndbk.com.cn/）见图3-8。

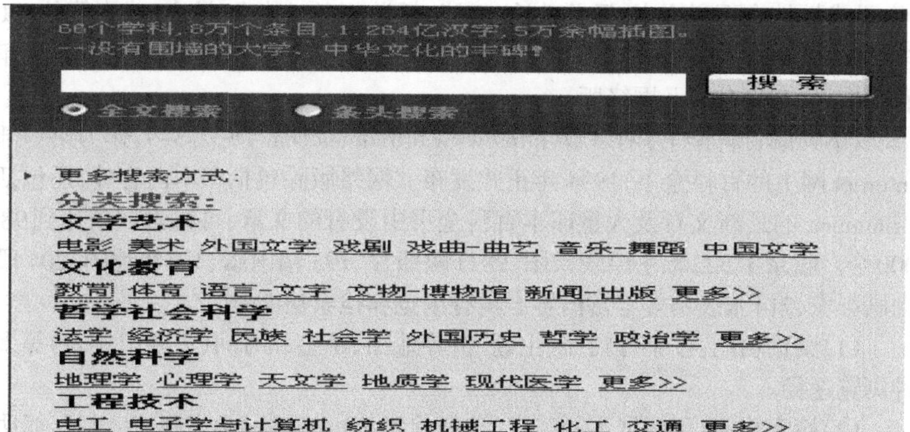

图3-8　中国大百科在线搜索界面

二、美国百科全书

《美国百科全书》（Encyclopedia Americana，简称EA），共30卷，1829-1833年问世，是美国出版的第一部大型综合性百科全书，为A、B、C三大百科全书之

A。在结构上,采用中小条目编纂法,全部条目按字顺编排。《美国百科全书》选收内容的特点:内容偏重美国和加拿大的历史、人物和地理资料,其中人物条目和科技内容条目篇幅较大,历史分世纪设条,给读者以全世界政治、社会和文化的世纪总览,提供完整的历史背景情况,注重专门术语和词汇的解释。更新内容的方法:其一是对动态性资料,如选举结果和重大政治变动,采用连续修订制;其二是对于一般性的资料在一定时期内"逐卷全面修订",改写或删除旧条目及时增加新条目。

该书由美国四大百科出版商之一Grolier公司出版。Crolier公司有三部百科的网络版和光盘版。《美国百科全书》1995年版有CD-ROM。网络版《在线美国百科全书》(http://ea.grolier.com)有2500万字,45000条目,提供了6100条书目,图表1000幅,地图984幅,15万个链接连通3万余百科条目。为了包括新资料,还收录了Americana Journal和《华尔街日报年鉴》(Wall Street Journal Almanac)。信息丰富,既可以作为独立的参考工具,也可视为因特网资源的指南。

三、不列颠百科全书

《不列颠百科全书》旧译《大英百科全书》,简称EB,是A、B、C三大英语百科全书之B。1768年创始于英国苏格兰爱丁堡,19世纪70年代修订至第8版。19世纪末,美国开始翻印第9版。该书为历史悠久、连续修订、享誉世界的权威性、学术性综合百科全书,涵盖政治、经济、哲学、文化、艺术、社会、戏剧等共200多个学科,除英文版外,还有法、西、日、萄、希、中、韩等10多种文本出版。除印刷版外,另有光盘版及网络版。

《不列颠百科全书》网络版(http://www.britannica.com/)见图3-9,作为第一部Internet网上的百科全书,1994年正式发布。网络版除包括印本内容外,还包括Britannica的最新文章及大量印本百科全书中没有的文章,可检索词条达到98,000个。收录了322幅手绘线条图、9811幅照片、193幅国旗、337幅地图、204段动画影像、714张表格等丰富内容。具有浏览和检索功能:

(1)浏览功能:按字母顺序、主题、世界地图、年鉴和时间(大事纪年表)等多种浏览途径。

(2)检索功能:可根据不同需求,选择检索EB完整版、学生版、初级版、简明版、EB精选网站或影像资料等不同层次和类型的文献。EB还对检索结果进行简单分类,把从不列颠百科完整版、不列颠百科学生版、EB精选优质网站、其他资源、影像资料等不同来源得到的检索结果分别显示。

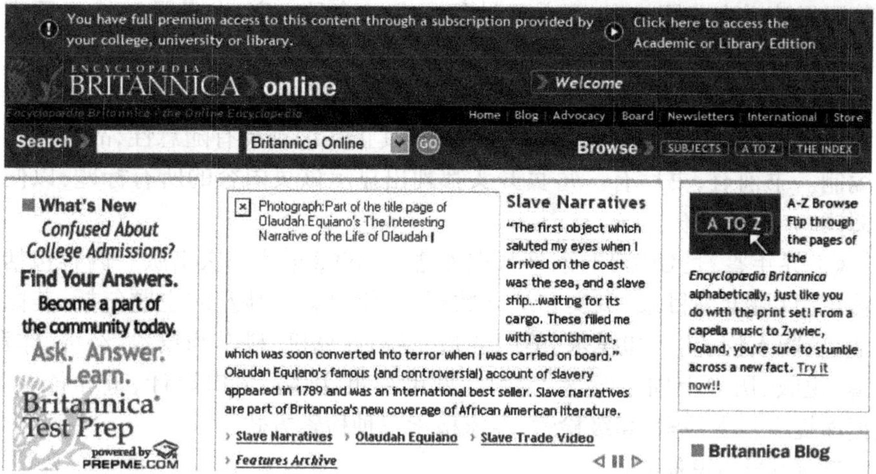

图3–9 《不列颠百科全书》在线搜索界面

3.2.3 年鉴选介

一、《中华人民共和国年鉴》

《中华人民共和国年鉴》是经国务院办公厅确认、国家新闻出版总署批准的中国唯一的综合性国家年鉴，简称《中国年鉴》，由北京新华通讯社《中国年鉴》编辑部编，北京中国年鉴社、香港新中国新闻有限公司出版，1981年创刊，有中、英文两种版本，向全国和全世界发行。《中国年鉴》刊名用于第1–16期，中文版刊名自第17期起使用其全称《中华人民共和国年鉴》，《中国年鉴》刊名仅在英文版沿用。

《中国年鉴》分中国概况、特载、彩图专辑、大事纪要、分类条目和附录等部分。2001年版起增设“索引”部类。分类条目是全书的主要部分，以部类为单元，共分政治、法制、军事、外交、财政金融、经济、科学技术、文教卫生、体育、社会生活、新闻人物等11个部类。使用时可利用书前分类目录，也可使用索引。

《中国年鉴全文数据库》，简称CYFD，是由中国学术期刊电子杂志社、清华同方知网（北京）技术有限公司与各年鉴编辑单位合作建设，依托清华同方知网的网络出版平台，全面系统集成整合我国年鉴资源的全文数据库。内容覆盖基本国情、地理历史、政治军事外交、法律、经济、科学技术、教育、文化体育事业、医疗卫生、社会生活、人物、统计资料、文件标准与法律法规等各个领域。文献来源于中国国内的中央、地方、行业和企业等各类年鉴的全文文献。

二、《世界年鉴》

《世界年鉴》是最具代表性的一种年鉴，内容属于国际性，又以美国的资料最为丰富。世界年鉴英文版创始于1987年，由具有160多年历史的大型传媒组织英国经济学人集团推出，目前已被翻译成20多种文字，在世界90多个国家和地区发行，受到海外各界的广泛关注。

《世界年鉴》正文由一系列简短条目和各类图表组成，对于美国的文教、生活等多个方面都有详细的统计资料。由于其正文编排具有随意性，故重视索引的编制。书前有，书后有。每页开头都列出显示该页内容的所有标题，以便读者阅读。

《世界年鉴》是OCLC的系列数据库之一，1998年第一次出版。内容包括人物传记、百科全书目录、事实和统计数据，每年更新。涉及的主题包括：美国的生活、新闻人物、艺术和娱乐、美国各州概貌、计算机、科学和技术、经济、体育、环境、税收、历史上周年纪念、美国的城市和州、国防、人口统计、世界各国等。数据库提供基本检索、高级检索、专家检索三种检索方式。

三、《世界知识年鉴》

世界知识出版社编辑出版，1953年创刊，原名《世界知识手册》，1958年改为现名。介绍世界政治经济大事和各国(地区)基本情况。分为四部分：年度国际要闻荟萃、各国(地区)概况、国际组织政府间多边机制和国际会议、便览。该年鉴以2000年颁布的中华人民共和国国家标准《世界各国和地区名称代码》(GB/T2659-2000)为基础，收录世界200多个国家和地区的基本情况，并在各国家(地区)名称后分列A、B、C、D四栏，分别代表其在该标准中的两字符拉丁字母代码、三字符拉丁字母代码、阿拉伯数字代码及国际长途电话区号。各国(地区)的顺序根据其所处的地理位置，先按亚洲、非洲、欧洲、美洲、大洋洲、南极地区和北极地区顺序分州排列，洲内再以各国(地区)名称的汉语拼音先后为序。

3.2.4 数据库选介

一、《中国科研机构数据库》

《万方数据资源系统》系列数据库之一，创建于1990年，收录了我国近1万家地、市级以上及大学所属主要科研机构的详细信息，包括机构名称、地址、邮编、负责人、电话、传真、成立年代、职工人数、科研成果、学科研究范围等。包括作为国家科技创新体系建设重要组成部分的国家重点实验室、国家工程技术研究中心的科研成果、专利及进展中的课题等信息。是目前国内收集数量最多、数据内容最丰富的数据库。

自由检索：可直接输入省市、县名、学科分类码、机构名称及曾用名、机构类别代码、关键词、产品名称、负责人及主要研究人员、上级主管单位名以及出版物名称并使用布尔运算符进行组合检索。

专项检索：按学科、地区、机构名称或曾用名、机构类别、关键词、产品名称、负责人及主要研究人员、职工人数、科研人数、上级主管单位、出版刊物选词进行检索。

二、《中国高新技术企业数据库》

《万方数据资源系统》系列数据库之一，展示了我国“火炬计划”实施十年间，开发区高新技术企业在产业化和商品化方面取得的成就，全面介绍了中国火炬计划的管理、实施与进展情况。主要内容由国家高新技术产业开发区分布图、火炬计划1997年度报告、在53个高新技术开发区内注册登记的1.2万多家高新技术企业的基本情况、主要经济指标、人员信息、产品信息等。包括企业名称、通讯地址、邮政编码、负责人、电话、主管单位、行业类别、开业日期、进出口权、经济类型、总产值、研发费用、产品名称、年产值等，涉及的高新技术产品达1万多项。数据每年更新。

数据库提供企业名称、通讯地址、负责人、主管单位、行业类别、经济类型、企业认定、开发区名等8种检索途径，包括一般检索和专业检索两种检索方式。一般检索可以采用字段级检索、全文检索以及高级检索(逻辑检索)；专业检索支持布尔检索、相邻检索、截断检索、同字段检索和位置检索等全文检索技术。

三、《Gale online databases》

美国Gale集团是国际著名的出版机构，全球最大、最权威的参考书出版商，Gale公司在我国推出以“资源中心”命名的Gale在线数据库，拥有近百个在线数据库，并以其精确、权威的参考书内容及全文报纸杂志的智能集成闻名全球。Gale公司多年来主要以出版人文和社科工具书而著称，并一向为大学、学术研究机构、图书馆咨询机构提供比较有特色的参考资料，其数据库所含信息是重要的事实性数据来源。Gale在线数据库的核心内容包括：

(1)近50年来出版的著名参考书系列；

(2)2,600多份期刊，其中1,800多种提供全文检索；

(3)可链接9,000多个权威网站和180万条的书目信息。

这些参考书系列中的参考资料被公认为世界上相应学科领域中(文学、历史、商业、人物传记等)最权威、最全面的参考资料，并且为Gale集团独家拥有。如：医学与健康资源中心 Health & Wellness Resource Center，医学学术参考中心 Health Reference Center – Academic，人物传记资源中心 Biography Resource Center等等。

四、LexisNexis Academic学术大全

LexisNexis Academic学术大全是由美国图书馆界专家委员会设计的、并由专业图书馆员做资源收录评估和筛选的、专为学术图书馆提供服务的专业信息资源系统。该信息资源收录了6100多种全文资源，包括新闻、报纸、期刊、出版物、特色数据库系统和来自其他大型信息供应商的信息资源，涉及全球新闻、商业、法律、医学以及一般性参考文献等领域。是满足学生综合能力提高的必备数据库系统,全球超过2500所高校的学生使用。

新闻类资料:包括国际各大报纸、杂志、期刊、简讯、新闻稿等新闻总览;除了美国新闻外,尚包括德文、法文、西班牙文、意大利文及荷兰文等当地各大报纸之当日新闻。

商业类资料:包括报纸、期刊相关商业新闻、公司财务状况资料、行业资料、美国证管会报告和贸易展览信息等。

法律类资料:非常丰富,包括联邦法庭判例、联邦与州的法律审理案件、各州高等法院和上诉判决案例、联邦法规、联邦条例、各州法规、欧盟法律、税法、全球法律公司介绍等。

医学类资料:包括医药保健新闻、保健期刊的文章和 Medline 的摘要。

参考类资料:包括传记资料、民意调查资料、政经名人的引用句、美国各州档案及统计数据、世界年鉴等。

第4章　中文检索工具

我国的科学技术事业经过多年的发展,产生和积累了大量的科技文献,记载着我国广大科技工作者和人民群众在科研活动和技术革新中所取得的成果和经验,反映了我国科学技术的发展水平。中文检索工具是检索国内专家和专业技术人员撰写的科技文献或查找国内图书情报机构收藏的各国科技文献的有效工具。一个国家检索工具体系建立的情况是衡量该国科技情报工作水平高低的标准之一。

4.1　中文检索工具概述

4.1.1　我国科技文献检索概况

我国科技文献检索体系的建设,基本上是从1949年后开始的,经历了一个从无到有、从翻译引进到自编的发展过程。

1949年以前,文摘刊物已经出现;1949年后,我国的检索刊物获得了较快的发展。

1956年,中国科学技术情报研究所成立,标志着我国检索刊物的编辑出版工作开始走上了有领导、有组织、有计划的发展道路。1956–1961年,主要翻译、出版了前苏联的各种检索刊物为主。

1961年以后,我国的检索刊物从以翻译为主向"混编本"、"自编本"过渡,到1965年,陆续出版的自编检索刊物有30余种101个分册,年报道量达36万条,内容涉及多个学科和专业。在检索方法方面,也取得了一定的进步。1966年中国科学技术情报研究所出版了27种文摘的年度主题索引,但一般只能按每期文摘中所附的分类目录进行分类检索。到1966年6月,共出版检索刊物59种,112个分册,初步形成了我国科技文献检索刊物体系。

1966年开始,我国的检索刊物相继停刊,检索刊物体系遭到破坏。一度停刊的检索刊物,到1973年开始复刊,但处于各自为政的发展状况。

1977年后,在中国科学技术情报编译出版委员会的统一规划、协调、指导和扶植下,经过各专业情报所和地方情报所的共同努力,我国的科技文献检索刊物无论在品种和数量上都得到了较快的恢复和发展。到1987年底，经全国编委会协调的各种检索刊物已达229种（册），年报道总量在120万篇以上，至1989年，我国检索刊物的编辑出版工作得到了迅速恢复和发展。

1990年后，越来越多的单位采用计算机网络技术，在编辑出版检索刊物的同时，建立和扩充相应的文献数据库或指南数据库。具有代表性的中文数据库系统有中国知识基础设施工程，万方数据系统，中文科技期刊数据库，人大复印报刊资料数据库等。

4.1.2 中文检索工具体系

中文检索工具的主体结构大致相同，一般都包括编辑说明、目次、正文、索引、附录五个部分（详见第1章1.2.3三、检索工具的结构）。我国检索刊物的编排一般分文摘（或题录）部分和辅助索引两部分。

一、文摘（题录）部分

1977年，全国科技情报检索刊物编辑出版工作协调小组向各分册编辑部颁发了统一的著录规则和著录格式。1983年，全国文献工作标准化技术委员会提出了一套新的著录规则——《检索期刊编辑总则》（国家标准GB3468–83）。中文检索工具的正文均按分类编排并按照《检索期刊条目著录规则》（国家标准GB3793–83）规定的统一格式进行著录，其著录项目为：题名与责任者项、版本项、文献特殊细节项、出版发行项、载体形态项、丛编项、附注项、文献标准编号及装帧及价格项、提要项、排检项等十大项内容。其中条目中的分类号均按《中国图书馆图书资料分类法》进行编排。主题词取自《汉语主题词表》。如期刊论文和专著的著录格式具体形式为：

期刊论文的著录格式

分类号
顺序号 中文题名 =外文题名 [刊，文种]/作者//刊名（国别或地名）.—
年，卷（期）.—所在页码
提要……。图x表x参（文摘员）
主题词　　　　　　　　　　　　　　　　　　索取号

专著的著录格式

分类号
顺序号 中文书名=外文书名　卷(册、编)次:卷(册、编)的书[著,文种]/著者或编者.—版本/与版本有关的责任者.—出版地:出版者,出版日期.—总页码:开本.—丛书项.—附注项.文献标准书号
提要……。图表参(文摘员)
主题词　　　　　　　　　　　　　　　　　　　　　索取号

二、辅助索引部分

1983年我国检索刊物只有14种编有索引,1985年发展到100种,近年来不断增加。索引类型主要有主题、分类、著者、地区、专利号、报告号等索引。分别有年度索引,期索引。

主题索引是将能揭示文献主题概念的词语抽取出来做标识,以《汉语主题词表》或本领域的专业词表作为选词标引的依据,按主题词的字顺进行编排,并在其后著录出文摘号。

分类索引是将文献内容所属的学科类别,按一定的分类法进行编排,并列出与分类号相应的类名。分类索引要求检索者对所用的分类体系有一定的了解,熟悉分类语言的特点,熟悉学科分类的方法,只有这样检索者才能方便、快捷地查找所需文献。

著者索引是按文献著者的姓名的字顺进行编排,并在著者姓名的后面列出文摘号。著者索引主要为已知著者姓名时检索文献线索提供的途径。

4.1.3　检索途径和方法

中文检索工具一般均按学科分类进行编排,因此按分类途径进行检索是主要检索方法,而且由于中文检索工具的辅助索引大多附有著者索引、主题索引,因此,其检索途径主要有分类途径、著者途径、主题途径。

一、分类途径

确定检索课题的学科类目→查分类目次表→确定类号、类目、页码→查找文献线索→确定文献出处(缩写改全称;音译改原名;文献类型)→利用检索工具(馆藏目录;联合目录)→查借或复制原始文献。

二、著者途径

按著者姓名→查著者索引→查找文献线索→确定文献出处→利用检索工具→查借或复制原始文献。

三、主题途径

确定检索课题的主题概念→使用汉语主题词表,确定主题词→查主题索引的文摘号→查找文献线索→确定文献出处→利用检索工具→查借或复制原始文献。

4.2 中文综合性检索工具选介

4.2.1 《全国总书目》和《全国新书目》

这两种书目原由中国版本图书馆编辑出版,现由新闻出版署信息中心编辑出版。《全国新书目》的职能在于及时报道新书,《全国总书目》则是《全国新书目》的累积本,是我国的国家书目。它是检索我国出版图书的主要检索工具,用它可查到公开出版的科技图书和部分内部出版的科技图书。

一、《全国新书目》

《全国新书目》创刊于1951年8月,月刊。以现行的国家标准著录,按《中国图书馆分类法》分类。主要收录全国出版部门送交出版总署的初版、再版及修订本、增订本的新书和初次重印的旧书;附有新书介绍、新书预告、出版消息等栏目,可预先掌握所需图书的出版情况,是广大读者了解最新图书出版情况和选购新书的窗口,也是了解各专业国内新书的重要检索工具。《全国新书目》2005年继续实行改版,除重点刊登国家出版物样本库——中国版本图书馆到馆登记书目外,还有“重点图书”、“专家论坛”、“书业资讯”、“畅销书策划”等栏目。

《全国新书目》有光盘版,其主要功能见图4-1。

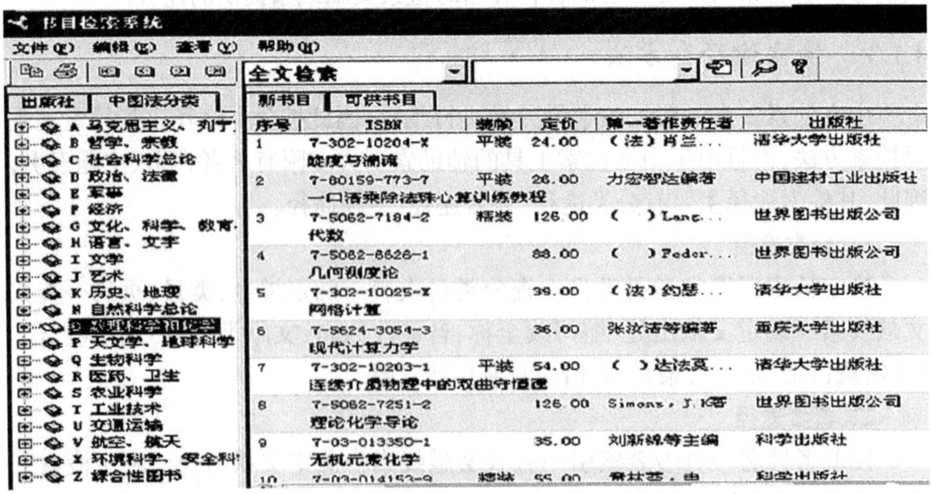

图4-1 《全国新书目》光盘检索窗口

全文检索：在字段选择下拉栏中选择"全文检索"项，再将要检索的关键字输入检索框中，点击检索按钮便可检索出所有含有所输入的关键字的条目。

字段检索：在字段选择下拉栏中选择要检索的字段，再将要检索的关键字输入检索框中，点击检索按钮便可检索出选择的字段中含有所输入的关键字的条目。

复合检索：点击菜单栏中复合检索的按钮，弹出复合检索对话框，在相应的对话框中输入检索关键字，就能进行复合检索。

切换书目：在检索结果窗口左上方有"新书目"和"可供书目"两个切换按钮，点击其中的一个按钮窗口便显示当前书目的检索内容。

切换出版社和图书馆分类：在主界面左边的窗口栏内，以树形结构方式显示目录，在窗口上方有按"出版社"和"图书馆分类"两种方式显示，用鼠标点击他们可以在这两种显示方式中切换。

二、《全国总书目》

《全国总书目》创刊于1949年，年刊。是图书年鉴性质的综合性、系列性图书目录，自新中国成立以来，逐年编纂。它根据全国所有出版单位向中国版本图书馆交送的、公开发行的出版物样本编辑，是集全国出版物之大成，是检索我国出版图书的主要检索工具。基本上按年度收录全国各正式出版单位的当年出版物，包括公开发行或限国内发行的各种文字的初版和改版图书(港台出版的未收)。其编排分为三部分：分类目次、专题目录和附录。专门书目包括少儿读物目录、技术标准目录、盲文书籍目录、少数民族文字图书目录、外国文字图书目录、翻译出版外国图书目录、教学用书目录、丛书目录等，附录包括全国报纸杂志目录、出版社一览表、丛书索引和书名笔画索引等。

每年出版一套数据检索光盘，可为用户查找已出版图书提供服务，为图书馆、出版社及文献收藏单位的图书分类、编目、建立书目数据库提供服务，为各级领导机关决策和出版单位选题策划提供参考。光盘界面格式含中图法分类索引和全国各出版社索引，光盘中每条书目数据包含书名、著者、出版者、关键词、主题词、分类号、ISBN号、内容提要等内容，用户可进行全方位的组合检索和单项检索。

4.2.2 《全国报刊索引》

一、《全国报刊索引》印刷版

《全国报刊索引》是由上海图书馆和上海科学技术情报研究所出版的报道国内报纸、期刊的大型综合性检索刊物。创刊于1955年，从1980年起分"哲学社会科学版"和"自然科学技术版"两种，月刊，年报道量40万条以上。

采用《中国图书馆分类法》标引，著录格式根据国家标准GB3793—83《检索

期刊条目著录规则》,结合报刊文献的特点进行著录,其格式为:

顺序号　文献题名　/责任者　(第一作者所属单位,邮编) //报刊名.—年,卷(期).—在页码

每期均附有作者索引(个人与团体),题中人名索引和引用报刊一览表。主要按分类检索,同时可利用作者索引,题中人名索引和引用报刊一览表扩大检索途径。

二、《全国报刊索引数据库》

《全国报刊索引数据库》是由文化部立项、上海图书馆承建的重大科技项目,具有文献信息量大、检索点多、查检速度快等特点,并有光盘和网络两种形式,分哲社版和科技版。

全国报刊索引数据库收录了全国哲学社会科学和自然科学期刊8000多种,报纸200余种,基本上覆盖了全国邮发和非邮发的报刊。数据库格式严格按照国家有关标准,其著录字段包括顺序号、分类号、题名、著者、著者单位、报刊名、卷期年月、所在页码、关键词等十项;数据分类标引采用《中国图书馆分类法》第四版。

1.检索方法

检索系统主界面见图4-2,分为三个功能区,即检索区(界面左区)、简要信息区(界面右上区)、详细信息区(界面右下区)。其中,检索区用于输入检索式、进行格式控制、浏览检索历史;简要信息区用于浏览检索结果的简要信息;详细信息区用于查看检索结果的详细信息。

在检索区选择检索途径,共有8个可检索字段,分别是分类、题名、著者、单位、刊名、年份、主题和文摘。有单字段检索和布尔检索两种方式。

(1)单字段检索:只需在检索途径中选择相应的字段,然后在检索文本框中输入检索词。如图4-2,输入"电子信息",确定题名字段为当前检索字段,即可查得相关文献。

(2)布尔检索:可首先在检索途径中选择某一字段作为当前字段,然后便可在检索式文本框内输入检索式。该检索式为布尔表达式,其中包含的检索词最多可达15个,检索式中的字符除汉字外皆为半角西文字符。布尔算符有3个,逻辑非(-)、逻辑与(*)、逻辑或(+),布尔运算符及小括号可由键盘输入,也可用鼠标点击检索输入框下的相应按钮来输入。

(3)二次检索:在前次检索结果的范围内,可在简要信息区,通过追加限定条件,通过二次检索进一步缩小检索结果的范围。

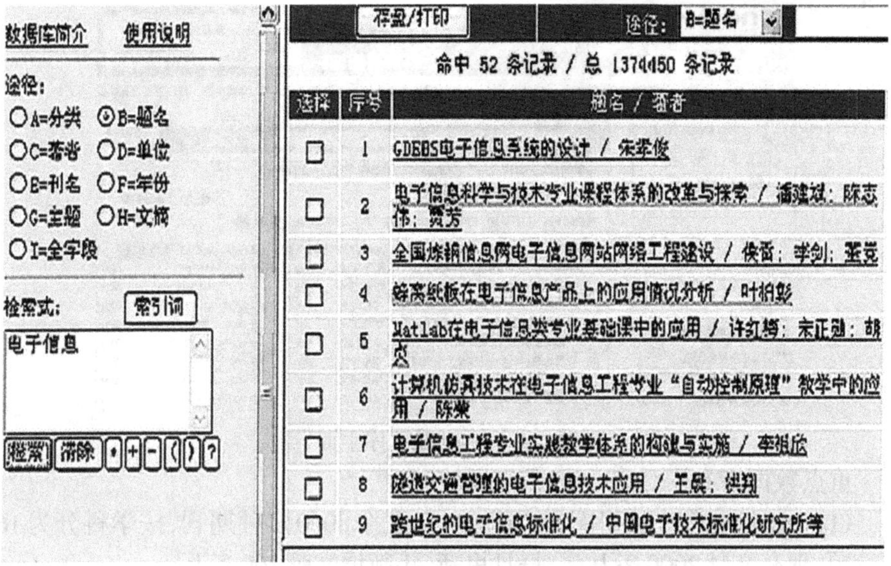

图4–2　《全国报刊索引数据库》检索界面

2.检索结果处理

(1)简要信息浏览:当检索命中结果后,其简要信息被显示在简要信息区,可通过点击首页,上页,下页,末页箭头来进行浏览;

(2)详细信息察看:当要察看某条记录的信息记录时,可在简要信息区点击该条记录的题名,则该条记录的详细信息将被显示在详细信息区;

(3)保存和打印:当要保存和打印某些记录时,可在简要信息区的选择栏先选中这些记录,然后再点击简要信息区左上角的存盘/打印按钮,则会弹出一个新的浏览器窗口,其中包含所选中记录的详细信息,这时便可用浏览器“文件”菜单中的“另存为”和“打印”菜单项来保存和打印检索结果。

4.2.3　CNKI系列数据库

一、概　述

中国知识基础设施工程(简称CNKI工程),是以实现全社会知识信息资源共享为目标的国家信息化重点工程,被国家科技部等五部委确定为“国家级重点新产品重中之重”项目。1995年正式立项,是在学术界、教育界、出版界、图书情报界等社会各界的密切配合和清华大学的直接领导下所建成的世界上全文信息量最大的数字图书馆,涵盖了我国自然科学、工程技术、人文与社会科学期刊、博硕士论文、报纸、图书、会议论文等公共知识信息资源,主页见图4–3。

图4-3 CNKI数据库主页

重点数据库有:

(1)中国期刊全文数据库:收录1994年至今8000多种期刊,按学科分为168个专题,现有文献2000多万篇,每日更新,年新增文献100多万篇。

(2)中国期刊全文数据库(世纪期刊):收录回溯1979年至1993年的4195种期刊,部分期刊回溯至创刊,最早回溯至1887年,按学科分为168个专题,现有文献500多万篇,每月更新。

(3)中国博士学位论文全文数据库:收录1999年至今420个博硕士培养单位的学位论文,现有论文5万多篇,每日更新。

(4)中国优秀硕士学位论文全文数据库:收录1999年至今652个博硕士培养单位的学位论文,现有论文37万多篇,每日更新。

(5)中国重要报纸全文数据库:收录2000年至今700多种重要报纸,现有文章645万多篇,每日更新,年新增文章120万篇。

(6)中国重要会议论文全文数据库:收录2000年至今1200多家学术团体的会议论文,现有论文近58万篇,每日更新。

(7)中国图书全文数据库:一期工程即将完成,首批3万种新书已上网服务,每日更新,年新增图书10万本。

二、检索(以中国期刊全文数据库为例)

系统提供知识搜索、单库检索和跨库检索等检索功能,结构见图4-4。

中国期刊全文数据库是目前世界上最大的连续动态更新的中国期刊全文数据库,收录国内8900多种重要期刊,以学术、技术、政策指导、高等科普及教育类为主,同时收录部分基础教育、大众科普、大众文化和文艺作品类刊物,内容覆盖自然科学、工程技术、农业、哲学、医学、人文社会科学等各个领域,全文文献总量2600多万篇。提供免费检索、浏览题录和摘要。全部期刊分为十大专辑:理工A、理工B、理工C、农业、医药卫生、文史哲、政治军事与法律、教育与社

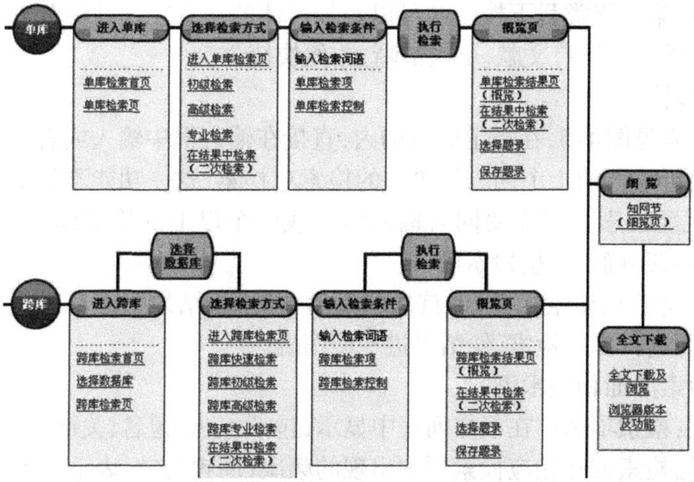

图4-4 CNKI单库和跨库检索结构示意图

会科学综合、电子技术与信息科学、经济与管理。

1.检索基础

(1)逻辑运算符:AND(与)、OR(或)、NOT(非)。

(2)下载CAJ全文浏览器或Acrobat浏览器:CNKI数字图书馆的文献资源为CAJ格式和PDF格式两种格式,初次使用需要下载安装阅读浏览器,系统建议使用CAJ全文浏览器(在CNKI主页下载),因为CAJ全文浏览器比Acrobat浏览器功能更强。

2.检索方法

中国期刊全文数据库检索界面见图4-5。

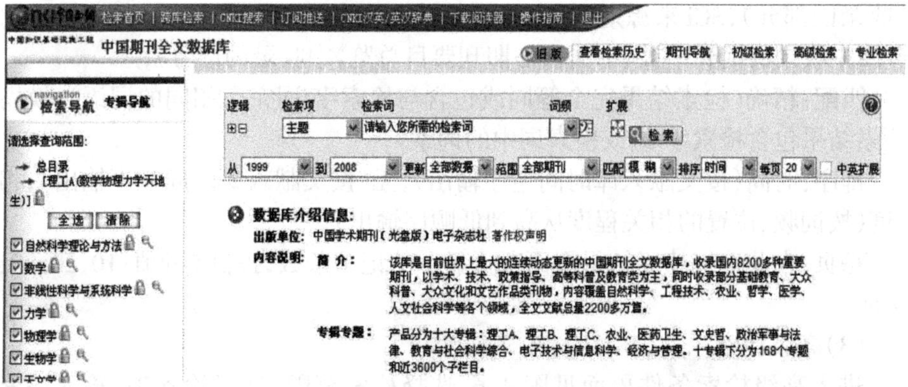

图4-5 CNKI中国期刊全文数据库检索界面

(1)期刊导航

系统提供按学科浏览功能,全部期刊按学科分成九个专辑,每个专辑下再分三级类目,第三级类目下按主题可以看到具体的文章。这种浏览方式可使用户查询某一学科的所有文献,层次清晰,方便快捷。

(2)初级检索

初级检索见图4-5,在指定的范围内,直接在输入框中输入或者点击右侧的图标选取最近输入的十个词。按单一的检索项检索,这一功能不能实现多检索项的逻辑组配检索。当需要同时输入两个或两个以上的检索词时,可以点击"逻辑"下的+或-确定连接检索词。

系统支持二次检索功能,即首次检索后,在检索结果下方可以找到二次检索的检索框,进行二次检索,使结果进一步精确。

初级检索界面相关术语:

检索项:检索项名称在下拉列表中显示,包括主题、题名、关键词、摘要等;

词频:指检索词在相应检索项中出现的频次,词频为空,表示至少出现1次,如果数字为3,则表示至少出现3次,以此类推;

最近词:点击图标,将弹出一个窗口,记录最近输入的10个检索词,点击所需要的检索词,则该词自动进入检索框中;

扩展:点击图标,将弹出一个窗口,显示以输入词为中心的相关词,选择一个或多个相关词前的V,并以逻辑与、或、非的关系连接,也可直接点击所需要的相关词,让其自动进入检索框,取代原先所输入词所需要的检索词;

更新:全部数据(数据库现有全部数据),最近一月(最近一月入库数据),最近一周(最近一周入库数据),三个月(最近三个月入库的数据),半年(最近半年入库的数据);

范围:全部期刊(库中收录的全部期刊),EI来源期刊(库中收录的期刊中被EI收录的部分),SCI来源期刊(库中收录的期刊中被SCI收录的部分),核心期刊(库中收录的期刊中被《中文核心期刊要目总览》中收录的部分);

匹配:精确(检索结果完全等同或包含与检索字/词完全相同的词语),模糊(检索结果包含检索字/词或检索词中的词素);

排序:时间(按文献入库时间逆序输出),无(按文献入库时间顺序输出),相关度(按词频、位置的相关程度从高到低顺序输出);

每页:在此选择检索结果页面所要显示的记录条数,提供5种值:10、20、30、40、50。

(3)高级检索

进入高级检索条件界面见图4-6,选择检索范围,选择检索项,输入检索词,确定各检索词之间的关系,选择时间及范围,选择记录数和排序方式,在指定的范围内,按一个以上(含一个)检索项表达式检索,这一功能可以实现多表达式的逻辑组配检索。

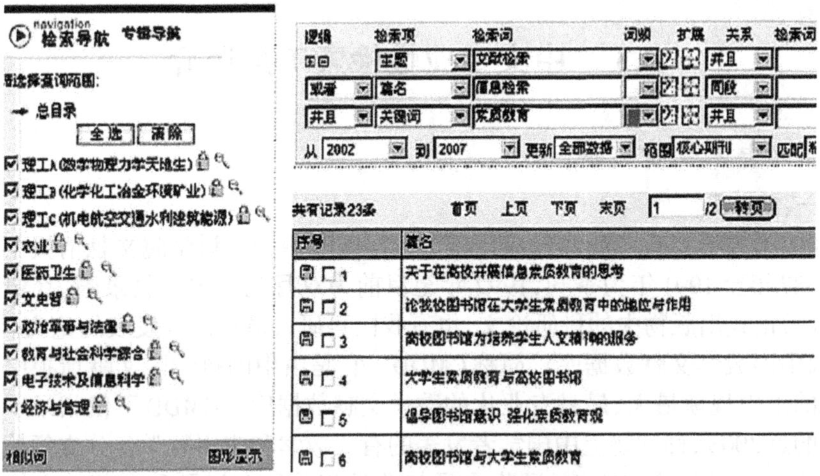

图4-6 CNKI中国期刊全文数据库高级检索结果

(4)专业检索

专业检索可用主题、题名、关键词、摘要、作者、第一责任人、机构、中英文刊名、引文、全文、年、期、基金、分类号、ISSN、CN等17个检索项,结合逻辑运算符和圆括号构造检索表达式,所有符号必须用英文半角字符。

例如:作者=钱伟长 and (单位=清华大学 or 单位=上海大学),作者=钱伟长 and 单位=清华大学 and (题名=物理 or 摘要= 物理),见图4-7。

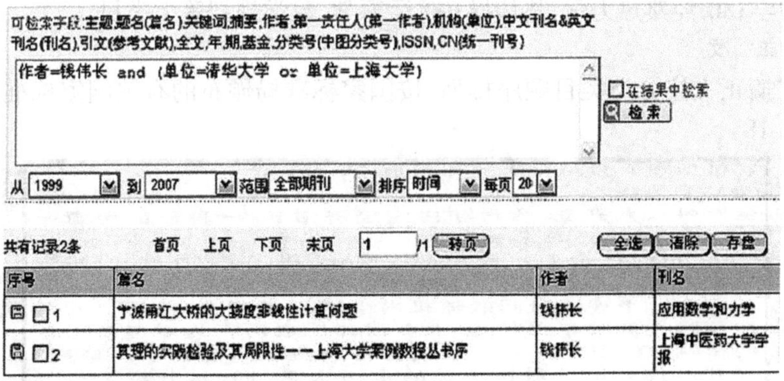

图4-7 CNKI专业检索结果

3.检索结果处理

通过多种检索途径,查找到大量的内容,检索结果可得到原文号、篇名、作者、机构、关键词、文摘、刊名、卷期号、基金等信息。如果没有摘要,则显示原文的前300字。可以对检索到的内容进行处理,或浏览,或下载,或摘录,或复制,或取图,或打印等。

4.3 中文专业性检索工具选介

4.3.1 《中国数学文摘》

一、概 况

《中国数学文摘》(双月刊)创刊于1987年,是由中国科学院文献情报中心主办,1987年至1991年为季刊,1992年至目前为双月刊。主要收录国内(包括港台地区)正式出版物中的科研论文,也有我国科研人员在国外发表的论文。

《中国数学文献数据库》,简称CMDD。它是由中国科学院文献情报中心承建成的国内规模最大、最具专业化的数学文献数据库。CMDD不仅收录了国内出版的近300余种刊物上中国学者发表的有关数学和应用数学各分支领域及与数学交叉学科的论文文摘,还收录了与数学相关的会议录和专著的文摘等信息,特别是收录了国外出版的80余种数学类刊物上发表的中国学者的论文。

二、《中国数学文摘》印刷版的检索

《中国数学文摘》由目次、文摘正文、辅助索引三部分组成。

1. 目次(正文分类类目)

采用美国《数学评论》和德国《数学文摘》的《2000数学主题分类表》对每条文摘进行分类,分类到二级。如:00.总论;11.数论;20.群论及推广;30.单复变函数;40.序列,级数,可(求)和性;51.几何学;60.概率论和随机过程;70.质点与系统力学;80.经典热力学,热传导;90.运筹学,数学规划等大类目。

2. 正 文

文摘正文按分类类目顺序排列,按国家标准局颁布的有关国家标准著录,见图4–18。

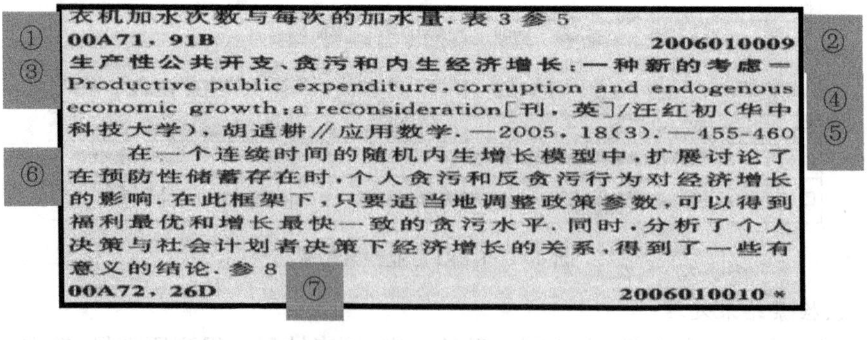
衣机加水次数与每次的加水量．表 3 参 5

00A71．91B 2006010009

生产性公共开支、贪污和内生经济增长：一种新的考虑—Productive public expenditure．corruption and endogenous economic growth：a reconsideration［刊，英］/汪红初（华中科技大学），胡适耕//应用数学．—2005，18(3)．—455-460

在一个连续时间的随机内生增长模型中，扩展讨论了在预防性储蓄存在时，个人贪污和反贪污行为对经济增长的影响．在此框架下，只要适当地调整政策参数，可以得到福利最优和增长最快一致的贪污水平．同时，分析了个人决策与社会计划者决策下经济增长的关系，得到了一些有意义的结论．参 8

00A72．26D 2006010010＊

①分类号;②顺序号:2006(年号)01(期号)0009(文摘流水号);③论文中(英)文题名;④著者和著者单位,两个著者之间用“,”分割;⑤期刊名,年,卷(期),页码;⑥论文摘要;⑦论文中含8篇参考文献

图4–8 中国数学文摘著录格式

3. 辅助索引

每期均附有该期所收文献的著者索引，著者索引分I、II两部分，第I部分收录以汉字署名的著者，第II部分收录以汉语拼音或外文署名的著者。每年第6期为年度总索引，包括作者索引和主题索引。从2004年开始，在每年第6期除保留作者索引和主题索引外，再增加作者单位索引。

（1）著者索引：按作者的汉语拼音字母顺序排序，后接文献号（分类号和文摘流水号）。如刘金林　30C0278，其中30C为分类号，后面四位数为流水号。

（2）主题索引：采用《数学汉语主题词表》，每年的第6期为卷作者及汉语主题总索引。由于光盘检索的方便性，从2005年起每年第6期与前5期相同，不再刊登作者及汉语主题总索引。

三、《中国数学文献数据库》光盘检索

CMDD对所收录的每篇文献不仅标注国内通用的《中国图书资料分类法》（简称中图法）中的中图分类号，而且还标注国际数学界通用的由美国数学会主编的《数学主题分类表》中的AMS分类号，并随之更新而更新。所以CMDD中，若来源文献是1993年至1999年间出版的，其AMS分类号依据的是《1991数学主题分类表》；若来源文献是2000年及以后出版的，则依据的是《2000数学主题分类表》。CMDD特点有：检索入口多样，体现在对每条文献记录数据设置的字段多达25项。CMDD检索流程，如图4–19。

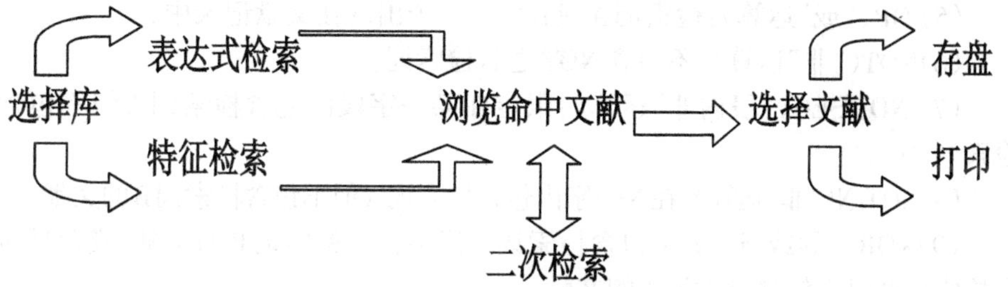

如图4–9　CMDD检索流程图

1. 特征检索

界面见图4–10，检索项目简单（不超过4项）。输入检索词、选择字段限定（作者及单位、主题词等25项），选定运算符（AND、OR、NOT）及检索范围。按“检索”按钮，即得到符合检索条件的结果，见图4–12。

2. 表达式检索

见图4–11，如需对所检索的信息做较复杂的逻辑运算组合或检索项目太多或者需要借助内嵌的《数学汉语主题词表》选择检索词时，选用表达式检索方式。在“输入检索表达式”框中允许用户输入简单或复杂的逻辑组合检索式，检索式总长度不超过80个西文字符，检索词可以是一个英文单词、中文单词、一串

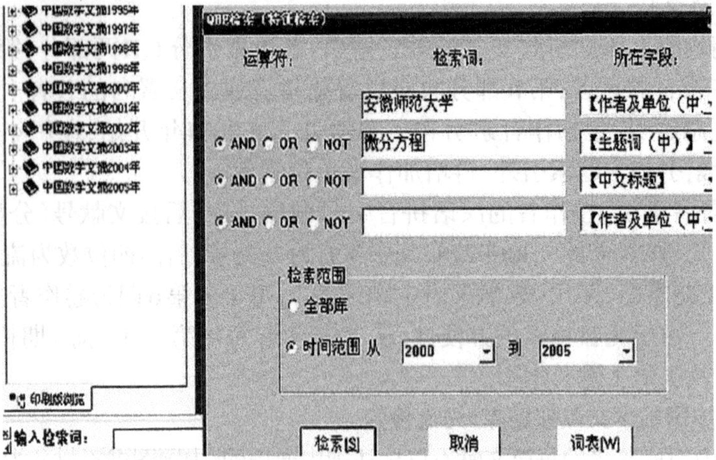

图4-10 《中国数学文献数据库》特征检索界面

数字或符号，但不能含有标点符号。逻辑运算符如下：

（1）AND（“与”运算）：检索词A和B出现在同一文献记录（字段不限）；

（2）AND/SEG（“同段与”运算）：检索词A和B出现在同一字段中；

（3）AND/N（“邻接”运算）：检索词A和B相距不超过N个字且与次序无关；

（4）PRE/N（“邻接”运算）：检索词A和B相距不超过N个字且与次序有关；

（5）OR（“或”运算）：检索词A或B任意一个出现在文献记录中；

（6）NOT（“非”运算）：不包含NOT之后检索词；

（7）NOT/SEG（“段内非”运算）：限定在某一字段内包含检索词A但不包含检索词B；

（8）NOT/N（“非”运算）：在N个字内包含检索词A但不包含检索词B的文献；

（9）XOR（“异或”运算）：包含检索词A但不包含检索词B的文献，或者是包含检索词B但不包含检索词A的文献。

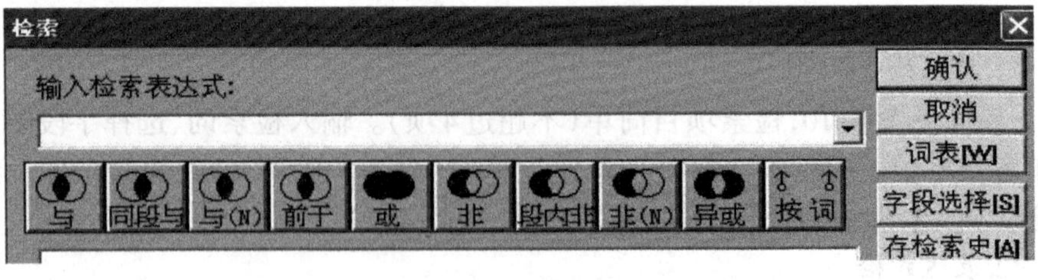

图4-11 《中国数学文献数据库》表达式检索界面

3. 二次检索

通过“表达式检索”或“特征检索”后，在浏览文献时，还可在屏幕上取词，在上次检索结果的基础上进行再检索。

4.《数学汉语主题词表》及其使用

系统内嵌的《数学汉语主题词表》,使用户可以根据检索需求,通过等级索引选取主题词,进行上位词或下位词登录,从而实现自动扩检和缩检,提高查全率和查准率,最终提高检索效率。

5.检索结果处理

(1)浏览检索文献:无论采用哪一种检索方式,检索完毕总是弹出[检索结果信息]窗口,显示检索到的文献数,按确定按钮,随即在主窗口的下半部出现一个新的窗口,即显示命中文献标题的窗口。选中其中一篇文献即可浏览,左右箭头分别可以浏览上篇或下篇文献;选择[打印]项或工具条中的打印机图标,即可打印出当前的一篇文献;选择[存盘]或[另存为],即可将当前显示的一篇文献保存在磁盘文件中,见图4–12。

【流水号】: 6571
【文摘号】: m2005056572
【国家自然科学基金项】: 是
【ISSN】: 0022-247X
【AMS分类号】: 34K13, 34K40
【中图分类号】: O175.7
【中文标题】: 临界情况下中立型泛函微分方程的周期解
【作者及单位(中)】: 鲁世平(安徽师范大学.芜湖,安徽(241000)), 葛渭高(北京理工大学.北京(10
, Zheng Zuxiou(安徽大学.合肥,安徽(230039))
【文献来源】: Journal of Mathematical Analysis and Applications
【文献出处】: 2004, 293(2), 462-475
【文摘(中)】: 该文考虑如下的临界情况下|c|=1时的中立型泛函微分方程x(t)−cx(t−τ))′ =g(t,x(t
−μ(t)))+e(t)利用拓扑度理论和一些分析技巧,给出了周期解的存在性的新结论.
【文献类型】: 刊

图4–12 《中国数学文献数据库》检索结果信息窗口

(2)文献输出字段设置:可以任意选择需要输出的文献字段。单击字段名,使之反显或取消反显,即可选择要输出的字段。文献浏览、打印、存盘均按照字段输出设置显示。

(3)批量存盘、批量打印:可以选择当前一次检索选中的文献进行批量存盘和打印。

4.3.2 《中国物理文摘》

一、概 况

《中国物理文摘》(双月刊),1986年创刊,由中国科学院文献情报中心和中国科学院物理情报网主办,国家科委批准的国家一级检索期刊。主要收录国内(包括港台地区)正式出版物中的科研论文,也有我国科研人员在国外发表的论文,在选题上注意了结合科研和生产的实际。

《中国物理学文献数据库》,简称CPD,创建于1987年,是在中科院出版图书情报委员会的支持下,由中科院文献情报中心建成的国内最早的物理专业文献数据库,收录了物理学及其相关领域的期刊262种。

二、《中国物理文摘》印刷版检索

《中国物理文摘》由目次(正文分类类目)、文摘正文、索引三部分组成。

1.目　次

目次即正文分类类目,采用了“国际物理学分类表”对物理科学进行分类。分成总论、基本粒子物理学与场、核物理学、原子和分子物理学、唯象论的经典领域、流体、等离子体和放电、凝聚物质、结构、热学和力学性质、凝聚物质、电子结构、电学、磁学和光学性质、物理学交叉学科及有关科学技术领域;地球物理学、天文学和天体物理学十个大类目。

2.正　文

文摘正文按分类类目顺序排列,按国家标标准局颁布的有关国家标准著录,见图4-13。

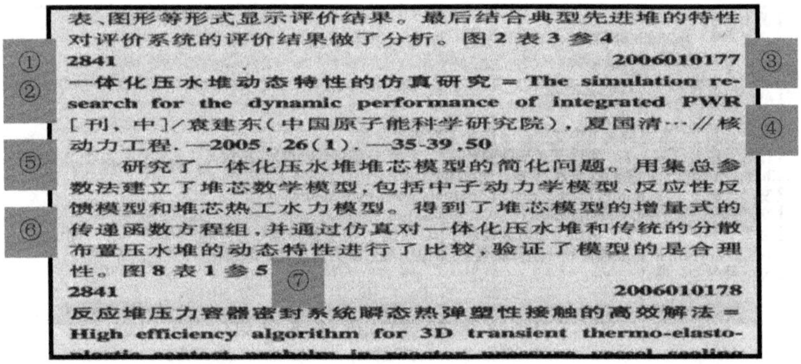

表、图形等形式显示评价结果。最后结合典型先进堆的特性对评价系统的评价结果做了分析。图2表3参4

2841　2006010177

一体化压水堆动态特性的仿真研究 = The simulation research for the dynamic performance of integrated PWR [刊，中]/袁建东(中国原子能科学研究院)，夏国清…//核动力工程.—2005，26(1).—35-39，50

研究了一体化压水堆堆芯模型的简化问题。用集总参数法建立了堆芯数学模型，包括中子动力学模型、反应性反馈模型和堆芯热工水力模型。得到了堆芯模型的增量式的传递函数方程组，并通过仿真对一体化压水堆和传统的分散布置压水堆的动态特性进行了比较，验证了模型的是合理性。图8表1参5

2841　2006010178

反应堆压力容器密封系统瞬态热弹塑性接触的高效解法 = High efficiency algorithm for 3D transient thermo-elasto-

①分类号;②中(英)文题名;③顺序号:2006(年号)01(期号).30177(文摘流水号);④作者名和作者单位:两个作者之间用“,”分隔;⑤刊名,年,卷(期),所在页码;⑥论文摘要;⑦论文中含8个图,1个表,5篇参考文献

图4-13　中国物理文摘著录格式

3.索　引

每期报道文摘1200篇,并附有作者索引,主题索引和引用文献一览表。作者索引分Ⅰ、Ⅱ两部分,第Ⅰ部分收录以汉字署名的作者,第Ⅱ部分收录以汉语拼音或外文署名的作者。正文的文献条目最多只收录两名作者,而作者索引则收录该论文的全部作者。本刊正逐渐扩充报道内容和增加各种辅助索引,为使用者提供更多的检索途径。

(1)作者索引:按作者的汉语拼音字母顺序排序,后接文献号(期号+文摘流水号)。如:黄时中　10047(2001年),表示01年第1期0047号文摘作者是黄时中。

(2)主题索引:本索引属“先组式非固定型”主题索引,每条索引款目由一个主标题词与若干个副标题词以及相应的文献号组成。如:

晶体生长　BGO晶体　磁光效应　55778
（主标题）　（副标题）　（文摘号）

三、《中国物理文献数据库》光盘检索

CPD以光盘为载体每年更新一次，收录文献项目包括：记录号、流水号、基金项、IPC（PACC）分类号、中图法分类号、题名（中）、文献类型、语种、作者及作者单位（中）、出版项、母体文献题名（中）、文献出处、文摘（中）、ISBN、ISSN、CN、国内统一书号、题名（英）、作者及作者单位（英）、团体作者（中）、团体作者（英）、母体文献题名（英）、文摘（英）、会议项（中）、会议项（英）、学位论文、主题词（中）、主题词（英）、关键词（中）、关键词（英）、馆藏索取号等31项。

选完数据库后，即可进入检索窗口。有两种检索方式供选择，即：表达式检索方式和QBE检索方式。在[检索]主菜单中选择[表达式检索]或[特征（QBE）检索]项，或单击工具条中相应的图标，即可弹出检索窗口。实际检索流程图，如图4-14：

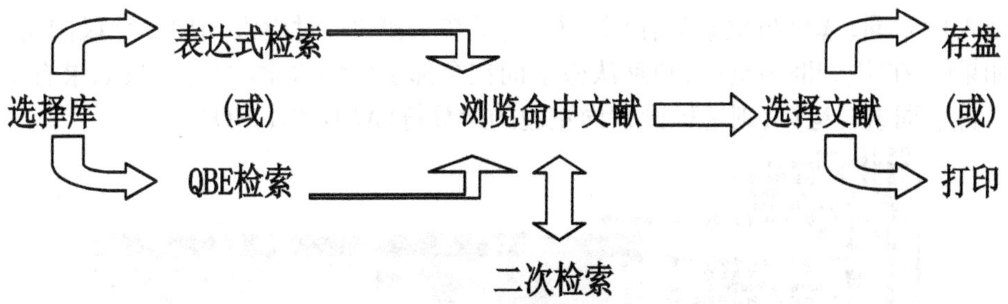

图4-14　《中国物理文献数据库》光盘检索流程图

1.表达式检索

见图4-15，在“输入检索表达式”框中允许用户输入简单或复杂的逻辑组合检索式，检索式总长度不超过80个西文字符，检索词可以是一个西文单词、中文词、一组数字或符号，如“声学”、"nuclear structure"、“马大猷”、“1234”、"EPR"等，但检索词中不能含空格，逻辑运算符与检索词之间需要空一格。逻辑运算符如下：

（1）AND（“与”运算）；（2）AND/SEG（“与”运算）；（3）AND/N（“邻接”运算）；（4）PRE/N（“邻接”运算）；（5）OR（“或”运算）；（6）NOT（“非”运算）；（7）NOT/SEG（“非”运算）；（8）NOT/N（“非”运算）；（9）XOR（“异或”运算）。各项功能与《中国数学文献数据库》相同，详见78页逻辑运算符。

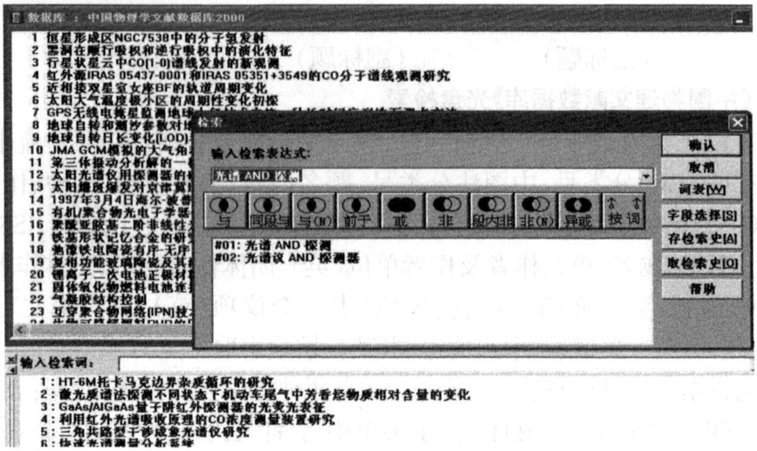

图4-15 CPD光盘表达式检索界面

2. 特征（QBE）检索

见图4-16，QBE检索方式较表达式检索方式简单直观，在[检索词]输入框内键入检索词，选择与检索词在同一行的[所在字段]框，对检索词加以字段限定；如果[所在字段]框为空白，则默认检索词在全部字段内检索（“全文”）；如果有多行检索词组合运算，则选择检索词左边的运算符（AND、OR、NOT）。

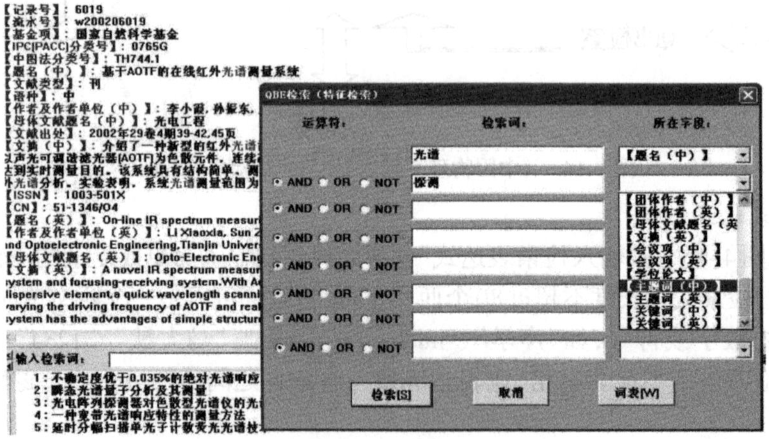

图4-16 CPD光盘QBE检索界面

3. 字段限定检索

先键入检索词，然后用鼠标单击[字段选择]按钮，弹出“字段选择”窗口，单击某一字段项，使其反显，按[确定]按钮，所选字段对应的字段号出现在检索词的后面。

如李力/SEG=9，限定在“作者及作者单位（中）”字段内检索，如果检索词不加字段限定，则默认为在全部字段内检索（“全文”）。

4.二次检索

通过“表达式检索”或“QBE检索”后，在浏览文献时，还可在屏幕上取词，在上次检索结果的基础上进行再检索。

5.《物理汉语主题词表》及其使用

系统独特内嵌的《物理学汉语主题词表》，使用户可以根据检索需求，通过等级索引选取主题词，实现检索表达式的优化，从而实现自动扩检和缩检，上位词登录及满足族性检索，提高检索效率。

6.检索结果处理

(1)浏览检索文献：无论采用哪一种检索方式，检索完毕总是弹出[检索结果信息]窗口，显示检索到的文献数，按确定按钮，随即在主窗口的下半部出现一个新的窗口，即显示命中文献标题的窗口。选中其中一篇文献即可浏览，左右箭头分别可以浏览上篇或下篇文献；选择[打印]项或工具条中的打印机图标，即可打印出当前的一篇文献；选择[存盘]或[另存为]，即可将当前显示的一篇文献保存在磁盘文件中。

(2)文献输出字段设置：可以任意选择需要输出的文献字段。单击字段名，使之反显或取消反显，即可选择要输出的字段。文献浏览、打印、存盘均按照字段输出设置显示。

注意要选择“输出到单个文件”，否则每条记录输出为一个文件；选择“空字段不输出”，即字段内容为空时，不输出字段名。按[确认]，双击上面所选中的条目，即显示输出的结果。按[取消]按钮，则取消本次所做的修改。

(3)批量存盘、批量打印：可以选择当前一次检索选中的文献进行批量存盘和打印，系统限定100条内。若需把多次检索的文献集中在一起存盘或打印，则从第1次检索结果中选中一些文献进行“选中记忆”操作，再进行第2次、第3次检索，最后利用“输出记忆”功能则可。

4.3.3 《中国化学化工文摘》

一、概　况

《中国化学化工文摘》由中国化工信息中心编辑，原名《中国化工文摘》，1993年(第10卷)起改为现名，月刊，每期后面含主题索引，并附卷主题索引和作者索引各一册，有纸件和光盘两种。1983年创刊，1985年开始输入计算机，建立化学化工文献数据库。它报道1000余种公开和内部发行的化学和化工期刊、专利、资料、会议论文、图书以及有关高等院校和学会学报中发表论文。是检索我国化学化工科技信息、了解和掌握我国化学化工发展现状的主要工具。

二、《中国化学化工文摘》印刷版检索

《中国化学化工文摘》由目次、文摘正文、索引三部分组成。

1. 目　次

目次即正文分类类目，采用了“中国图书资料分类法”进行分类标引和排序，格式为大类+页码。

2. 正　文

文摘正文按分类类目顺序排列，按国家标标准局颁布的有关国家标准著录，见图4–17。

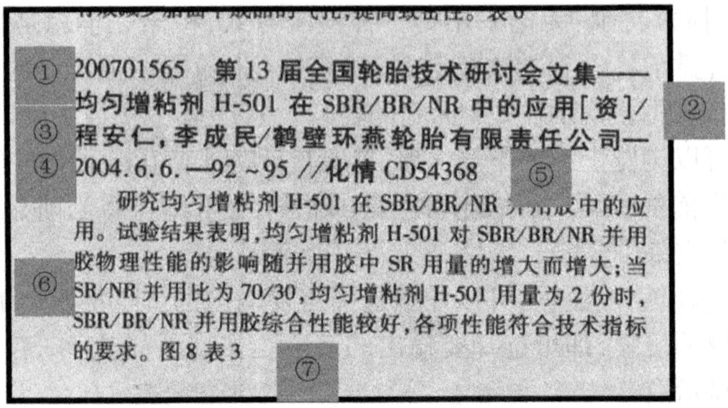

①
200701565　第13届全国轮胎技术研讨会文集——均匀增粘剂H-501在SBR/BR/NR中的应用[资]/程安仁，李成民/鹤壁环燕轮胎有限责任公司—2004.6.6.—92～95 //化情 CD54368
②
③
④
⑤
研究均匀增粘剂H-501在SBR/BR/NR并用胶中的应用。试验结果表明，均匀增粘剂H-501对SBR/BR/NR并用胶物理性能的影响随并用胶中SR用量的增大而增大；当SR/NR并用比为70/30，均匀增粘剂H-501用量为2份时，SBR/BR/NR并用胶综合性能较好，各项性能符合技术指标的要求。图8表3
⑥
⑦

①文摘号：2007（年号）01565（文摘流水号）；②资料名称；③作者名/作者单位；④出版日期—起止页码 ⑤文献馆藏单位及文献索取号；⑥正文摘要；⑦正文中有8个图和3个表

图4–17　中国化学化工文摘著录格式

3. 索　引

（1）主题索引：分为期索引和卷索引两种。收录的化学化工文摘根据《化工汉语主题词表》进行主题标引。采用三级标引（一级为款目主题词，二级限定一级，三级为该篇文章标题）。按照款目主题词汉字的汉语拼音顺序排列。期索引为款目主题词+文摘顺序号；卷主题索引款目，见图4–18。

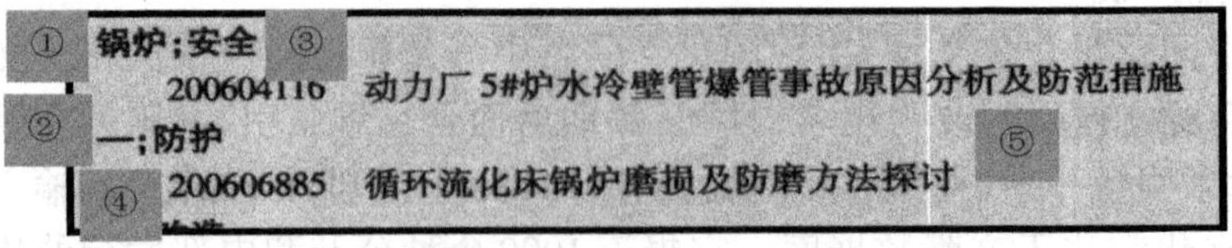

① 锅炉；安全 ③
200604116　动力厂5#炉水冷壁管爆管事故原因分析及防范措施
② —；防护 ⑤
④ 200606885　循环流化床锅炉磨损及防磨方法探讨

①款目主题词；②用（—）代替重复的款目主题词，此例代替锅炉；③二级限定词；④文摘顺序号，全卷通排；⑤文章的标题

图4–18　《中国化学化工文摘》卷主题索引款目

（2）作者索引：为卷索引，按作者的汉语拼音字母顺序排序，后接文摘顺序号。

4.检索方法

《中国化学化工文摘》的编排结构期刊本由目次、正文、主题索引组成，年度本由主题索引、著者索引组成，因此该检索工具的检索途径有分类、主题、作者三种途径。

三、《中国化学化工文摘》光盘检索

光盘出版系统秉承中国化工文摘一贯的出版风格，重点收录报道中国化学化工期刊及有关高校的学报中发表的文献及化工专利，每期的光盘都是全年累积数据。

收录文献分为专利和科技期刊、图书两部分。专利部分项目包括序号、分类号、公开日、申请日、公开号、发明人、申请人、标题、文摘、库名、页数、主权项、地址、ID代码、刊名、年卷期、起止页码、标记、出版年等19项。科技期刊、图书部分项目包括序号、文摘号、作者、标题、年卷期、起止页码、刊名、单位、叙词、文摘、分类号、文献类型、语种、出版年等共15项。

选择完数据库后，即可进入检索窗口主界面，见图4–19

1.关键词检索

在主界面窗口上方的检索框内输入关键词（如石油）就可以检索所需的文献资源，见图4–19。

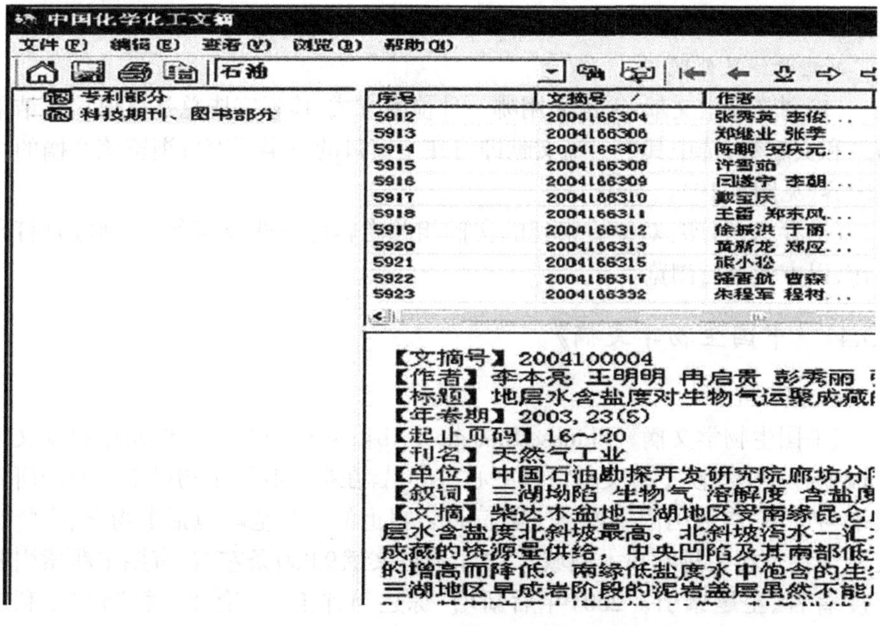

图4–19 《中国化学化工文摘》光盘关键词检索界面

2.高级检索

选择工具栏中高级检索图标或是下拉菜单文件/高级检索命令，即可得字段检索对话框，见图4-20。可以按期刊名称、年卷期、作者、标题、专利号、专利权人等字段分别或组配进行检索。

图4-20 《中国化学化工文摘》光盘高级检索界面

3.二次检索

通过"关键词检索"或"高级检索"后，在上次检索结果的基础上可以进行再检索。

4.检索结果处理

(1)浏览检索文献：无论采用哪一种检索方式，检索完毕总是显出检索结果信息和文献数，选中其中一篇文献即可在主窗口的下半部窗口浏览该文摘的相关内容(见图4-19)。

(2)存盘、打印：对于检索到的文摘相关内容可以选择存盘、复制或是打印操作，以方便今后浏览。

4.3.4 《中国生物学文摘》

一、概 况

《中国生物学文摘》(Chinese Biological Abstracts, CBA)(月刊)由中科院文献情报中心和中科院上海文献情报中心主办，旨在报道我国生物科学领域的研究成果与进展，沟通国内生物学文献信息。报道的学科范畴包括生物学、生物学交叉学科及相关科学技术领域。 每年报道文献9,000条左右，有期主题索引和年度著者、主题索引。2004年后新增"综述与评论"、"论文转载"和"专利题录"。除书本式外，也发行《中国生物学文献数据库》光盘版和网络版。

中国生物学文献数据库是中国科学院上海生命科学信息中心研制、报道中国国内生物科学研究成果的文摘型数据库。数据库于1985年立项，1990年建成并通过中国科学院鉴定与验收。收录1985年以来的800余种国内生物科学及相关学科的科技期刊文献，以及学位论文、会议论文、专利、专著等文献，目前累积数据量达30万条，年更新数据量5万条。网络版数据库每两周更新一次，并将加工中的数据作出标记后进行发布，极大地缩短数据库文献收录的时滞，最短时差仅2周。光盘版每季度更新。

二、《中国生物学文摘》印刷版检索

《中国生物学文摘》由文献分类类目、文摘正文、索引及“综述与评论”、“论文转载”和“专利题录”等部分组成。

1. 文献分类类目

采用了“中国图书资料分类法”进行分类标引和排序。格式为大类+(页码)。如：Q2 细胞学………………(50)。

2. 文摘

文摘正文按文献分类类目顺序排列，按国家标标准局颁布的有关国家标准著录，见图4-21。

Q969
2006020842
中国北京地区弓蜻属一新种(蜻蜓目：伪蜻科)=A new species of the genus *Macromia* rambur (Odonata: Corduliidae) from Beijing area, China/朱慧倩(山西大学42-38号,山西,太原030006),陈思//昆虫分类学报.—2005,27(3).—161~164
记述中国弓蜻属1新种——北京弓蜻 *Macromia beijingensis* Zhu et Chen,sp.nov.。模式标本保存于山西大学。图8参10

①分类号：采用《中国图书资料分类法》分类；
②顺序号：年号+期号+年流水号；
③论文中(英)题名；④著者(地址)；
⑤刊名-年，卷(期)-页码；⑥文摘

图4-21　中国生物学文摘著录格式

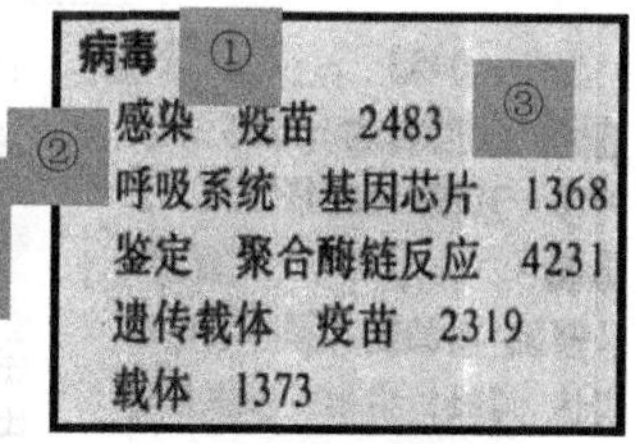

病毒
感染　疫苗　2483
呼吸系统　基因芯片　1368
鉴定　聚合酶链反应　4231
遗传载体　疫苗　2319
载体　1373

①主标题词；
②副标题词；
③年流水号

图4-22　CBA主题索引著录格式

3. 索　引

(1)主题索引

主题索引分为期和卷两种。主题索引由主题索引款目和文摘顺序号两项组成，主题索引款目由一个主标题词与若干个副标题词组成。主标题词用黑体表示，相同主标题词、不同副标题词的款目，省去相同的主标题词，按副标题词的顺序排列在该主标题词的下方，并缩进一格。主题索引的第一部分收录了以数字、英文字母及希腊字母开头的主题词，分别按数字及字母的顺序排列；第二部分收录了以汉字开头的主题词，按汉字的汉语拼音顺序排列。见图4-22。

(2)著者索引

著者索引由著者姓名和文摘顺序号两项组成。著者索引的第一部分收录以汉字署名的著者姓名，并按汉字的汉语拼音顺序排列，第二部分收录以外文署名的著者姓名和日本著者姓名的罗马拼音，并按字母顺序排列。

4."综述与评论"、"论文转载"和"专利题录"

2004年新增"综述与评论"、"论文转载"和"专利题录"三个栏目，2005年起"论文转载"栏目以专题的形式，聘请专家推荐质量好的文章予以集中转载，并由专家撰文向读者介绍某个领域的研究成果。

三、《中国生物学文摘》网络版检索

1.登录主页

键入http://www.cba.ac.cn/，就登陆了中国生物学文献数据库的网站。如果已经购买CBA数据库或者是试用用户点击登录，即为检索界面(图4-28)。

2.简单检索

简单检索提供快捷、简便的检索字段，见图4-23，包括任意词、题名、主题词、作者、刊名、资助项和关键词七个检索入口，同时有语种、文档类型、出版起始、结束起止年与更新信息等限制选项，以提高查准率。

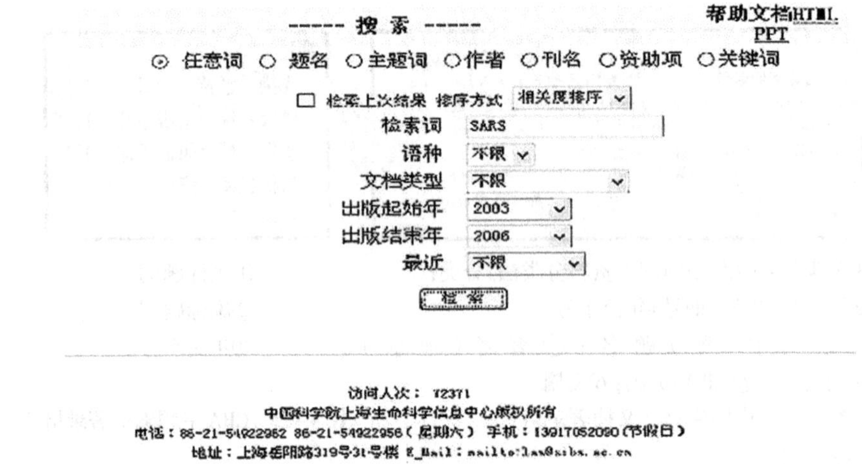

图4-23　《中国生物学文摘》网络版检索界面

3.二次检索

每次检索完毕，见图4-24，点击重新检索，在检索上次结果旁打勾，见图4-23，则可在第一次检索的基础上，进行二次检索。

4.模糊检索

CBA提供了模糊检索的功能，在不确定检索词或者检索与某词相关的一类词的情况下可以使用通配符。"%"代表多个字，"?"代表一个字。

5.检索字段

(1)自由词：检索数据库的各个字段，包括中英文两个语种的题名、作者、机

图4-24　《中国生物学文摘》网络版检索结果界面

构、刊名、摘要、主题词、关键词、基金项目等。

(2)题名：论文中英文题名中存在的词或词组。

(3)主题词：依据国内唯一的、较权威的《生物学主题词表》进行加工的规范化的关键词，包含了它的同义词。如“细胞死亡”、“凋亡”、“细胞程序性死亡”等关键词用主题词来表示时均为“细胞凋亡”。

(4)作者：检索中文与拼音作者名。作者姓在前，名在后。如果作者的姓名是以英文或汉语拼音表示时，姓和名的首字母大写，姓和名之间用空格分隔。

(5)刊名：检索中英文期刊名称，如“科学通报”或“Chinese Science Bulletin”。

(6)基金名称：论文受到基金资助的名称。

(7)关键词：检索中英文关键词。

6. 检索结果

(1)浏览格式

显示检索命中多少记录，每个页面显示20条数据的题名、作者、论文出处(期刊名称、年、卷、期、页)。点击题名可查看详细信息，见图4-24。

(2)完全格式

点击浏览格式中的一条数据的提名链接，可显示每条数据的完全著录格式包括题名、作者、作者单位、论文所发表的期刊名、发 表年、卷、期、页、期刊的ISSN、CN、关键词、主题词、CBA和中图分类号、基金资助名称、中文文摘、外文文摘、文档类型、语种等，见图4-25。

7. 结果处理

当检索结果显示后，可以通过每条记录前的选择框进行进一步的选择，也可以选择全部记录。可通过下载的方式存储到本地硬盘，方便今后浏览。

7 200406000029

*中文题名：基因芯片在食品检测中的应用
TI：Applications of gene chips in food detection.
中文刊名：生物学杂志
SO：Journal of Biology
年卷期：2004，21(1)
起止页码：40-42
作者：韩翠丽；；刘代成
Han Cuili；；Liu Daicheng
单位：山东师范大学生命科学学院．山东，济南 250014，山东师范大学生命科学学院．山东，济南 250014
AD：College of life Science，Shandong Normal University．Jinan 250014，Shandong；China，College of life Science，Shandong Normal University．Jinan 250014，Shandong；China
文档类型：期刊研究论文
语种：中文
载体形态：图 表 参13
中文摘要：基因芯片技术是近十几年来生命科学领域的一大发展，其应用越来越广泛。就该技术在转基因食品、食品中的微生物、食品原料、食品中营养成分检测中的应用做一全面的回顾，因其快速、准确、高通量的特点，今后必将成为食品检测的主要方法，促进食品检测的发展，提高食品的安全性，保证人类的健康。
英文摘要：Gene chip technique was a kind of new technique in biology science area，and was applicated widely．The applications of gene chip in transgene food，microbiology detecting in food，food sources，nutrient components detecting in food were reviewed．Gene chip technique would be the main food detection means because of its quickness，accuracy and high flux properties，and would promote development of food detection，increase the food safety and ensure human health．
主题词：生物芯片　食品　基因　微生物　转基因
ST：
CBA分类：Q812 Q819
中图分类：Q812
ISSN：1006-9632
CN：34-1081/Q
"*"表示该记录尚在加工中

图4-25 《中国生物学文摘》网络版检索结果详细信息界面

第5章 外文综合性检索工具选介

综合性检索工具收录专业范围涉及学科广、文献类型和语种多，因而适应面非常广，是科技人员最常用的检索工具。在此重点介绍著名及实用的综合性检索工具：科学引文索引（SCI）、工程索引（EI）、DIALOG检索系统、及EBSCO书目及全文数据库。

5.1 科学引文索引

5.1.1 概 述

什么是引文索引？它是一种以科技期刊、专利、专题丛书、技术报告等文献资料所发表的论文后所附的参考文献的作者、题目、出处等项目，按照引证与被引证的关系编排而成的索引。它既能揭示过去、现在与将来的学术研究之间的内在联系，也能揭示各种不同学科、不同研究领域相关研究的交叉与发展，突破了传统检索系统提供的著者、分类、标题等检索途径，打破了传统学科界限，从文献与文献之间相互引证关系的角度，提供了新的检索途径。

科学引文索引（Science Citation Index，简称SCI）是由美国科学情报研究所（Institute for Scientific Information，简称ISI）1961创立并出版的一部世界著名的期刊文献检索工具，它是根据现代情报学家加菲尔德（Engene Garfield）1953年提出的引文思想而创立的，是当今世界上最著名三大检索系统（EI，SCI，ISTP）之一。SCI收录全世界出版的数、理、化、农、林、医、生命科学、天文、地理、环境、材料、工程技术等方面文献。所选用的刊物来源于94个类、40多个国家、多种文字。对其引用文献建立索引，除常规文献检索外，更重要的是可对文献的引文情况进行检索。

ISI公司充分利用了WWW网罗天下的强大威力，将传统的引文索引和先进的Web技术相结合，构筑了新一代的文献资料数据库。在此基础上，ISI公司还逐步着手建立基于WWW的信息整合方案，将ISI高质量的文献资料数据库与原始文献、其他二次文献数据库、日益增多的网页、ISI最新发展的数据库乃至用户自己的信息资源连接起来，形成了ISI新一代的数据库集成系统——Web of Science。严格地讲，Web of Science不是传统意义上的数据库，而是一个强大的、包含信息资料的浏览工具，它不仅提供信息资料，还提供通往许多其他信息数据库的链接。

SCI的版本形式经历了四种变迁：印刷版、磁盘、光盘版和Internet Web版（Web of Science），其功能：揭示文献间的引用和被引用关系；检索某个著者或机构的文献被别人引用情况；检索某个机构或著者发表的文献；通过文献间的引证关系，了解科学的纵横、交叉关系；是评价科学成果、期刊、人才的重要依据。

5.1.2 SCI印刷版简述

SCI最初以书本形式发行，初创时为年刊，1965年改为月刊，1966年改为季刊，1979年起改为双月刊，并另外出版年度累积本和五年度累积本。SCI是一种综合性检索刊物，报道学科范围十分广泛，收录的文献以科技期刊为主，兼收图书、专利文献、科技报告和会议录等。目前收录的科技期刊已达3000余种，均是引用频率高且被认为高质量的权威期刊。

印刷版SCI的编排体系：双月刊分三部分出版，目前A、B、C三个分册为“引文索引”；D分册为“来源索引”；E、F分册为“轮排主题索引”。

一、引文索引（Citation Index）

是以文献资料所附参考文献（引文）的作者为索引标目，按作者姓氏字顺排列，揭示文献被引用的情况。又分为著者引文索引、匿名引文索和专利引文索引三种。

1. 著者引文索引（Author Citation Index）

著者引文索引的编排规律是按照被引用著者（cited Author）的姓名字顺编排，著者姓名按姓在前，名用缩写在后方式，同著者的文献按被引文献的年代由远及近排列，同年按被引文献的刊名字顺排列，再按卷、页等排列。

在每条检索款目下，由被引用项和引用项两部分组成。被引用项在每个被引用著者姓名之下，按时间顺序列出其论著的发表年份、出版物名称缩写及卷号、页码。引用项按字顺列出引用该著者文献的引用人姓名及文献出处。

通过著者引文索引可以了解该著者的论文曾被何人引用，该著者多少篇论文被人引用，该著者的某篇论文被人引用多少次，可以了解到世界上有多少人共同研究相同或相近的科研题目。

2. 匿名引文索引（Citation Index：Anonymous）

当被引用论文著者姓名不详时，则将文章单独构成“匿名引文索引”。团体著者索引的著录格式与作者索引的相似，团体著者索引与匿名著者索引在著者引文索引之后（C分册）。该索引按照被引论文所刊载的出版物缩写名称编排。

3. 专利引文索引(Patent Citation Index)

当被引用文献是专利说明书时,则可以根据专利号查阅“专利引文索引”。该索引按照被引用专利的专利号数字从小到大依次排列(C分册)

通过以上这些索引只能查出引用文献的著者姓名及原文出处,若要查出引用文章的题目,则需转查来源索引。

二、来源索引(Source Index)

来源索引是以来源著者姓名或以来源著者所在的国家、城市、单位名称为标目,用以查找该著者或机构撰写的文献被SCI收录的情况。来源索引按照引用著者(Citing Author)姓名字顺编排,匿名作者和团体作者放在前面。署名来源索引只在第一著者之下提供完整的著录格式,对多著者合著的文献,在非第一著者名下作“见(see)”第一著者,并列出原文出处。

通过来源索引可查出文献的题目和著者的详细地址。该索引除了与引文索引配合使用外,还可单独检索某著者的论文是否被SCI收录,或检索某机构有哪些人的论著被SCI收录。在来源索引中,还附有来源出版物目录和团体索引两部分内容。

来源出版物目录(List of Source Publication):包括“来源出版物缩称与全称对照表”和“新增来源出版物”,列出了SCI当期收录的所有期刊的全称和缩写的对照,并在该表的最后还列出每期新收录的期刊,利用它可将文献出处的出版物缩称还原为全称,以便索取全文。

团体索引(Corporate Index):是以来源著者所在机构编制而成,用以查找某机构的作者群发表文献被SCI收录的情况,位于D分册的前面。该索引1980年起由地域(Geographic Section)和机构(Organization Section)两部分组成。

地域部分根据所有来源文献按著者单位所在地理位置,按地名字顺排序。整个索引先排美国,后排其他国家,再后为城市名、机构、机构所属部门、著者、出版物缩称等。

机构部分按机构名称的字顺排列,在机构下仅列出机构所在的国名、城市名。机构索引的地理部分只提供了著者和原文出处,如想了解该文的标题,仍须根据著者姓名查阅来源索引。通过机构索引的机构部分可查到某个机构所在地,它是地理部分的辅助索引,在地理部分之后。

三、轮排主题索引(Permute Subject Index)

轮排主题索引是从来源索引的文献标题中选出具有独立检索意义的词按字顺进行轮排而编制的一种索引,轮排在首位的关键词称为“主要词”(Primary Term),其余关键词排在主要词下面,称“组配词”(Co—Term)。每两个词为一词对,一为主标题,一为副标题,每个关键词既可作主标题,又可作副标题。每个词对之后列出引用著者姓名,主标题、副标题、作者构成一条索引。

轮排主题索引可检索某个领域或课题被SCI收录的相关文献。据此可转查“来源索引”,以便获得该著者所著文献题名、文献出处等完整信息。由于该索引对题名中的关键词进行轮排,因此可从多个主题角度查找同一篇文献。在“轮排主题索引”中有半禁用词和全禁用词,在拟定关键词时应注意参照“轮排主题索引”前附的“全禁用词表”和“半禁用词表”。

四、SCI印刷版的检索途径

SCI检索途径主要有关键词、著者和著者机构途径,检索流程见图5-1:

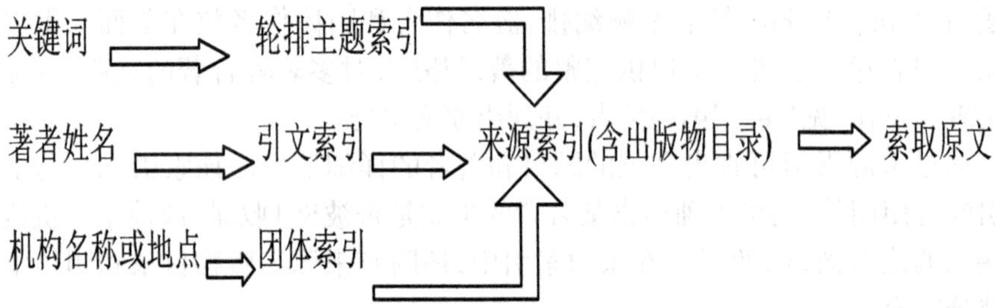

图5-1 SCI检索流程图

5.1.3 Web of Science(SCI网络版)检索

Web of Science是美国Thomson Scientific(汤姆森科技信息集团)基于Web开发的产品,是大型综合性、多学科、核心期刊引文索引数据库,包括三大引文数据库:科学引文索引(Science Citation Index,简称SCI)、社会科学引文索引(Social Sciences Citation Index,简称SSCI)和艺术与人文科学引文索引(Arts & Humanities Citation Index,简称A&HCI))和两个化学信息事实型数据库(Current Chemical Reactions,简称CCR和Index Chemicus,简称IC),以ISI Web of Knowledge作为检索平台。目前Thomson Scientific已自动开通116种免费期刊的全文链接,同时在功能上有了更新更强大的发展。

(1)更新频率加快:每周更新,每次更新即更新整个系统中的所有链接,包括"Times Cited"(被引次数)、"Related Records"(链接以及被引文献)。

(2)跨年度或多年度检索:允许检索整个数据库或指定检索年份。

(3)被引作者检索:在检索被引作者时,可以检索该篇被引文献的所有作者。

(4)Related Records(相关记录):对于"Related Record"的检索结果数目未加任何限制,可以找到在不同年份中共同引用某些参考文献的相关文献。

(5)Times Cited(被引次数):Web of Science提供了新的"Times Cited"的检索点,通过这一检索可迅速掌握某篇论文被引用的情况,以及被哪些论文所引用,这些论文又出于何处。

(6)无限制地浏览Cited Reference、Related Records以及Times cited等检索结果中所涉及的论文资料；基于Internet WWW强大的超文本格式，Web of Science中所有的信息都是相互链接的，这些链接一层层地展开，帮助研究人员迅速找到所需要的信息。

一、检索基础

(1)系统默认为词、词组检索。查找与输入的检索词完全匹配的记录，加上“”引号。

(2)布尔逻辑算符：AND、OR、NOT、SAME。

(3)通配符：*、?、$；* = 一个或多个字符；? = 一个字符；$ = 0或一个字母。

二、检索方法

SCI网络版检索界面见图5-2。

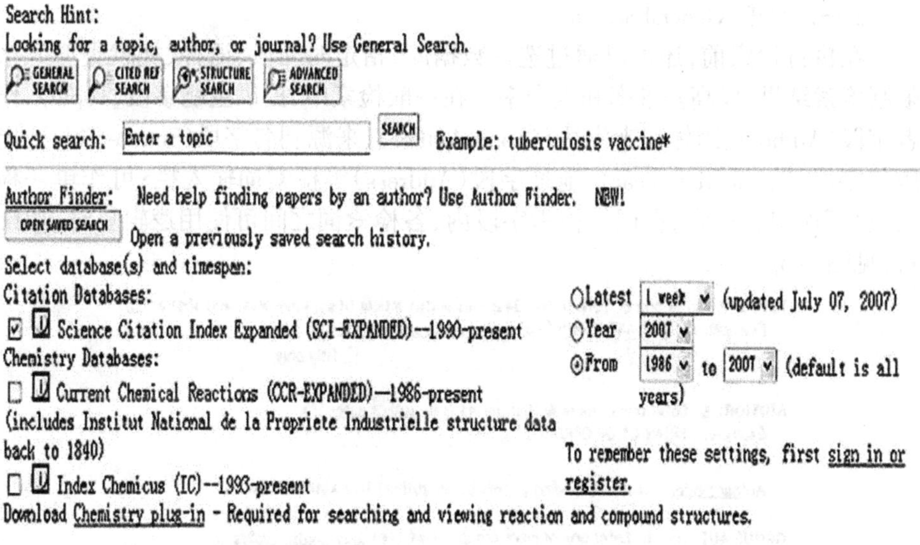

图5-2　SCI网络版检索界面

检索方式：快速检索(Quick Search)、一般检索(General Search)、引文检索(Cited Reference Search)、结构检索(Structure Search)、高级检索(Advanced Search)。

数据库供选择：Science Citation Index Expanded (SCI-EXPANDED)——1990至present(默认设置)，Current Chemical Reactions (CCR-EXPANDED)——1985至present，Index Chemicus (IC)——1993至present。

检索时间段选择：点击第一个单选按钮选择最近1、2或4周的数据；点击年份单选按钮并利用下拉菜单选定某一具体年；利用下拉菜单分别选定起止年，默认设置为可供检索的所有年。注意：所选择的年限不一定为出版年，仅表示文献被处理的年限。一份标注为2004年1月的期刊可能在2003年12月已经被处理。有关Web of Science的最新信息可以在Notices中找到。

1.快速检索(Quick Search)

在Quick Search输入框内输入待检索的论文标题,摘要和关键词,检索词之间可采用逻辑算符“AND、OR、NOT、SAME”和通配符“*、?、$”进行组配检索。在执行检索前,还可以通过选择数据库、指定时间段来限制检索结果,如图5-2。

快速检索栏下,新增加了“Author Finder”链接,该链接也可以在General Search页面作者字段下方找到。“Author Finder”对于区分姓和名的首字母相同的作者非常有效,可以通过作者所从事的学科主题和所在的研究机构缩小检索范围。

2.一般检索(General Search)

在执行检索前,还可以通过选择数据库、指定时间段、语种、文献类型等来限制检索结果,提高查准率和查全率。在一般检索中,提供主题字段(Topic)、作者字段(Author)、团体作者字段(Group Author)、来源刊名字段(Source Title)、出版年字段(Publication Year)、地址字段(Address)等检索词输入栏;可作单一检索,也可作组合检索,在同一检索字段内,各检索词之间可使用逻辑算符、通配符,见图5-3。

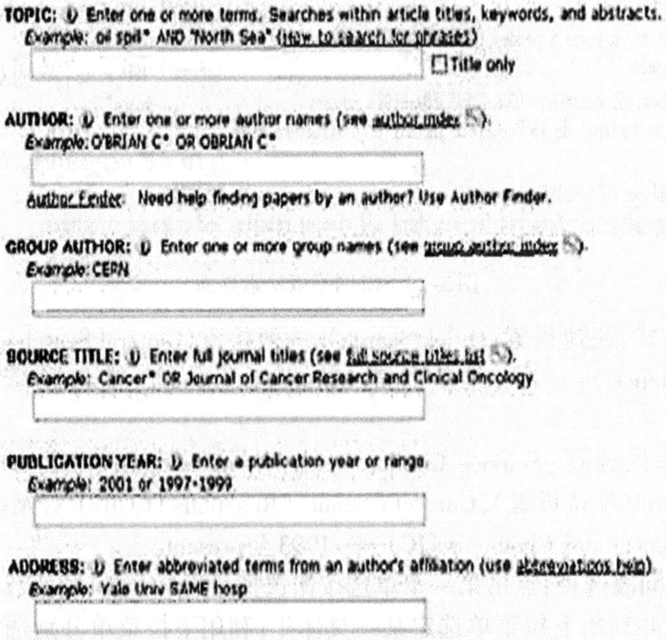

图5-3 SCI一般检索界面

TOPIC：从主题的角度检索文献。表示检索词(可以是单词或短语)出现在论文题目、摘要或关键词中。勾选"Title Only"，其表示检索词只出现在论文题目中。

AUTHOR：通过来源文献的作者姓名，检索论文被收录情况，进而了解该作者在一段时间内的科研动态。在输入姓名时，先输入“姓”，空一格，然后输入“名”的首字母缩写。如zhang x w。如果不知道作者名的全部首字母，可以在首字母后用星号(*)代替，如在作者字段里输入zhang * x。人名前的头衔、学位、排行不算作姓名。

GROUP AUTHOR：输入团体作者的姓名，应考虑其各种写法，包括全称和缩写形式，也可利用"group author index"选择并添加到检索框中。

SOURCE TITLE：应输入刊名的全称。记不全刊名的名称，可以输入刊名的前几个单词和通配符来检索，或者点击该字段右面的full source titles list链接，查阅它的准确名称，选择并添加到检索输入框中。

PUBLICATION YEAR：应输入论文出版的准确年份，或发表论文的时间段。

ADDRESS：可以输入一个机构、一个城市、一个国家或一个邮编等以及它们的组合。该字段所有地址都可以检索。机构名和通用地址通常采用缩写。可以利用abbreviations help链接查找缩写列表。各检索词之间可以使用SAME、AND、OR、NOT算符组配。一条地址相当于一句，若一条地址中包含两个或多个词汇，可以用SAME运算符。如检索安徽师范大学化学与材料科学学院发表论文被Web of Science数据库收录情况，可以输入AHHUI NORMAL UNIV SAME COLL CHEM & MAT SCI。

根据已知条件多少或根据检索者的某种需要，在以上六个字段中输入检索词，按SEARCH按钮，即出现满足检索条件的结果列表。

在General Search页面提供了一些辅助检索字段索引来帮助我们选择检索词。有author index(作者索引)、group author index(团体作者索引)和full source titles list(来源期刊刊名列表)、Address abbreviation(地址缩写)四种索引。

3. 引文检索(CITED REFERENCE SEARCH)

通过被引作者、被引文献所在期刊的刊名、被引文献发表的年份三种途径检索论文被引用情况(不能检索某篇文章的被引情况)。引文检索有三个检索字段，见图5-4。

被引作者字段(CITED AUTHOR)：输入某篇论文的第一作者的姓名。作者的“姓”放在最前，空一格，输入“名”的首字母，由于有时数据库录入错误或作者提供的姓名写法不同，检索不到结果，在输入名时应考虑在采用通配符*，避免造成漏检。

被引文献所在期刊刊名字段(CITED WORK)：可输入被引用的刊名、书名

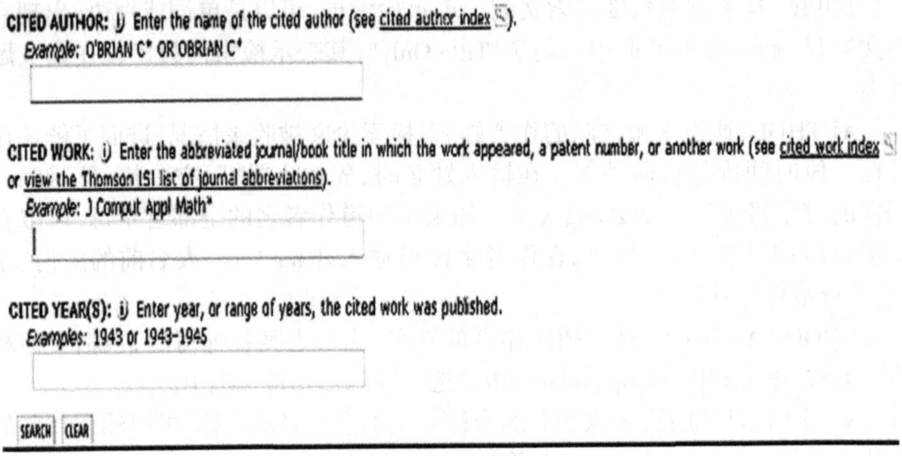

图5–4 SCI引文检索检索界面

和专利号。输入被引论文的刊名时采用缩略式，为了提高查全率，要考虑被引刊名的不同写法，如果不知道准确的缩写，可以利用view the Thomson ISI list of journal abbreviations链接，查看期刊缩略表；输入被引书名时，应考虑词的不同拼法采用通配；如果要查专利，可以直接输入专利号。

被引文献发表年份字段(CITED YEAR)：要检索某人在某个特定年份发表论文的被引情况，可以输入文献发表的年份(4位数字表示)，要检索几年，用"OR"组配，或输入时间段。

每条记录最前面的数字就是该作者发表在某一刊物上一篇论文的被引次数，点击View Record链接，便可以看到该被引用文献的详细题录信息(全记录)。那些不带View Record链接的黑色记录，则表示该期刊未被Web of Science收录，无法查看它的全记录信息。

4. 高级检索 (Advanced Search)

高级检索属于精确检索，可采用输入检索式或对原有结果进行重新组配检索。熟练掌握检索字段代码和检索技术的用户，可直接在检索输入框中构造检索式；不熟悉的用户也可参照页面右边上方显示的可采用的字段标识符和布尔逻辑算符构造检索式。点击Results拦中的命中结果数，即显示检索结果列表，见图5–5。

5. 结构检索(Structure Search)

Current Chemical Reactions和Index Chemicus两个子库是专门为满足化学与药学研究人员的需求所设计的数据库。

Current Chemical Reactions：提供1986年以来的75万多条化学反应的信息，以及来自INPI (法国工业产权局法国工业产权局)所提供的19世纪以来的化学

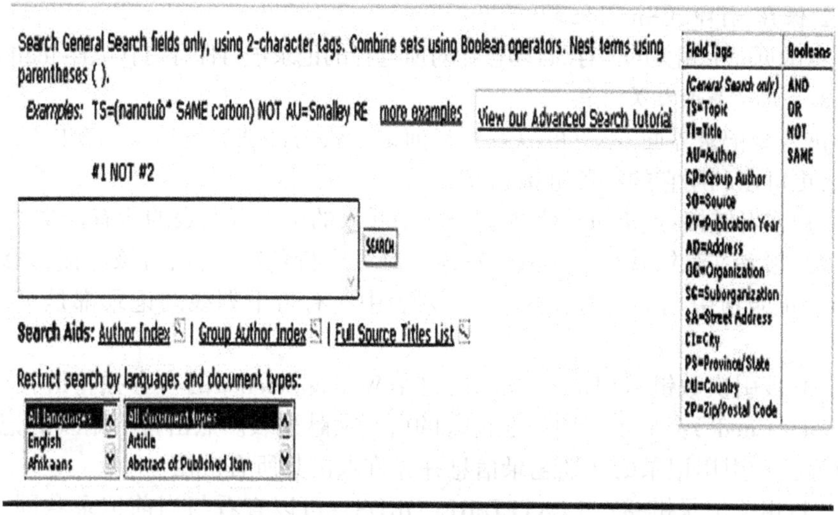

图5-5 SCI高级检索界面

反应信息,包括化学反应式,反应流程,反应条件等。提供每种合成方法的总反应流程,并提供每一步骤详细、精确的图示。

Index Chemicus:提供1993年以来近200万个包含主要国际期刊中报道的新有机化合物的结构和评论数刊中报道的新有机化合物的结构和评论数据。可利用化学结构,立体化学和生物活性展开检索。

结构检索只在Chemistry数据库中使用,用反应物结构式或其亚结构、产物结构式或其亚结构以及反应式进行检索,甚至可以用反应条件和化合物参数进行检索。Chemistry检索特点:可利用化学结构及反应类型进行检索,提供绘图工具软件,具有较强的Web链接特性,可使研究人员设计合成路线,选择最佳反应试剂,研究反应机制。

三、检索结果处理

1.结果显示

每条数据的概要显示包括作者、论文题名、刊名及其出版年和页码、本文被引次数;排序方式有最新日期、被引次数、相关度、第一作者、来源期刊、出版年。

(1)标记记录:在浏览了检索结果的简要题录信息或摘要之后,可对所需记录进行标记。

(2)标记检索结果列表:在检索结果列表右侧的标记菜单中,提供三种标记方式。选择标记方式后,点击ADD TO MARKED LIST按钮递交标记的记录。

(3)标记全记录:浏览了全记录后,想对该记录作标记,只需点击菜单栏上的ADD TO MARKED LIST按钮,就可把当前显示详细题录信息的记录添加到标记表中。

2. 保存、打印、E-mail记录

点击页面上相关的保存、打印按钮对所选择的记录进行保存、打印、E-mail。

3. 全记录界面相关链接

进入全记录界面,不仅可以看到当前记录较为详细的包括文摘在内的题录信息,更可以利用它的特色链接功能。

(1)作者链接:点击可检索到数据库中收录的该作者发表的所有论文。

(2)参考文献链接(Cited Reference):是一个特色链接,点击该链接,系统显示当前记录所引用的参考文献列表,列表中所有带下划线的记录都是可以被激活。

(3)被引次数链接(Times Cited):也是Web of Science的一个独特链接。点击"Times Cited",会显示引用当前记录的所有文献列表。点击带下划线的记录,可查看这条引用记录的详细题录信息并允许点击其所有链接。

(4)相关记录链接(RELATED RECORDS):可以查看与当前记录共同引用一篇或几篇参考文献的一组论文,即相关记录,并按相关度排序。和当前记录引用的相同文献越多,该文献在列表中的位置就排在越前面。显示的记录可以不断地被激活,揭示研究课题之间的相关性。

(5)全文链接(VIEW FULL TEXT):可以直接看到当前记录的一次文献,不过前提是所在的图书馆是否同时订购了该论文所在的电子版期刊。

(6)SFX链接:通过SFX服务菜单,提供和该条记录相关的一系列服务,如获取全文的最佳链接等。

(7)图书馆馆藏OPAC系统的链接(Holdings):可迅速进入本校图书馆的馆藏OPAC系统,了解当前记录的期刊馆藏情况。

(8)创建引文跟踪服务链接(CREATE CITATION ALERT):创建引文跟踪服务,跟踪当前记录未来的被引用情况。

5.2 工程索引

5.2.1 概　述

美国工程索引(the engineering index,简称EI)是一种大型的、综合性文献检索工具,由美国工程索引公司(The Engineering Index Inc.USA)编辑出版,创刊于1884年。EI概括报道工程技术各个领域的文献,还穿插一些市场销售、企业管理、行为科学、财会贸易等学科内容的各种类型的文献,但不收录专利文献。

EI系统的出版物主要有以下形式:(1)《工程索引月刊》(The Engineering

Index Monthly),1962年创刊,报道工程和技术各个领域的期刊和会议文献;(2)《工程索引年刊》(The Engineering Index Annual),创刊于1906年,它除了月刊的全部内容外,还有《工程出版物索引》等内容;(3)《工程索引累积索引》(The Engineering Index Cumulative Indexes),自1973年起编纂;(4)《工程索引卡片》(Card-A-Lert CAL),1962年开始编制,快速报道所摘用的最新文献;(5)《工程索引》缩微胶卷(Micoftilms),1970年开始摄制,以缩小收藏体积,便于保管;(6)《工程索引》磁带(Compendex),1969年开始发行,供电子计算机检索使用;(7) 80年代,光盘版数据库(CD-ROM, Compendex);(8) 90年代,提供网络版数据库(简称CPX Web),推出了工程信息村(Engineering Information Village);CPX Web包括了 Compendex + EI Page One, 2000 年 8 月, EI 推出 Engineering Information Village-2新版本。

EI Compendex Web是EI Village的核心数据库,它除了包括EI Compendex 1970到现在的数据外,还包括EI PageOne 1990到现在的数据。EI Compendex数据库每年收录2600余种工程期刊、会议录及科技报告,年增约22万条文献的文摘索引信息。EI PageOne 数据库在EI Compendex的基础上扩大了收录范围,每年收录5400余种工程期刊、会议录及科技报告,年增约42万条文献的题录信息。该数据库收录的文献中化工和工艺类的期刊文献最多,约占15%,计算机和数据处理类占12%,应用物理类占11%,电子和通讯类占12%,另外还有土木工程类(占6%)和机械工程类(占6%)等。其中90%的文献是英文文献;会议论文约占30%。

5.2.2　EI印刷版简述

工程索引印刷版有工程索引月刊和工程索引年刊两种版本。两者编排结构相差不大,主要为文摘和索引两部分构成。其中文摘是按照主题词的字顺编排的,这些主题词选自美国工程信息公司编的工程主题词表(SHE)。文摘著录项目主要为:主题词、文摘号、文献篇名、文摘内容、参考文献数、著者姓名及所在单位和地址、刊名、卷、期等信息。这里主要介绍年刊索引部分。

工程索引年刊由主题索引和一些辅助索引组成。过去主题索引就是按主题词字顺编排的文摘主体部分,即EI的正文,从1987年起编有独立的主题索引。EI年刊最后一卷主要编有以下几种辅助索引:(1)著者索引;(2)著者单位索引;(3)文摘号码转换索引;(4)工程出版物索引等。

一、索引介绍

(1)主题索引(Subject Index):按主题词字顺编排,在每一主、副题词后给出有关文献的题目和在年刊本(A)或月刊本(M)中的文摘号。

(2)著者索引(Author Index):按著者姓名字顺排列,其后仅附列文摘号,供从著者途径查找文献。

(3)著者单位索引(Author Affilation Index):按著者所在单位的缩写名称字顺编排,后注明单位所在地和文献号。可供了解某些相关单位历年来所发表的科研和生产成果,在熟悉著者单位的情况下可直接查找文摘内容。

(4)文摘号码转换索引(Number Translation Index):把月刊的文摘号转换成年刊的文摘号。

(5)工程出版物索引(Publications Indexed for Engineering ,简称PIE):是EI所摘录的出版物的总汇编。主要有编码出版物(CODEN- Designated Publications)和非编码出版物(Non-CODEN-Designated Publications)两种。前者又分成从出版物缩写名称和从出版物名称代码途径查找两部分,主要收录那些被EI摘用的期刊、定期会议出版物、年鉴手册、各部门机构的报告等出版物,供从出版物缩写名称查找其全称使用;同时在出版物全称的右侧编列有一组出版物名称代码,由六位字母和数字组成,供电子计算机排检使用。“非编码出版物索引”,列出当年EI所引用的不包括会议录的没有编码的出版物,如专题论文、报告、图书及其他出版物,即收录些零星的、不定期的、无固定文献来源的出版物。在最后的括号内分别注明月刊和年刊的文摘号。

除以上主要索引以外,还有以下一些小索引:“新增和改名的编码出版物索引”(New and Changed CODEN-Designation Publications)、“编码出版物相互参照物表”(Cross-References to CODEN-Designation Publications)、“EI数据库中摘录的会议出版物索引”(Conference Publications Abstracted and Indexed in the EI)、“机构名称、缩略语、字头语索引”(Organization Names: Acronyms, Initials and Abbreviations)、“缩写词、单位和略语索引”(Abbreviations,Units and Acronyms)等。

二、EI检索途径

EI主要有主题、著者和著者单位三种检索途径,检索流程见图5-6。

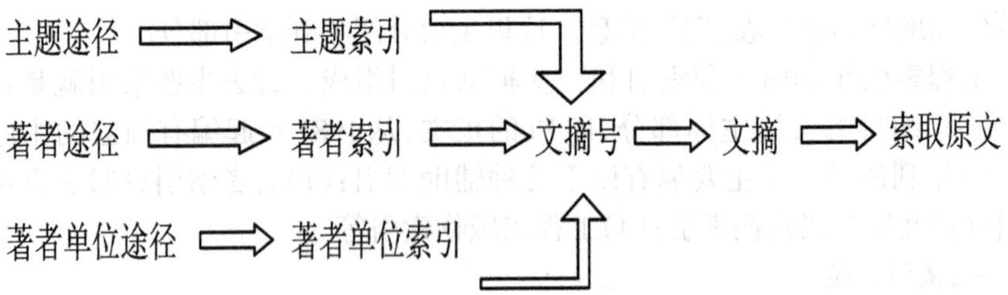

图5-6 EI检索流程图

5.2.3　EI Village(EI网络版)检索

EI Village是美国工程信息公司(Engineering Information Inc.)推出的大型Internet网上服务,它将世界范围内的工程信息资源组织、筛选、集成在一起,向用户提供一步到位的便捷服务。所集成的信息资源包括我们已熟知的著名的《工程索引》和类似的其他40个数据库、16000多个对工程技术人员极有价值的网上地址和资源、多种期刊与会议论文的文摘、最新科技进展通报和许多虚拟社区以及其他服务。

一、检索基础

EI Village 2可使用逻辑算符、位置算符、截词符等。

(1)逻辑算符:AND、OR、NOT,表示词与词之间的"与、或、非"关系;

(2)位置算符:NEAR/n:两词之间可以插入0–X个词,前后位置任意;ONEAR/n:两词之间可以插入0–X个词,次序不可调换;

(3)通配符:*号代表零个或若干个字符;?号代表一个字符,可在一个单词中或在其末尾使用;$号是词干检索,可以检索到一个词经过词形变化后的各种形式。

(4)其他符号:" "(或{})号是词组检索;"wn"限定某一特定字段。

二、检索方法

EI Village 2提供3种检索方式,简单检索(Easy Search)、快速检索(Quick Search)和专家检索(Expert Search),还提供浏览索引(Browse Indexes)等其他辅助检索功能。

1. 简单检索(Easy Search)

可在单个检索框中输入检索表达式(包含检索词及AND/OR/NOT等逻辑算符组合的检索式),检索范围为数据库中所有内容,见图5–7。

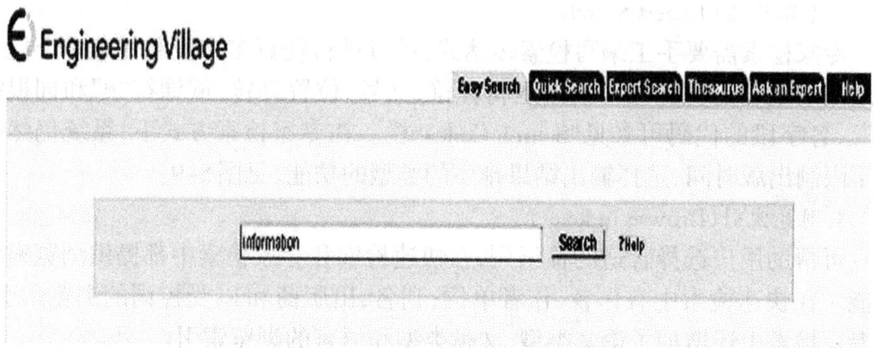

图5–7　EI网络版简单检索界面

2. 快速检索(Quick Search)

快速检索方式下可以选择检索字段,进行三个字段之间的逻辑运算,每个字段对应的文本框内可以输入多个检索词,检索词之间默认逻辑运算符为AND,可以输入OR、NOT来改变默认逻辑运算。具有文献类型、文献内容、文献语言、文献出版时间限制和检索结果排序的功能,见图5-8。

快速检索只能进行三个字段之间的逻辑运算,超过三个字段则需要使用专家检索方式。

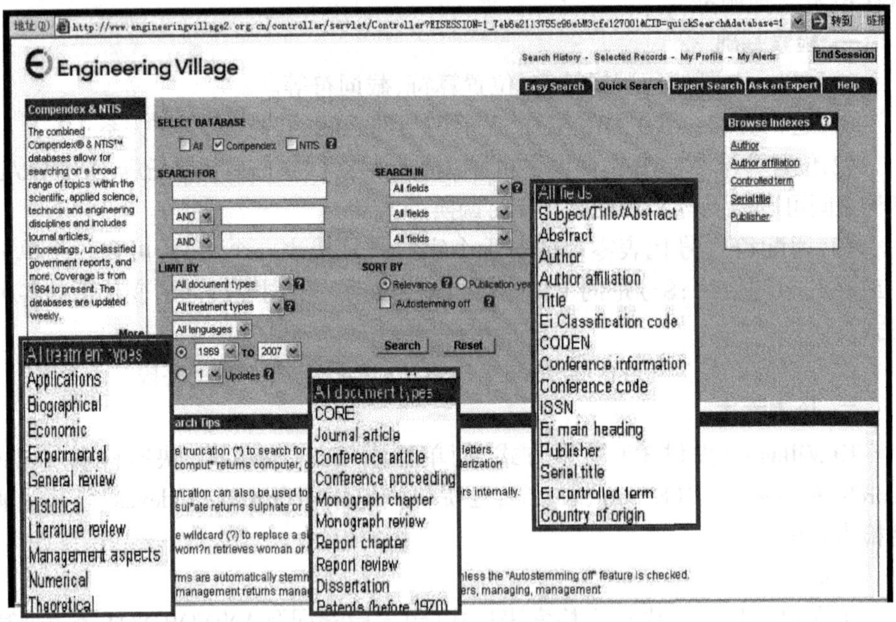

图5-8 EI网络版快速检索界面

3. 专家检索(Expert Search)

专家检索需要手工编写检索表达式,可以进行任意多字段和任意多个检索词之间的逻辑运算。可以使用逻辑算符、括号、位置算符、截词符“*”和词根符“$”。各字段的代码可参见"Search Codes"栏。在专家检索方式下,系统仍然提供了限制出版时间、选择输出结果排序的类型的功能,见图5-9。

4. 浏览索引(Browse Indexes)

可帮助用户选择合适的检索词,在快速检索和专家检索中都提供浏览索引功能。在快速检索中有作者、作者单位、刊名、出版商和EI受控词的浏览索引,在专家检索中还增加了论文类型、文献类型和语言的浏览索引。

主题词检索时,相当于一个规范的主题词表,如选中多个检索词,系统会将各检索词按逻辑“或”的关系处理。

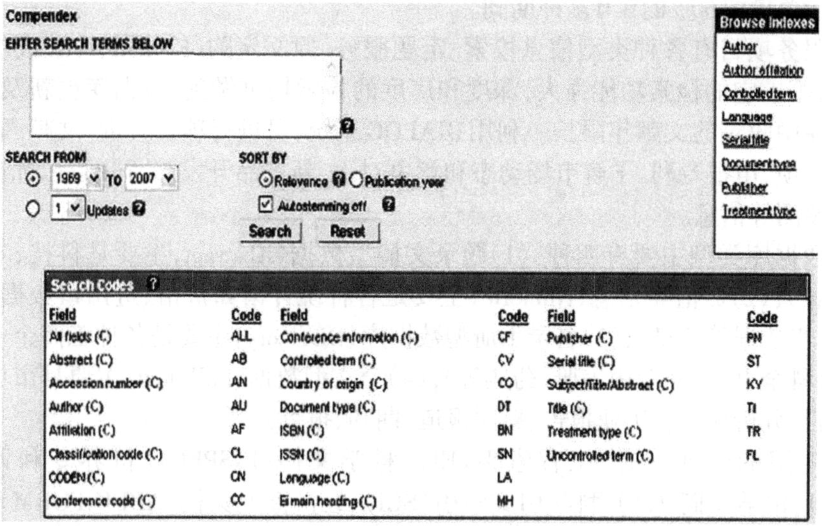

图5-9　EI网络版专家检索界面

作者检索时，作者姓名输入方法是姓在前、名在后，姓与名之间用逗号分开，可以检索文章发表时的所有作者。

刊名检索相当于刊名一览表，刊名按字母顺序排列。

5. 精简检索（Refine Search）

在检索结果页的左上角有一精简检索（Refine Search）按钮，点击此按钮用户可返回到上一次的检索页面，添加检索词或限制条件。

三、检索结果处理

数据库检索结果可以直接浏览，逐篇文献阅读，也可以利用选择框进行选择，并下载、打印或者通过E-Mail邮寄选择的文献。

5.3　DIALOG系统

5.3.1　概　述

DIALOG系统是目前世界上主要的联机信息检索系统，也是目前运作最成功的联机商业数据库系统之一。它拥有80多个国家约10万多个终端用户，拥有近600个联机数据库。数据库学科范围覆盖面广，几乎涉及全部学科范围包括综合性科学、自然科学、应用科学和工艺学、社会科学和人文科学、时事报道和商业经济等。其数据来源于各种不同的图书、报纸、杂志期刊、技术报告、会议论文、专著、专利、标准、报表、目录、手册等。其内容涉及40多个语种和占世界发行总量的60%的6万多种期刊。

服务项目有各种类型信息检索、定题服务、原文定购(E-mail、FAX或邮寄传递)等。它的检索功能强大,深度和广度的检索均可做到,数据库更新及时,数据库中收录的文献年限长。利用DIALOG系统,可进行项目查询、文献调研、课题立项、申报专利、了解市场动态和竞争对手、新产品开发、公司的背景情况、经济预测等信息。

数据库类型主要有四种:(1)题录文摘型数据(Abstract,主要是科技、专利类信息);(2)数值类信息(Numeric,主要是各种统计诸如价格、进出口数据、生产、销售数据等信息);(3)名录手册型数据库(Directory,主要是各种工商企业名录、百科全书、各种专用手册、药典等);(4)全文型数据(Full-text,主要是市场行业报告、分析报告和工业报告、新闻报道、期刊、报纸)。

常用的数据库有:工程索引(EI)、科学文摘(INSPEC)、世界专利索引(WPI)、化学文摘(CA)、科学引文索引(SCI)、经济商业文摘(ABI/INFORM)、学位论文文摘(Dissertation Abstracts Online)、美国政府报告(NTIS)、美国专利(U.S. Patents)、欧洲专利(European Patents)、日本专利(JAPIO)、金属文摘(METADEX)、污染文摘(Pollution Abstracts)、教育文摘(ERIC)、医学索引(MEDLINE)、物理文摘(SPIN)、数学文摘(MathSci)、地质数据库(GeoRef)、生物文摘(BA)、分析文摘(Analytical Abstracts)、陶瓷文摘(Ceramic Abstracts)、宇航数据库(Aerospace Database)、建筑学数据库(Architecture Database)、环境文摘(Environmental Bibliography)、水资源文摘(Water Resources Abstracts)、会议论文索引(Conference Papers Index)、计算机数据库(Computer Database)、流体工程文摘(Fluid Engineering Abstracts)、能源科学与技术(Energy Science and Technology)、工程材料文摘(Engineered Materials Abstracts)、机械工程文摘(ISMEC: Mechanical Engineering Abstracts)等等。另外还有几百个有关公司信息(名录及背景)、商业信息、工业分析、新闻报道、产品情况及商标、百科全书、统计数据的数据库。其中有许多极具代表性的数据库如化学文摘、英国科学文摘、医学文献数据库、数学文献数据库、生物学文摘、美国政府报告等;还有著名的几大检索数据库,如SCI、EI、ISTP、SSCI、AHCI等也都可从DIALOG系统中检索;再有世界著名的DERWENT专利数据库以及美国专利、欧洲专利、日本专利等数据库也都可在DIALOG中查询。DIALOG更有一些全文数据库,如IAC的计算机全文库、《纽约时报》和《华盛顿邮报》等的全文库等。具体的学科范围及数据库请参照DIALOG学科分类与所有数据库(按字顺排列)。

要更详细地了解DIALOG有哪些数据库及各数据库使用的信息,可利用蓝页(bluesheets)。蓝页是指DIALOG服务中每个数据库的指南,它对每个数据库提供详细的检索技术与特性的信息,包括文档描述、学科范围、时间范围、更新频率、进入DIALOG的日期、信息的来源、记录的样款，最重要的部分是该数据库的检索选择模式，可用来限制检索的基本索引与辅助索引、显示方式、打印格式、收费情况等。数据库蓝页网址为http://ligrary.dialog.com/bluesheets/。用户可以按数据库名称(name)、文档号(number)、主题(subject)浏览蓝页。

5.3.2 DIALOG的检索简述

DIALOG提供4种检索模式：菜单式检索(menu search)、命令检索command search)、目标检索(target search)和WWW上运行的Web检索。

一、检索基础

(1)逻辑运算符：AND、OR、NOT可以对记录集或者检索关键词进行与、或、非的逻辑运算，从而扩大、减小或排除检索范围。

(2)位置算符(连词符)：(W)表示所连接的两个词，前后位置不变；(N)表示所连接前后两个词位置可互换；(S)表示所连接的两个词必须出现在用同一段落。相应衍生用法：(#W)，(如2W)代表两个词语之间可插入不大于2个单词数且前后位置不能互换；(#N)(如2N)代表两个词语之间可插入不大于2个单词数且前后位置可以互换。

(3)截词符：用于解决一些词干相同、词义相近、但词尾或词头不一致的派生词(如由同一词根派生出的名词、动名词、动词、形容词、副词等)，或名词的单、复数形式，或同一词的英美不同拼写形式等词的一次输入。

a? 代表任意个字符；a??? 代表1-3个字符；a? ? 加空格代表仅允许一个字符；a?b 代表中间一个任意字符。

(4)记录显示格式：t 文献组号/格式/条数范围，如：t s1/5/1-3。每一个库的显示格式描述都不相同,要了解详细信息可以查找蓝页。常用格式：3格式：题录；4格式：文摘和题目；5格式：全记录；6格式：存取号，题目(399...不提供存取号)；7格式：题录和文摘；8格式：显示与检索词相关的记录内容；9格式：全文；K格式：显示命中检索词前后30个词；还可以“自定义格式”等。

二、Web检索方法

直接上网检索，其Web网址为http://www.dialogweb.com。这种方式检索费用最低，仅在运行和调用数据的一刹那计算Internet费用，缺点是如果用户需要将所有检索过程存盘，就要一屏一屏地存盘，否则随着检索指令的变化，不及时存盘，数据容易丢失。

特别为专业人员推出的Web界面，其网址为http://www.dialogclassic.com。这是最新推出的界面，速度快，检索过程中的每一屏幕均被保留，不会丢失数据，便于存盘。界面是专业人员熟悉的界面，能很快地从旧检索方式转入并适应新的Web界面。

非专业检索人员Web界面，其网址为 http://www.dialogselect.com。DIALOG Select上的“傻瓜”界面，主要针对最终用户，而非专业人员，初学者、最终信息用户和不愿学习DIALOG检索指令的人可使用其“傻瓜”界面。见图5-10和图5-11。

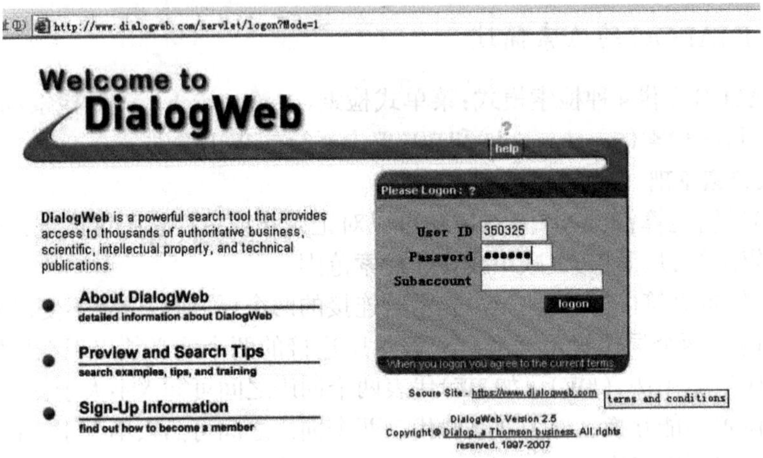

图5-10 DIALOG系统Web主页

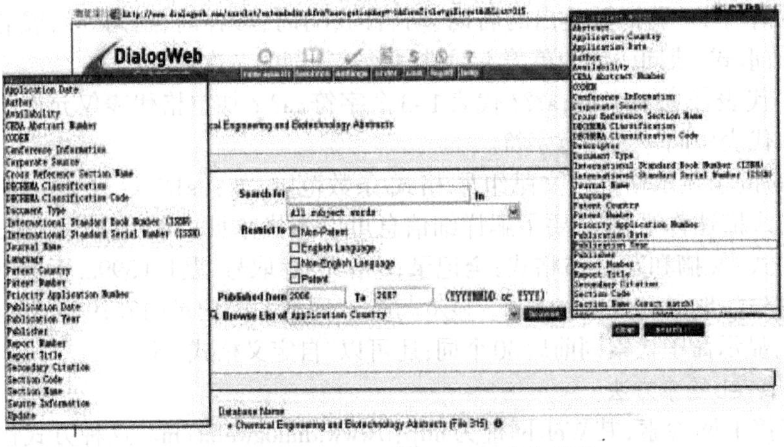

图5-11 DIALOG系统Web检索主界面

三、命令检索方法

DIALOG系统的检索过程是通过输入该系统设置的指令，由指令进入文档记录中查找相关的检索词来完成。虽然在网络环境下用户可以利用DIALOG Select进行检索，但是通过层层超链接检索的速度相对于指令检索慢，所以掌握基本的检索指令是必要的。

1.基本指令

DIALOG系统指令的一般输入格式为:提示符(?)指令 空格 数据或检索词(? COMMAND)。

Begin(或b):开库指令,输入该指令后,系统便进入计时状态,调用所查的文档并对文档作出说明。如? 478,表示调出478号文档,并显示该文档的有关说明。

Select(或s):查找指令,在该指令后面输入检索词或代码,系统就会从数据库中查出含有这些检索词或代码的文献记录,将检索结果反馈给用户,并赋予一个集合号。此指令可用于基本索引或辅助索引的检索。如? s robot control,表示查找含有robot control的文献记录。

Select Step(ss):分步骤查找指令,其功能与Select(或s)相同,特点是系统对被组配的每个检索项都赋予一个集合号,以供用户在检索过程中不断修改检索策略、重新进行组配时用。

Type(t):数据连续显示或打印指令,输入该指令后,系统连续显示查找或打印出命中的文献记录,如? Type s1/TI,AU/1-5,表示将显示或打印1-5号文献的题目和作者。

Display(d):数据分屏显示指令,如? Display s1/3/1-5,表示将显示1-5号文献中的第3号文献记录。

Display Steps(ds):显示检索步骤指令。

Pause:暂停指令,该指令为系统暂停且保持最低的收费状态。

Logoff hold:关机指令,该指令为系统保留用户检索结果,时间为30分钟,系统不收费。

Logoff或Off、Quit、Bye:关机指令。还直接显示本次操作费用情况。

2.一般检索步骤(如图5-12所示)

选择进入命令检索(Go to Command Search),见图5-12(a);

B411:打开DIALOGINDEX,见图5-12(b);

SF:进入数据库,如allscience,allpat等,见图5-12(c)。

S:输入检索策略,逻辑检索式。如s librar?(s) informat?,获得预检结果,见图5-12(d,e);

Save temp:保存检索策略;

B hits:正式开库;

Exs:执行策略;

DS From Each:显示检索过程;见图5-12(f);

Tsn/format/n from #:按指定的格式显示指定的检索结果。

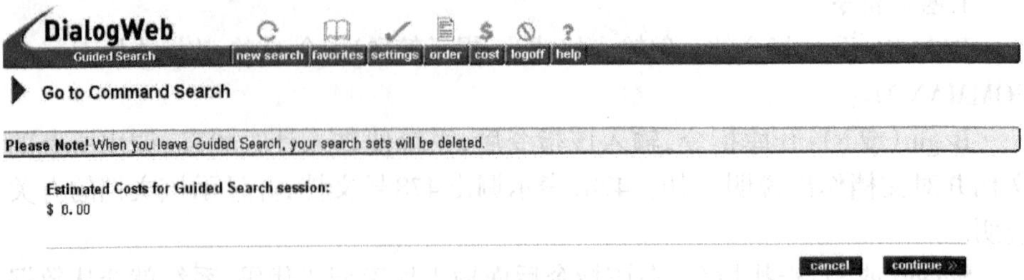

(a) 选择进入命令检索

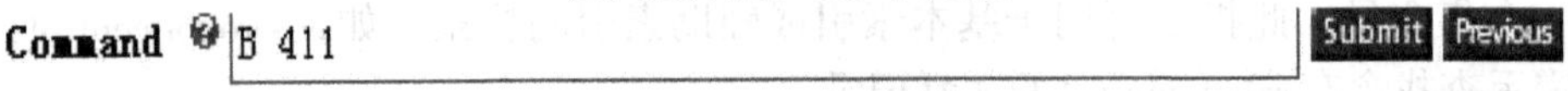

(b) 打开DIALOGINDEX

(c) 进入数据库

(d) 输入检索策略

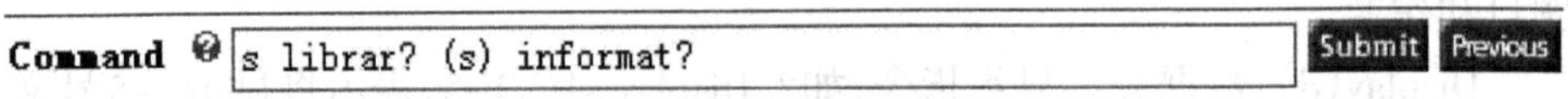

(e) 输入检索策略

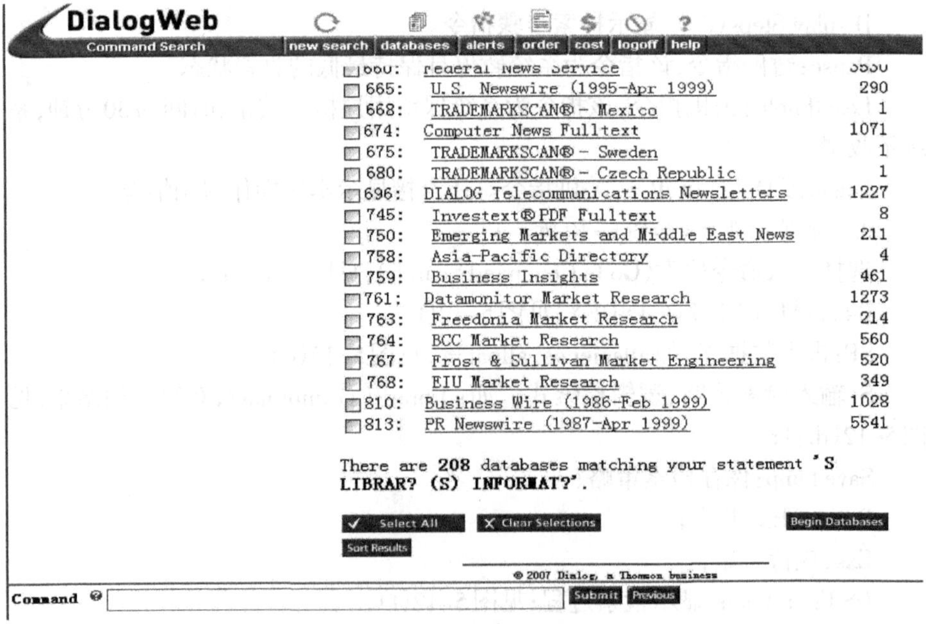

(f) 显示检索过程

图5-12 DIALOG系统检索操作示意图

5.4　EBSCO书目及全文数据库

5.4.1　概　述

EBSCOhost是美国EBSCO公司为数据库检索设计的系统，目前有近60个数据库，含全文数据库10余个。其中学术期刊全文数据库（Academic Search Premier，ASP）和商业资源集成数据库（Business Source Premier，BSP）是其重要组成部分。

《学术期刊全文数据库》是世界上最大的学术性、跨学科期刊全文数据库之一。数据内容包括8200种学术期刊的二次文献（文摘/目录），4300种全文学术期刊，其中Peer-reviewed（同行评议）期刊3200种，进入ISI引文数据库超过1600种。ASP涵盖了许多学术领域，包括生物科学、农业科学、医学、计算机和信息技术、社会科学、经济、法律、医疗卫生等学科。

《商业资源集成数据库》是世界上最大的商务期刊全文数据库之一。数据内容包括9028种商业类期刊的二次文献（文摘/目录），8167种全文文献，其中有全文期刊2356种（Peer-reviewed专业学术性期刊1094种，商业和贸易期刊1262）、全文商业专题论文集143种、全文国家经济报告1255种、全文企业报告3137种、全文市场研究报告528种。其中被SCI & SSCI收录的核心期刊为398种（全文有145种），较著名的有《华尔街日报》（The walls Street Journal）、《哈佛商业评论》（Harvard Business Review）、《每周商务》（Business week）、《财富》（Fortune）、《经济学家智囊团国家报告》（EIU Country Reports），涉及的主题范围有国际商务、经济学、经济管理、金融、会计、劳动人事、银行等。数据库每日更新。

5.4.2　EBCCO检索

一、检索基础

（1）截词符："*"号代表后截断，"?"代表中截断，替代任何一个字符。

（2）逻辑算符：and、or、not，优先级（）>not>and>or。

（3）位置算符："N"表示两词相邻，检索词顺序可以颠倒，"W"表示两词相邻，但顺序不能改变；N和W都可以用数字表示两词中间相隔的词的数量。

（4）词组检索：两关键词之间无逻辑算符，则按照固定词组处理。

二、检索方法

输入网址 http://search.epnet.com，进入检索主界面。

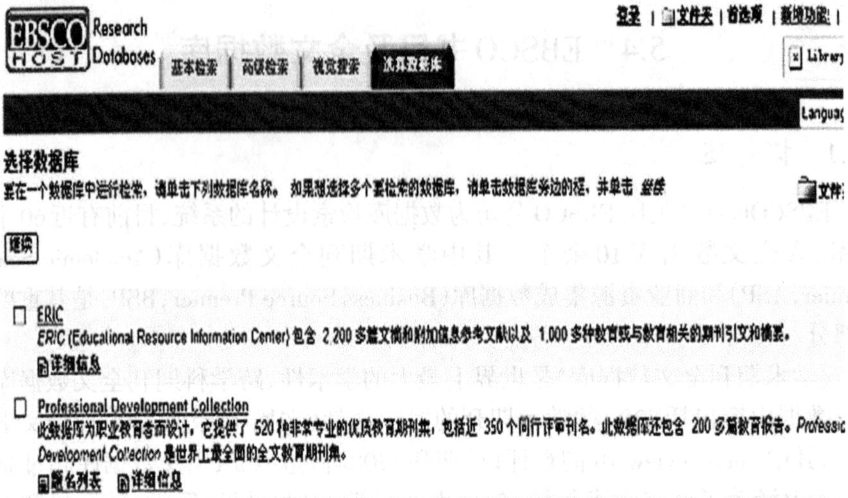

图5–13　EBSCO书目及全文数据库检索主界面

1. 选择数据库直接浏览

在欲检索的数据库前面的方框内单击，当方框内显示"√"时即为选中，再单击则"√"消失，表示不选。

对单个数据库进行检索时，除用上述选择方法，还可用鼠标直接点击这个数据库的名称。对多个数据库检索，则在所有欲检索的数据库前的方框内打钩。同时对多个数据库进行检索可能会影响某些检索功能或数据库的使用。如所选多个数据库使用了不同的主题词表，则无法使用主题检索功能。

数据库选择完毕后，点击"继续"按钮，见图5–13。

2. 基本检索(Basic Search)

进入基本检索界面，在查找框中输入检索词或检索策略，然后单击"检索"按钮。检中记录包括检索式中的字或词，及相关文献的详细信息，见图5–14。在检索中，还可以选定一些限定条件和扩展条件。

(1)常用限定条件

使用限定条件可以得到较少的检索结果。限定条件会因选用的检索方式(基本检索、高级检索)和检索的数据库的不同而不同。常用的有：

全文(Full Text)：只检索有全文的文章，没有全文的文章则不会在检索结果中出现。

学术(同行评审)期刊(Scholarly (Peer Reviewed) Journal)：有专家评审的期刊中的文章。

出版物(Publication)：在限定的出版物中检索；

出版日期(Published Date)：限定文章的出版时间范围。起、止时间可以填

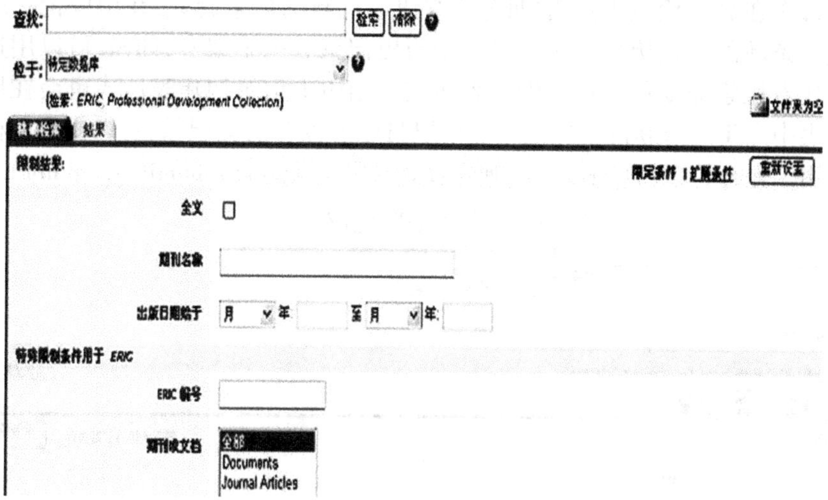

图5-14　EBSCO基本检索界面

一个也可以两个都填,以表示在两个时间之间;

页数(Number Of Pages):限定全文的页数范围,如“1-5 ”表示全文的页数为1页到5页之间;

封面报导(Cover Story):在封面报导的文章中进行检索,封面报导是在期刊封面上注重介绍的文章,是当时发生的比较重要的事件或比较重要的文章;

有参考(References Available):只检索有参考文献的文章;

出版物类型(Publication Type):期刊、报纸、书等;

附带图像的文章(Articles With Images):检索有图片的文章,可选择PDF格式、HTML格式内嵌的图片或两者都选。

(2)常用扩展条件

扩展选项使检索结果变多,常用的有:

查询应用其他术语(Also search for related words):检索相关词或同义词,如:bike 和bicycle;

在文章全文范围内检索(Also search within the full text of the articles):在未选定此选项的情况下,系统会在文章名、作者、期刊名、摘要等默认检索字段中做检索,选定这个选项后,系统会在默认检索字段和全文(如果有全文)中都检索。

2. 高级检索(Advanced Search)

进入高级检索界面,提供三个关键词输入框输入关键词或检索策略,可为每组关键词限定检索字段,可指定关键词之间的逻辑关系,见图5-15。

可检字段有作者、文章题目、主题词、关键词、摘要、索取号、ISSN号、期刊名、作者提供文摘、工业代号、分类号等。

每次在高级检索中点击“搜索”按钮进行新的检索，都会在历史记录表中产生一条新的检索历史记录。每一条历史记录有一个编号，如SI，可以用这个编号代替检索命令用于构建检索表达式。用历史记录构建表达式也会在历史记录表中产生一条新的历史记录。可以打印和保存历史记录表，以便再次检索时使用。保存检索历史前，用户须申请个人账号，例如S1 and ti(digital librar*)。

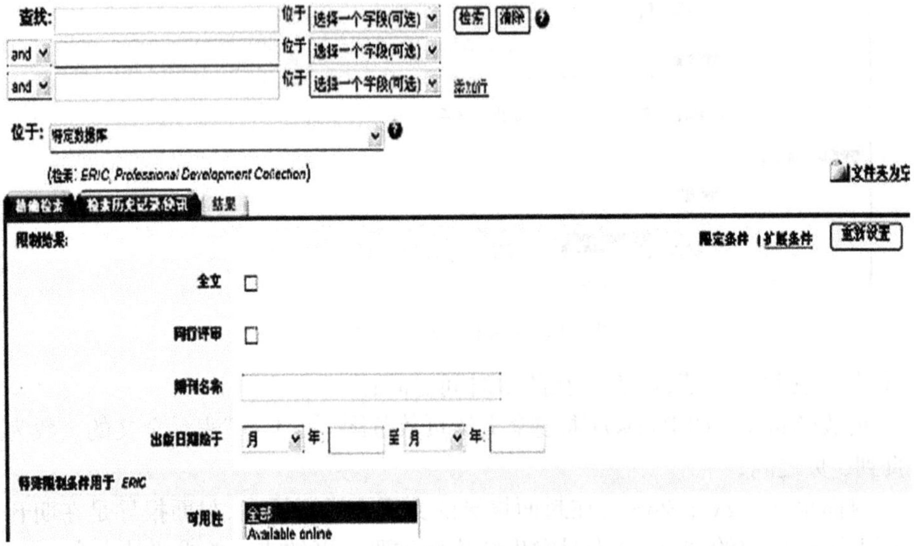

图5-15　EBSCO高级检索界面

3. 图片检索(Images)

进入图片检索界面。输入检索词，检索词之间可用逻辑算符组配。例如baseball AND Boston，可利用页面下面的选项确定要检索的图片。提供的选项有：人物图片(Photos Of People)、自然科学图片(Natural Science Photos)、某一地点的图片(Photos Of Places)、历史图片(Historical Photos)、地图(Maps)或国旗(Flags)，如果不作选择，则在全部图片库中检索。

三、检索结果处理

检索结果显示方式见图5-16。

结果清单：符合检索条件记录数量，当前位置，翻页按钮、排序方式选择、文章题名、编著者、来源刊、出版时间、页码页数、图片图表情况等。

全文格式：有HTML、XML、PDF等格式 。文献中有"Click to view this article at Science Direct Onsite"图标时，说明这篇文章在其他EBSCO数据库(指当前检索者拥有使用权的数据库)中有全文。

文件夹：数据库检索系统中有一个临时的个人文件夹。在一次检索的过程当中，检索者可随时将需要进一步处理的文章存入文件夹中，以便检索完成后

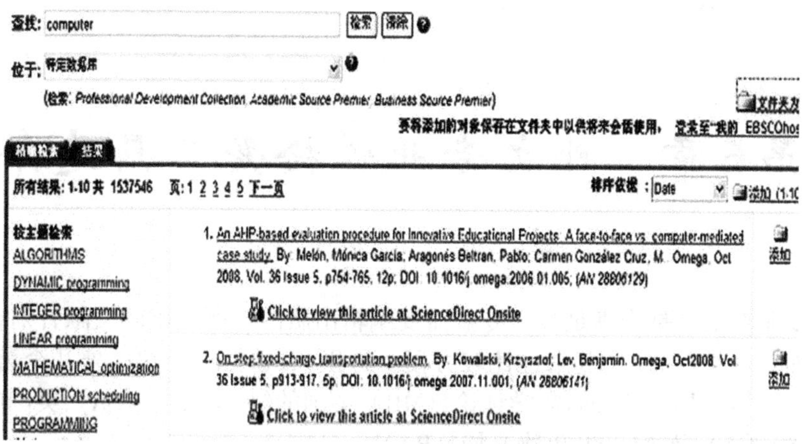

图5-16　EBSCO检索结果界面

集中处理。在检索结果页面，使用"添加"可将选中记录加到文件夹。加入完成后，文件夹显示"文件夹中有对象"（之前"文件夹为空"），点击可显示所有加入到文件夹的文献记录，见图5-17。

对文件夹中的检索结果和单篇文献，在页面上找到并点击 打印/电子邮件/保存/导出，可以直接打印、电子邮件传递或存盘保存。

E-Mail：可以选择用E-Mail发送题录信息、全文，也可以选择用E-Mail发送可进行书目信息管理的文献题录形式；

SAVE：可以保存全文、保存连接和保存书目信息。

PRINT：打印PDF的全文请用PDF浏览器提供的打印功能打印；文本格式的题录或全文可使用数据库提供的打印管理器（Print manager）打印，打印管理器会对全文进行格式化，并将结果显示在各单独的窗口中，然后就可以用浏览器提供的打印功能打印文章了。

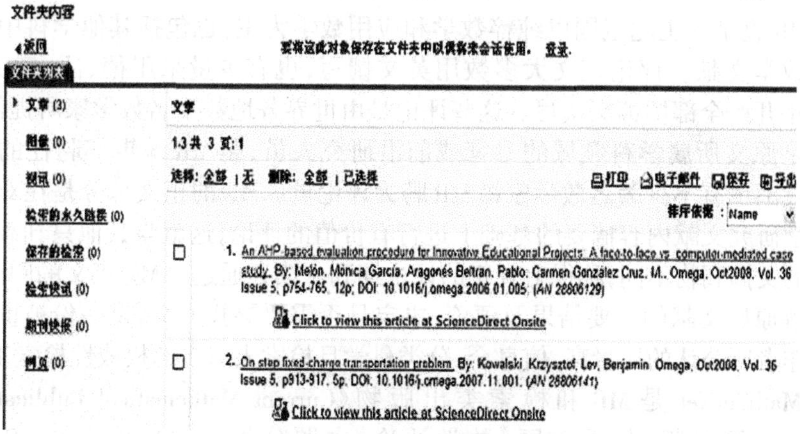

图5-17　EBSCO文件甲内容

第6章　外文专业性检索工具选介

专业性工具是为满足某一专业需要编辑出版的。所收集的文献针对性强，涉及面较为单一，使用起来也比较方便。这里，有选择地介绍国外几个著名的专业性检索工具：美国的《数学评论》(MR)、英国的《科学文摘》(SA)、美国的《化学文摘》(CA)、及美国的《生物文摘》(BA)。

6.1　数学评论

6.1.1　概　况

美国《数学评论》(Mathematical Reviews，简称MR)1940年创刊，月刊。开始时由美国数学会和美国数学协会主办，美国数学会(American Mathematical Society，简称AMS)编辑出版。后来，主办或资助单位有所增加，最多时发展到由美、苏、英、法、德、日、意、印、中、波、荷等17个国家的28个数学组织联合主办，仍由美国数学会编辑出版。MR对世界范围内的数千种连续出版物、图书(包括学术研究专著、水平高的教科书和正式发表的博士论文)、会议录、文集和预印本中的文献进行评论，其中对1800多种期刊做选评，对400余种数学核心期刊做全评。目前，中国有近150种期刊被选评。

MR收录的主题范围以纯粹数学和应用数学为主，也包括其他学科中有价值的数学文献。评论正文大多数用英文撰写，也有少量采用德、法、意文，但1983年开始全部用英文撰写。这些评论是由世界各地数千名数学家所提供，他们都是原文所属学科领域的专家或前沿研究人员，是MR编辑部聘任的评论员。我国也有不少著名数学家被MR聘为评论员。MR的正文部分是在对全世界数学研究文献内容摘要的基础上进行有价值的评论，这就与其他只刊载简略摘要的文摘刊物不同，称得上真正的评论期刊。读者通过对MR正文的阅读，可以了解原始文献的主要结果及评论，决定是否需要寻找原文，是一份被世界数学工作者所公认的质量高、信息全、分类科学且检索入口多的权威性检索工具。

MathSciNet 是 MR 和检索类出版物《Current Mathematical Publications》(CMP)的网络版，根据美国《数学评论》主题分类表(《Mathematics Subject

Classification》(MSC))进行分类。提供从1940年至今全部数据的检索。MathSciNet含有原始文献的200万多项信息以及710,000多个链接,涉及220多个出版社,830多种期刊。数据库每年会增加80,000多条新内容,是检索世界范围数学文献的重要工具。

6.1.2 MR印刷版检索

一、MR的相关信息

1. 卷期标识

1940–1961年每年一卷,每卷11期,1962–1979年间每年2卷,每卷6期。1980年起以年号代替卷号,每月1期,期号分别用英文字母a、b、c、d、e、f、g、h、i、j、k、m作为标识,但l字母不用。每年有著者索引和主题索引各两册,此外有年度和多年累积索引等。标题前加☆号是表示书或其他非周期性的且作为一个整体被评论的出版物。

2. 评论号

20卷以前(1959年)卷号+页码,如MR15,122;

20–58卷,卷号+顺序号,如MR20#4185,另,21–24卷分纯粹数学(A),应用数学(B),如:MR23#A513。

1980年起:年号+期号+分类号+顺序号,如2003f:51026,2003为年号,51为几何学,026为该分类下评论顺序号。

二、编排结构

每期出版的MR分为四个部分:主题分类表、正文、索引和附注。

1. 主题分类表

按自编的数学主题分类表60个大类编排,每期前页有目次表,列出了这60个类目。大类下再分一级和二级小类。各级类目下的文摘按文摘号排列。

MR的分类表分简表和详表,简表是大类,大类下分一级类和二级类。例如39A10,就是指有限差分和函数式(39)中的有限查差分(39A)下的差分方程(39A10)。

2. 正文

MR的正文(评论或摘要)长短不一,按数学主题分类编排,大类下仅分到一级小类为止,不再细分。月刊中全部文摘按分类编排,但与MA类似,各大类都分别从001开始编号。如期刊论文著录格式,见图6–1。

3. 索引

掌握MR的使用方法的关键在于掌握MR的几种索引的使用方法,了解这些索引的款目结构和特点、参照系统的作用和索引编排规则,就能够灵活自如地使用MR。MR的每期文本后附有期索引:著者索引和关键词索引;每年另有

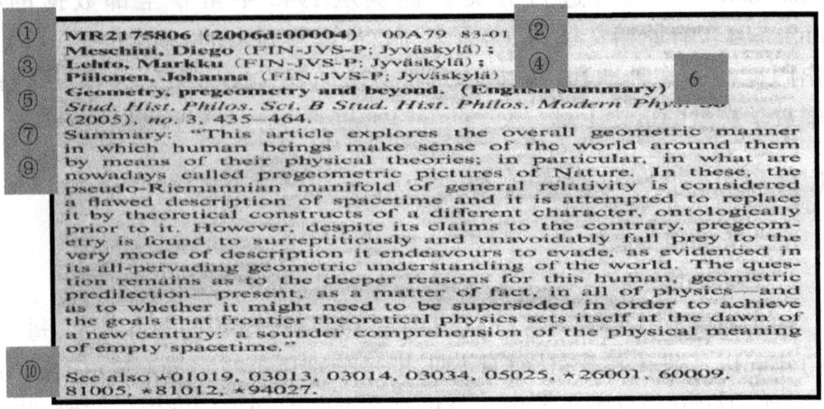

① MR2175806 (2006d:00004) 00A79 83-01 ②
③ Meschini, Diego (FIN-JVS-P; Jyväskylä);
Lehto, Markku (FIN-JVS-P; Jyväskylä); ④
Piilonen, Johanna (FIN-JVS-P; Jyväskylä)
⑤ Geometry, pregeometry and beyond. (English summary) 6
Stud. Hist. Philos. Sci. B Stud. Hist. Philos. Modern Phys. 36
(2005), no. 3, 435–464.
⑦ Summary: "This article explores the overall geometric manner in which human beings make sense of the world around them by means of their physical theories; in particular, in what are nowadays called pregeometric pictures of Nature. In these, the pseudo-Riemannian manifold of general relativity is considered a flawed description of spacetime and it is attempted to replace it by theoretical constructs of a different character, ontologically prior to it. However, despite its claims to the contrary, pregeometry is found to surreptitiously and unavoidably fall prey to the very mode of description it endeavours to evade, as evidenced in its all-pervading geometric understanding of the world. The question remains as to the deeper reasons for this human, geometric predilection—present, as a matter of fact, in all of physics—and as to whether it might need to be superseded in order to achieve the goals that frontier theoretical physics sets itself at the dawn of a new century: a sounder comprehension of the physical meaning of empty spacetime."
⑨
⑩ See also ⋆01019, 03013, 03014, 03034, 05025, ⋆26001, 60009, 81005, ⋆81012, ⋆94027.

①评论号;②分类号;③著者;④著者地址 ⑤文献标题;⑥标题原文语种;⑦期刊名缩写;⑧卷(年)、期号、起止页码;⑨评论正文;⑩参见其他评论号

图6-1 美国《数学评论》期刊论文著录格式

年度累积索引:著者索引、关键词索引和主题索引。

(1)著者索引(Author Index)

是按所收文献著者的姓名字顺编排,以姓在前,名在后,中间用逗号隔开;同一姓者按其第一名缩写顺排,并依此类推;复姓列于第一个大写字母处;有名无姓者(印尼、缅甸人),以名字著录,并做全文参见;中文著录用拼音。期著者索引简单,只有著者姓名和文摘号两项,卷著者索引,包括著者姓名、文献篇名、文献来源、分类号和文摘号等,见图6-2。

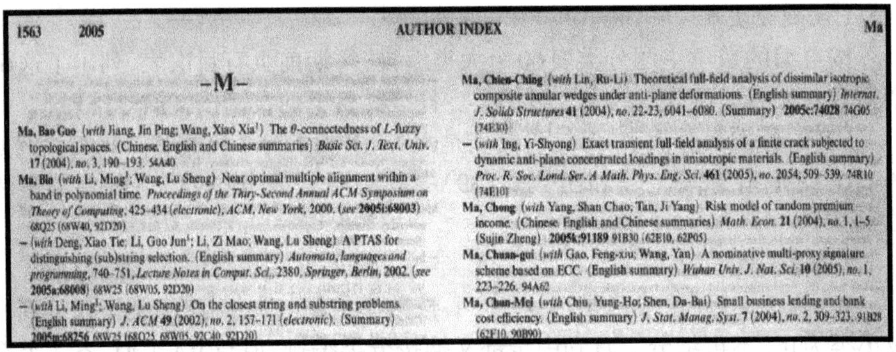

1563 2005 AUTHOR INDEX Ma

-M-

Ma, Bao Guo (*with* Jiang, Jin Ping; Wang, Xiao Xia[1]) The θ-connectedness of *L*-fuzzy topological spaces. (Chinese. English and Chinese summaries) *Basic Sci. J. Text. Univ.* **17** (2004), *no.* 3, 190–193. 54A40

Ma, Bin (*with* Li, Ming[1]; Wang, Lu Sheng) Near optimal multiple alignment within a band in polynomial time. *Proceedings of the Thiry-Second Annual ACM Symposium on Theory of Computing*, 425–434 (*electronic*), *ACM, New York*, 2000. (*see* **2005i:68003**) 68Q25 (68W40, 92D20)

– (*with* Deng, Xiao Tie; Li, Guo Jun[1]; Li, Zi Mao; Wang, Lu Sheng) A PTAS for distinguishing (sub)string selection. (English summary) *Automata, languages and programming*, 740–751, *Lecture Notes in Comput. Sci.*, 2380, *Springer, Berlin*, 2002. (*see* **2005a:68008**) 68W25 (68W05, 92D20)

– (*with* Li, Ming[1]; Wang, Lu Sheng) On the closest string and substring problems. (English summary) *J. ACM* **49** (2002), *no.* 2, 157–171 (*electronic*). (Summary) **2005m:68256** 68W25 (68Q25, 68W05, 92C40, 92D20)

Ma, Chien-Ching (*with* Lin, Ru-Li) Theoretical full-field analysis of dissimilar isotropic composite annular wedges under anti-plane deformations. (English summary) *Internat. J. Solids Structures* **41** (2004), *no.* 22-23, 6041–6080. (Summary) **2005c:74028** 74G05 (74E30)

– (*with* Ing, Yi-Shyong) Exact transient full-field analysis of a finite crack subjected to dynamic anti-plane concentrated loadings in anisotropic materials. (English summary) *Proc. R. Soc. Lond. Ser. A Math. Phys. Eng. Sci.* **461** (2005), *no.* 2054, 509–539. 74R10 (74E10)

Ma, Chong (*with* Yang, Shan Chao; Tan, Ji Yang) Risk model of random premium income. (Chinese. English and Chinese summaries) *Math. Econ.* **21** (2004), *no.* 1, 1–5. (Sujin Zheng) **2005k:91189** 91B30 (62E10, 62P05)

Ma, Chuan-gui (*with* Gao, Feng-xiu; Wang, Yan) A nominative multi-proxy signature scheme based on ECC. (English summary) *Wuhan Univ. J. Nat. Sci.* **10** (2005), *no.* 1, 223–226. 94A62

Ma, Chun-Mei (*with* Chiu, Yung-Ho; Shen, Da-Bai) Small business lending and bank cost efficiency. (English summary) *J. Stat. Manag. Syst.* **7** (2004), *no.* 2, 309–323. 91B28 (62F10, 90B90)

图6-2 美国《数学评论》卷著者索引

(2)关键词索引

会议录、讨论班纪要、文集等出版物,可能有编者,但无明确著者。MR将此类文献列入关键词索引中,而且,一种出版物关键词条目往往不只一个。可以通过已掌握的信息找出恰当关键词,再从关键词索引查找。期关键词索引仅有

关键词和文摘号两项;卷关键词索引包括关键词、文献篇名、文献来源、分类号和文摘号等,见图6-3。

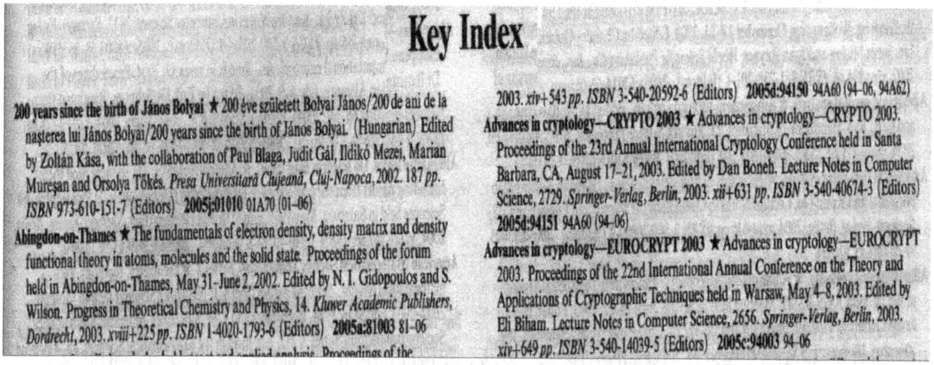

Key Index

200 years since the birth of János Bolyai ★ 200 éve született Bolyai János/200 de ani de la nașterea lui János Bolyai/200 years since the birth of János Bolyai. (Hungarian) Edited by Zoltán Kása, with the collaboration of Paul Blaga, Judit Gál, Ildikó Mezei, Marian Mureșan and Orsolya Tőkés. *Presa Universitară Clujeană, Cluj-Napoca*, 2002. 187 *pp.* *ISBN* 973-610-151-7 (Editors) **2005j:01010** 01A70 (01-06)

Abingdon-on-Thames ★ The fundamentals of electron density, density matrix and density functional theory in atoms, molecules and the solid state. Proceedings of the forum held in Abingdon-on-Thames, May 31-June 2, 2002. Edited by N. I. Gidopoulos and S. Wilson. Progress in Theoretical Chemistry and Physics, 14. *Kluwer Academic Publishers, Dordrecht*, 2003. *xviii*+225 *pp.* *ISBN* 1-4020-1793-6 (Editors) **2005a:81003** 81-06

2003. *xiv*+543 *pp.* *ISBN* 3-540-20592-6 (Editors) **2005d:94150** 94A60 (94-06, 94A62)

Advances in cryptology—CRYPTO 2003 ★ Advances in cryptology—CRYPTO 2003. Proceedings of the 23rd Annual International Cryptology Conference held in Santa Barbara, CA, August 17-21, 2003. Edited by Dan Boneh. Lecture Notes in Computer Science, 2729. *Springer-Verlag, Berlin*, 2003. *xii*+631 *pp.* *ISBN* 3-540-40674-3 (Editors) **2005d:94151** 94A60 (94-06)

Advances in cryptology—EUROCRYPT 2003 ★ Advances in cryptology—EUROCRYPT 2003. Proceedings of the 22nd International Annual Conference on the Theory and Applications of Cryptographic Techniques held in Warsaw, May 4-8, 2003. Edited by Eli Biham. Lecture Notes in Computer Science, 2656. *Springer-Verlag, Berlin*, 2003. *xiv*+649 *pp.* *ISBN* 3-540-14039-5 (Editors) **2005c:94003** 94-06

图6-3　美国《数学评论》卷关键词索引

(3)主题索引

仅有年度索引,按照数学主题分类的60大类排列,各大类又细分为一级和二级小类。在各级类目下再按著者姓名和文献类型的字顺编排索引条目。同著者或同类型条目再按评论号先后排列条目,见图6-4。

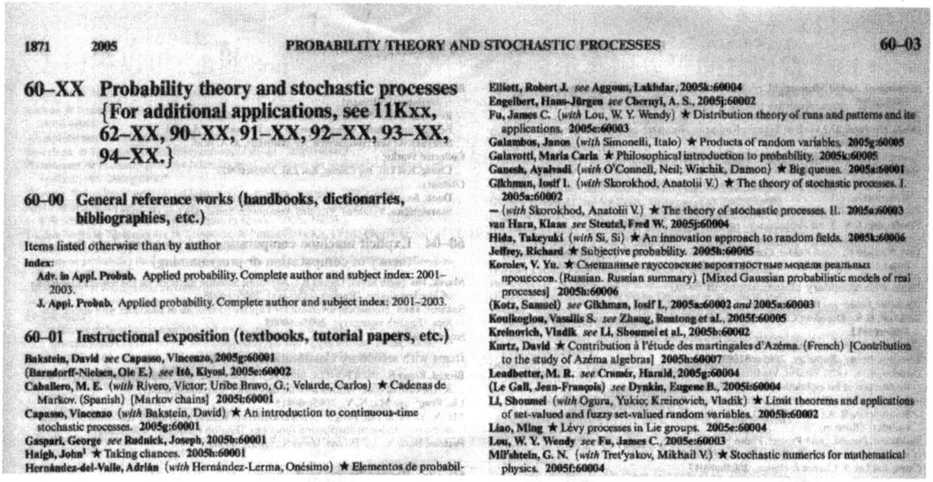

1871　2005　PROBABILITY THEORY AND STOCHASTIC PROCESSES　60–03

60–XX Probability theory and stochastic processes {For additional applications, see 11Kxx, 62–XX, 90–XX, 91–XX, 92–XX, 93–XX, 94–XX.}

60–00 General reference works (handbooks, dictionaries, bibliographies, etc.)

Items listed otherwise than by author

Index:

Adv. in Appl. Probab. Applied probability. Complete author and subject index: 2001–2003.

J. Appl. Probab. Applied probability. Complete author and subject index: 2001–2003.

60–01 Instructional exposition (textbooks, tutorial papers, etc.)

Bakstein, David *see* **Capasso, Vincenzo, 2005g:60001**

(Barndorff-Nielsen, Ole E.) *see* **Itô, Kiyosi, 2005e:60002**

Caballero, M. E. (*with* Rivero, Victor; Uribe Bravo, G.; Velarde, Carlos) ★ Cadenas de Markov. (Spanish) [Markov chains] **2005i:60001**

Capasso, Vincenzo (*with* Bakstein, David) ★ An introduction to continuous-time stochastic processes. **2005g:60001**

Gaspari, George *see* **Rudnick, Joseph, 2005b:60001**

Haigh, John[1] ★ Taking chances. **2005h:60001**

Hernández-del-Valle, Adrián (*with* Hernández-Lerma, Onésimo) ★ Elementos de probabil-

Elliott, Robert J. *see* **Aggoun, Lakhdar, 2005k:60004**

Engelbert, Hans-Jürgen *see* **Chernyl, A. S., 2005j:60002**

Fu, James C. (*with* Lou, W. Y. Wendy) ★ Distribution theory of runs and patterns and its applications. **2005e:60003**

Galambos, Janos (*with* Simonelli, Italo) ★ Products of random variables. **2005g:60005**

Galavotti, Maria Carla ★ Philosophical introduction to probability. **2005k:60005**

Ganesh, Ayalvadi (*with* O'Connell, Neil; Wischik, Damon) ★ Big queues. **2005a:60001**

Gikhman, Iosif I. (*with* Skorokhod, Anatolii V.) ★ The theory of stochastic processes. I. **2005a:60002**

— (*with* Skorokhod, Anatolii V.) ★ The theory of stochastic processes. II. **2005a:60003**

van Harn, Klaas *see* **Steutel, Fred W., 2005j:60004**

Hida, Takeyuki (*with* Si, Si) ★ An innovation approach to random fields. **2005k:60006**

Jeffrey, Richard ★ Subjective probability. **2005h:60005**

Korolev, V. Yu. ★ Смешанные гауссовские вероятностные модели реальных процессов. (Russian. Russian summary) [Mixed Gaussian probabilistic models of real processes] **2005h:60006**

(Kotz, Samuel) *see* **Gikhman, Iosif I., 2005a:60002** *and* **2005a:60003**

Koulkoglou, Vassilis S. *see* **Zhang, Runtong et al., 2005f:60005**

Kreinovich, Vladik *see* **Li, Shoumei et al., 2005b:60002**

Kurtz, David ★ Contribution à l'étude des martingales d'Azéma. (French) [Contribution to the study of Azéma algebras] **2005h:60007**

Leadbetter, M. R. *see* **Cramér, Harald, 2005g:60004**

(Le Gall, Jean-François) *see* **Dynkin, Eugene B., 2005i:60004**

Li, Shoumei (*with* Ogura, Yukio; Kreinovich, Vladik) ★ Limit theorems and applications of set-valued and fuzzy set-valued random variables. **2005b:60002**

Liao, Ming ★ Lévy processes in Lie groups. **2005e:60004**

Lou, W. Y. Wendy *see* **Fu, James C., 2005e:60003**

Mil'shtein, G. N. (*with* Tret'yakov, Mikhail V.) ★ Stochastic numerics for mathematical physics. **2005f:60004**

图6-4　美国《数学评论》主题索引

4. 附录

在MR的年度累积索引中,还有三种重要的辅助工具:

(1)《缩写—全称对照表》:该年度文摘中所用简称与其全称的对照表。著录项目包括简称、全称、地址和其他相关信息。按简称的字顺排列。

(2)《期刊译名表》:是该年度文摘中出现过的美国以外的期刊在MR中所用的译名与其原名的对照表。著录项目包括MR中所用英译名、期刊原名、地址等,按英译名字顺排列。

(3)《机构代码及其地址》:该年度MR中出现过的机构代码与其全称的对照表,著录项目包括机构代码、全称、地址。按机构代码字顺排列。

三、检索途径及方法

1.分类途径

确定所查课题的类号、类名(通过每期的目录页大致确定类目);根据类号和类名查到该类评论正文的位置,逐条查阅,或查主题索引的文献主题信息;最后找到相关评论,确定是否追溯原文。

2.著者途径

在已知著者姓名的情况下,查阅著者索引(根据需要的时间范围确定选择期索引还是年度索引)得到评论号,然后查阅评论正文确定是否要追溯原文。

3.关键词途径

对无特定著者的文集、会议录、讨论班纪要等文献的检索可以查关键词索引得到评论号,进而通过查阅相关评论正文,确定是否追溯原文。

6.1.3 MathSciNet(网络版)检索

一、检索基础

(1)检索词之间可以用布尔逻辑算符"and"、"or"、"not"组配;可以用()表示组配的优先顺序;用空格连接的词将作为词组检索。

(2)每一字段均支持通配符"*":代表一个或多个字符。

二、检索方法

输入网址http://www.ams.org/mathscinet 进入MathSciNet系统主界面,见图6-5。

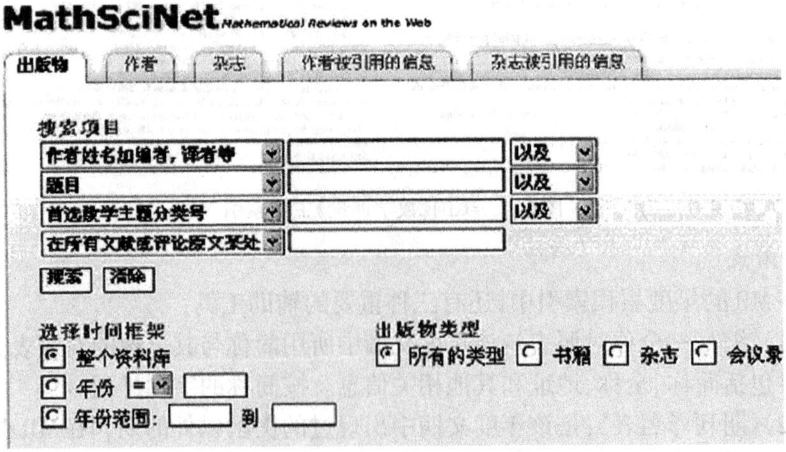

图6-5 MathSciNet系统主界面

点击右上角的“请先选择”按钮，可以对检索显示格式进行选择，包括每页标题数、是否显示参考文献、语种等共8项。

MathSciNet共有9种检索方式：

1. 出版物检索（Publications searches）

系统默认检索方式（或是点击“出版物”按钮），见图6-7。检索方式有四个检索框，每个检索框之间可以用布尔逻辑算符连接；点击“搜索”按钮，即给出符合检索条件的所有文献。

选择字段包括：仅限作者、作者姓名加编者译者等、题目、该评论中任何词语、杂志名称、研究机构的特定代码、系列名称、首选或第二位的数学主题分类号、首选数学主题分类号、数学评论条目号、评论员姓名、在所有文献或评论原文某处出现、参考文献。

出版物类型限制选择：含所有的类型、书籍、杂志、会议录4个选项；时间的限制选择：包括整个资料库、年份（有3种选择：指定年份、指定年份之前或后）、年份范围3个选项。

2. 作者检索（Authors searches）

进入按作者检索界面，见图6-6。作者姓名的输入方法：全拼，姓在前，名在后，必须用“，”分开。如鲁世平，输入：LU，SHIPINGi，不区分大小写，也可以写成LU SHI*。

输入检索词后，页面给出符合检索条件的作者姓名。点击您需要的作者姓名，即可以链接到达该作者的所有文献。

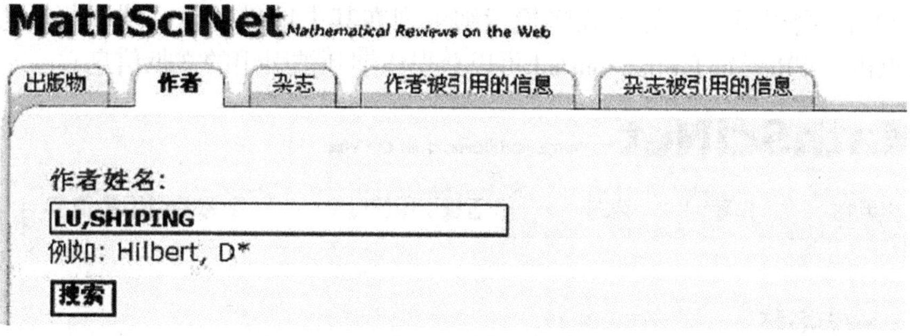

图6-6 MathSciNet系统作者检索界面

3. 作者被引用的信息检索（Author Citations）

进入作者被引用的信息检索界面（同图6-6），输入作者姓名，即显示该作者的论文被引用情况。与作者检索方式相同，若检索的结果大于1个，会以下拉框的形式将检索结果列在其中，以供选择。选定好作者后点击List Results for this Author，可以获得该作者被引用的文献信息。

4. 杂志检索(Journals searches)

进入杂志检索界面,见图6-7,输入刊物的全称、缩写、一部分或ISSN号等。检索结果为符合检索条件的期刊列表,点击欲浏览的刊名,页面给出该期刊的基本信息,点击“List journal issues”,则页面列出系统收录该刊的卷(年)、期列表,点击欲浏览的卷期,则可浏览该刊目录以及每篇文章的题录、被评论情况。

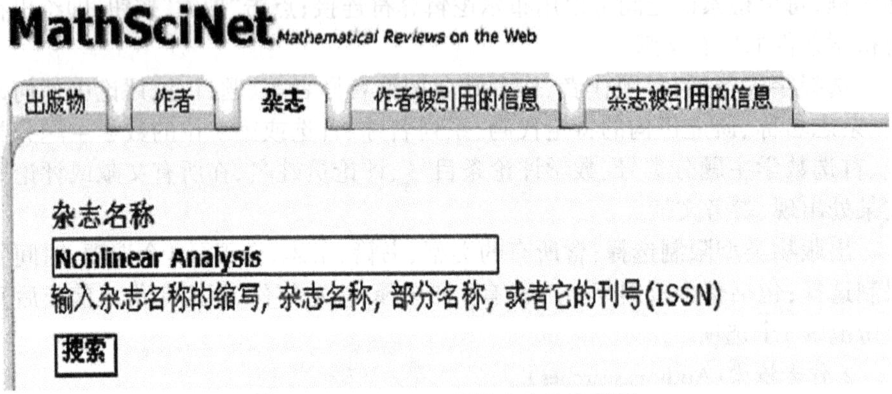

图6-7 MathSciNet系统杂志检索界面

5. 杂志被引用的信息检索(Journal Citations)

点击页面上的“杂志被引用的信息”按钮,进入杂志被引用的信息检索界面,见图6-8。在杂志名称检索框中输入刊物的全称、缩写、一部分或ISSN号;选定引用年份(2000年以后),即显示该杂志的论文被引用情况。若检索的结果大于1个,会以下拉框的形式将检索结果列在其中以供选择。选择好杂志以后,点击List Results for this journal,可以获得该期刊被引用的文献信息。

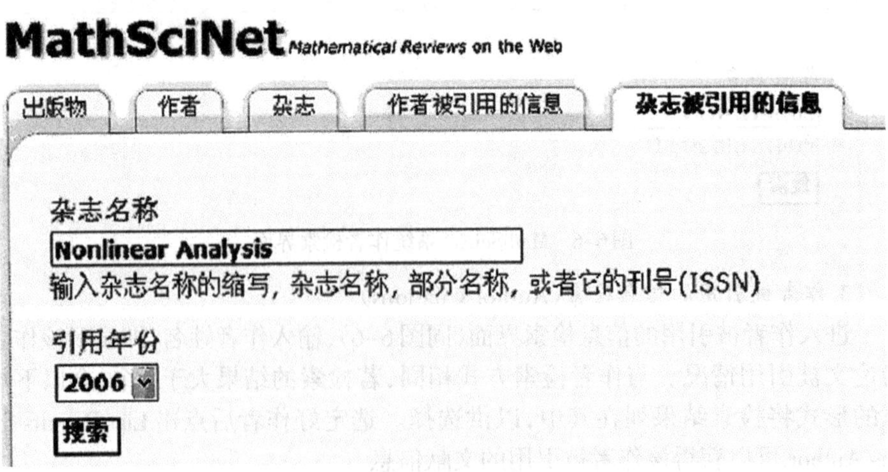

图6-8 MathSciNet系统杂志被引用的信息检索界面

以上5种检索方法是较常用的方式。另外，点击右上角的“免费工具箱”按钮(见图6-9)，还有搜索数学主题分类、合作者之间的距离、最新杂志、最新出版物4种免费检索方法。

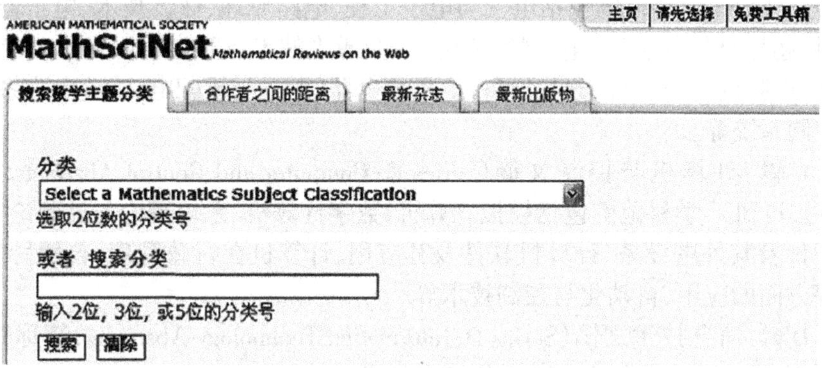

图6-9　MathSciNet系统免费工具箱状态检索界面

三、检索结果

(1)题录信息显示：题录信息有MR或CMP记录顺序号、作者姓名、题名、刊名及年、卷、期、页码等。

(2)详细信息显示：详细信息比题录信息多了文献摘要、参考文献及评论信息。当"References"、"Reference Citations"或"Review Citations"后的数字不是零时，点击可获得参考文献或评论信息。

详细信息有多种显示格式：HTML、PDF、PostScript及DVI，后三种都需安装相应的浏览器才能正确显示。系统默认的格式为HTML。

(3)剪贴板：用户可以将多次检索的结果放到剪贴板中，以便于集中显示或保存。

6.2　科学文摘

6.2.1　概　况

《科学文摘》(Science Abstracts，简称SA)1898年创刊，由英国电气工程师学会(The Institute of Electrical Engineering简称IEE)编辑发行。目前，《科学文摘》由国际物理学和工程技术情报服务部(International Information Services for the Physics and Engineering Communities简称INSPEC)编辑出版，其分四个分辑。

A辑：物理文摘(Series A：Physics Abstracts，简称PA)，半月刊。学科范围包括理论物理、基本粒子物理与量子场论、核物理、电学、磁学、光学、声学、力学、流体动力学、等离子体、材料科学、物理化学、生物医学工程、气象学、地球物理学、天文学、天体物理学等。

B辑：电气与电子学文摘(Series B：Electrical & Electronics Abstracts，简称EEA)，月刊。学科范围包括电气与电子工程、电路原理、微波技术、电子器件和材料、超导材料与装置、电光学、光电子学、激光技术、通讯技术、雷达、无线电、电视、声频设备、测量仪器与设备、电机与电器、发电与输配电、工业电力系统及其控制系统等。

C辑：计算机与控制文摘(Series C：Computer and Control Abstracts，简称CCA)，月刊。学科范围包括模拟计算机、数字计算机、系统理论与控制论、计算机硬件及其外围设备、计算机软件及其应用、计算机在行政管理、自然科学、工程等方面的应用、自动化与控制技术等。

D辑：信息技术文摘(Series D：Information Technology Abstracts，简称ITA)，电子版，报道范围包括企(商)业用信息技术。

SA历史悠久，内容丰富，是查找物理、电气、电子学、计算机、控制和信息技术方面的文摘型检索工具。半月刊或月刊形式出版的A、B、C三辑称之为期文摘，是SA的主体内容。每隔半年或隔3-5年，SA还出版配套的半年或多年累积索引。目前，SA所报道的内容主要是由INPEC收集的文献，来自世界50余国各种文字的期刊论文、会议文献、技术报告、学位论文、图书专著、标准资料等。1971年前SA还曾经报道过专利说明书，从1977年以后，不收录专利文献。

SA除印刷型版本外，还有机读版磁带、光盘同时发行，其网络版数据库就叫INSPEC，使用更为方便、迅速。INSPEC网络数据库报道1969至今，目前的系统检索平台有VOID、ProQuest、INSPEC-China、Web of Knowledge等，后面介绍的是基于Web of Knowledge检索平台的INSPEC数据库检索方法。

6.2.2 SA印刷版检索

SA印刷版A、B、C三辑在内容范围上各有侧重，但在体系结构、编排方式、使用方法上是完全一样的，每个分辑都出版有月刊或半月刊以及累积索引本。下面以A辑物理文稿PA为例来介绍。

一、编排结构与著录格式

半月刊，期文摘由分类目次表、主题指南、文摘正文、索引4部分组成。

1.分类目次表(Classification and Contents)

是按学科分类体系编排的，采用INSPEC自编的分类表，按分类号顺序排列，共分4级，其类号和类目随科学技术的发展而不断扩大。该表附在每期文摘的首页，见图6-10，著录有分类号、类名和文摘起始页码。

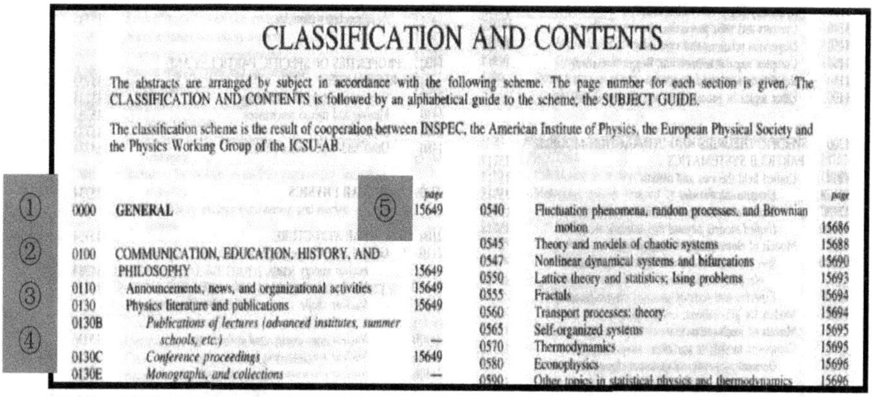

①一级类目,类名黑体,字母全部大写;②二级类目,类名普通字体,字母全部大写;③三级类目,类名首字母大写,字体用正体;④四级类目,类名首字母大写,字体用斜体;⑤类目在正文部分的起始页码

图6-10 《科学文摘》A辑分类目次表

2. 主题指南(Subject Guide)

附在“分类目次表”的后面,见图6-11。按主题词的英文字母顺序排列,每个主题词后面都列有分类号,是帮助用户在不能确定课题的分类号时,从课题的主题词来定分类号,然后根据分类号直接查文摘和利用“分类目次表”取得页码后再查文摘。

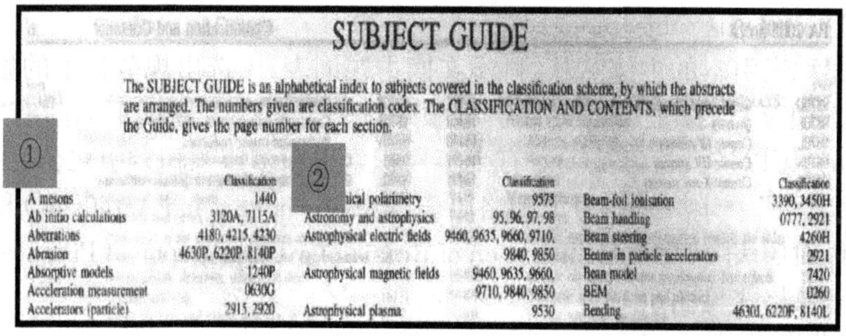

①主题词;②分类号

图6-11 《科学文摘》A辑主题指南

3. 文摘正文

PA的主体部分是文摘,文摘正文按照各辑分类目次表提供的一级到四级分类编排,在四级类号、类名后还有参见(See also…)项目,然后排列具体文摘内容,著录格式见图6-12。

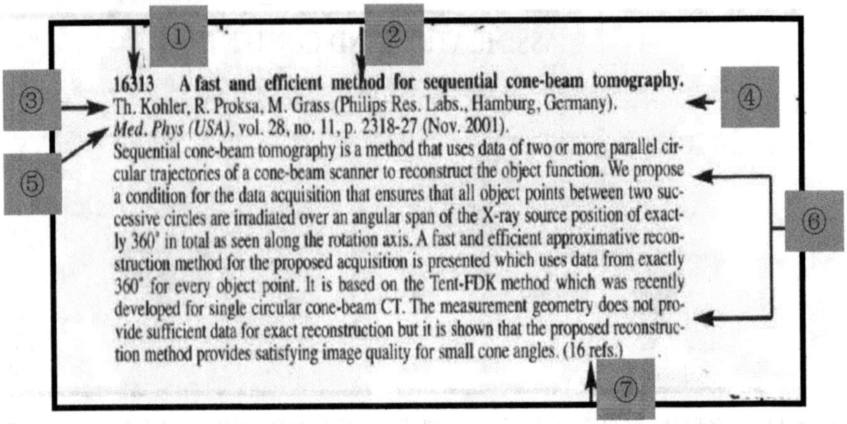

16313 **A fast and efficient method for sequential cone-beam tomography.** Th. Kohler, R. Proksa, M. Grass (Philips Res. Labs., Hamburg, Germany). *Med. Phys (USA)*, vol. 28, no. 11, p. 2318-27 (Nov. 2001).
Sequential cone-beam tomography is a method that uses data of two or more parallel circular trajectories of a cone-beam scanner to reconstruct the object function. We propose a condition for the data acquisition that ensures that all object points between two successive circles are irradiated over an angular span of the X-ray source position of exactly 360° in total as seen along the rotation axis. A fast and efficient approximative reconstruction method for the proposed acquisition is presented which uses data from exactly 360° for every object point. It is based on the Tent-FDK method which was recently developed for single circular cone-beam CT. The measurement geometry does not provide sufficient data for exact reconstruction but it is shown that the proposed reconstruction method provides satisfying image quality for small cone angles. (16 refs.)

①文摘号；②文献篇名；③著者姓名；④著者单位名称、地址、国别；⑤文献的出版物名称（出版国国名），卷，期，页码（出版时间）；⑥内容摘要：平均约150字左右；⑦参考文献篇数等等

图6-12 《科学文摘》A辑文摘正文著录格式

4. 索 引

分主题索引、著者索引和辅助索引三种，辅助索引包括参考文献目录索引、图书索引、会议索引和团体著者索引，即提供了7种不同的索引。索引的每条款目由标目（文献某种特征）、说明语（限定标目的概念范围）、地址（文摘号或文献出处）三部分组成。

（1）主题索引（Subject Index）

是累积索引本的主体。从《科学文摘主题词表》中选出规范化了的叙词，作为主题索引标目，按主题词英文字母顺序排列。有些主题词下面附有“参见”（See also），可以扩大检索范围。有半年累积索引和多年累积索引之分。在卷索引“主题索引”中，附有“缩写词和略语表”（Abbreviations and Acronyms）和“俄英字母音译对照表”（The Transliteration of Russian for Bibliographical Purposes）。主题索引著录格式见图6-13。

（2）著者索引

有期索引、半年累积索引和多年累积索引三种。

期著者索引：将本期报道文献的全体著者姓名作为标目，姓在前，名排在后，按字顺编排，后面著录相应的文摘号。对于有多个著者的文献，著者索引中每个著者都要排出，姓名之后加“+”号，为第一著者，姓名之前加“+”号，为合作者，见图6-14。

① **planar antenna arrays** ⑤

antenna-coupled transit.-edge hot-electron microbolometer 43146

surface clutter interf., precip. meas. from space by Dual freq. Precipitation Radar, suppression 72687

② **planar waveguide lasers** *see waveguide lasers* ③

planar waveguides

see also coplanar waveguides; optical planar waveguides

④ 1.5 μm appl., sol-gel-derived Er-activated SiO_2-HfO_2 planar waveguides 82959

Ba-Ca titanate crysts., bright photorefr. spatial solitons 93605

compact 1 × 8 planar waveguide splitters, guided-wave microlens array appls. 75806

describing guiding propag., circ. bianisotropic fibres, operator matrices 52000

DLC film, sensitive area for opt. waveguide sens. *(Polish)* 94989

light propag., liq. cryst. waveguides, orientational control 93650

photonic crysts. composed of ceramics/polymer, lattice defects, microwave props. *(Japanese)* 58245

①正式主题词;②非正式主题词;③相关主题词;④说明语;⑤文摘号

图6–13　《科学文摘》A辑主题索引

+Aarts, R.M.	143861	Abu-Ibrahim, B.+	143014
Aasa, A.+	148481	Abu-Mulaweh, H.I.	144098
+Aastrup, T.	146830	+Abu-Safe, H.	144714
Aavikko, R.+	144551	+AbuTaleb, M.F.	146430
Abad, S.+	143261	+Acar, S.	145407
+Abadal, G.	142690	Acernese, F.+	142490
Abadla, M.M.+	143718	Acernese, F.+	142499
Abal'oshev, A.+	145498	+Acevedo, D.F.	146446
+Abal'oshev, A.	145520	+Achanta, R.	146871
+Abal'osheva, I.	145520	+Acharya, B.S.	142978
+Abanov, A.G.	142439	Acharya, S.+	144692
+Abascal, J.L.F.	144696	+Acharya, S.	144247
+Abate, A.R.	143890	+Acharya, S.	144107
Abazov, V.M.+	142978	+Acharya, S.	144110
+Abbagnale, G.	146101	Achim, A.M.+	147629
Abbasbandy, S.+	142330	Achlioptas, D.+	142653

图6–14《科学文摘》A辑著者索引

累积著者索引:在著者姓名的标目后,除著录文摘号外,还用文献篇名作为标目的说明语。对于几个人合著的文献,第一著者姓名后著录合作者姓名、文献篇名和文献号;合作者姓后著录第一著者姓名和文摘号,见图6–15。

(3)辅助索引

参考文献目录索引:不仅是科学文摘本期内报道的,而且还必须符合下面一个条件:①文章最后附有大量参考文献(一般课题必须有40篇以上,稀有课题也要有十几篇),因而可作专题文献目录。②文献本身就是专题文献目录。本索引对文献篇名作了适当压缩或改写,其后还著录参考文献篇数与文摘号。

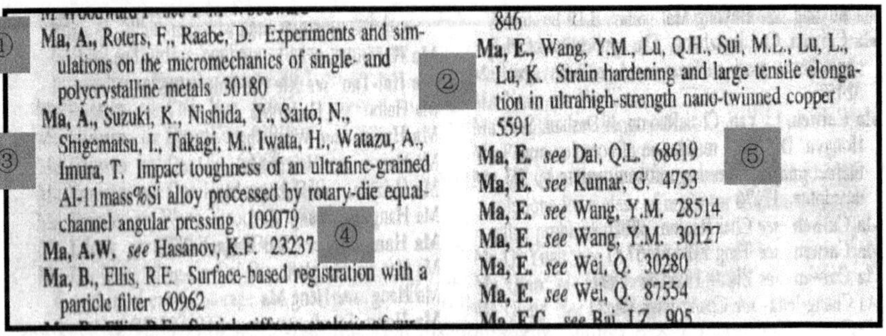

Ma, A., Roters, F., Raabe, D. Experiments and simulations on the micromechanics of single- and polycrystalline metals 30180
Ma, A., Suzuki, K., Nishida, Y., Saito, N., Shigematsu, I., Takagi, M., Iwata, H., Watazu, A., Imura, T. Impact toughness of an ultrafine-grained Al-11mass%Si alloy processed by rotary-die equal-channel angular pressing 109079
Ma, A.W. *see* Hasanov, K.F. 23237
Ma, B., Ellis, R.E. Surface-based registration with a particle filter 60962

846
Ma, E., Wang, Y.M., Lu, Q.H., Sui, M.L., Lu, L., Lu, K. Strain hardening and large tensile elongation in ultrahigh-strength nano-twinned copper 5591
Ma, E. *see* Dai, Q.L. 68619
Ma, E. *see* Kumar, G. 4753
Ma, E. *see* Wang, Y.M. 28514
Ma, E. *see* Wang, Y.M. 30127
Ma, E. *see* Wei, Q. 30280
Ma, E. *see* Wei, Q. 87554

①第一著者;②合作者;③文献篇名;④文摘地址;⑤从合作者姓名引见第一著者

图6-15 《科学文摘》A辑累积著者索引

图书索引:反映科学文摘报道的图书,其标目按书名的字顺编排,后面著录著者或编者姓名,出版单位、出版时间和价格等,最后是文摘号。

会议索引:反映科学文摘报道的会议资料。标目按会议名称字顺编排,其后著录会议地点、日期、主办单位、会议资料出版日期和文摘号。

团体著者索引:在1975年以前称为技术报告索引,是一些研究机构向有关单位提出的研究报告,其著录款目包括机构名称及地址、文献篇名,报告号、文摘号等。索引的编排按照团体著者的字母顺序排。

二、检索途径和方法

(1)分类途径:分析课题,确定其类目;阅读篇名或文摘,确定有用文献;为避免重要的文献漏检,还应扩大检索范围,检查有用的文献是否可能编在其他类目下;根据文献出处,索取原始文献。

(2)主题途径:分析课题、确定主题词;利用月刊本的"主题指南"确定所选主题词的分类号,根据分类号到分类目次表中查出检索课题所属的类目及该文摘所在页码或者用累积主题索引查找有用文献的文摘号;根据文献出处,索取原始文献。

(3)著者途径:根据著者姓名查著者索引,取得文摘号;根据文献出处,索取原始文献。

(4)其他途径:图书索引,会议索引,参考文献目录等,取得文摘号;根据文献出处,索取原始文献。

6.2.3 SA网络版INSPEC检索

一、检索基础

(1)逻辑检索:可以使用逻辑算符来确定检索词之间的连接关系。提供AND、OR、NOT、SAME四种逻辑算符,SAME表示前后两个词必须出现在同一字段中。

(2)截词检索："*"用在检索词的中间或末尾，代替任意变化的字符；"*"号所在位置前至少应有3个字符；"?"用在检索词当中，只代替一个字符。

(3)字段限定检索：仅限于在高级检索方式中使用，其格式为：字段代码=检索词，如TI=Computer system。

二、检索方法

系统平台提供一般检索(General Search)和高级检索(Advanced Search)两种方式，主页有快速检索(Quick search)入口，见图6–16。

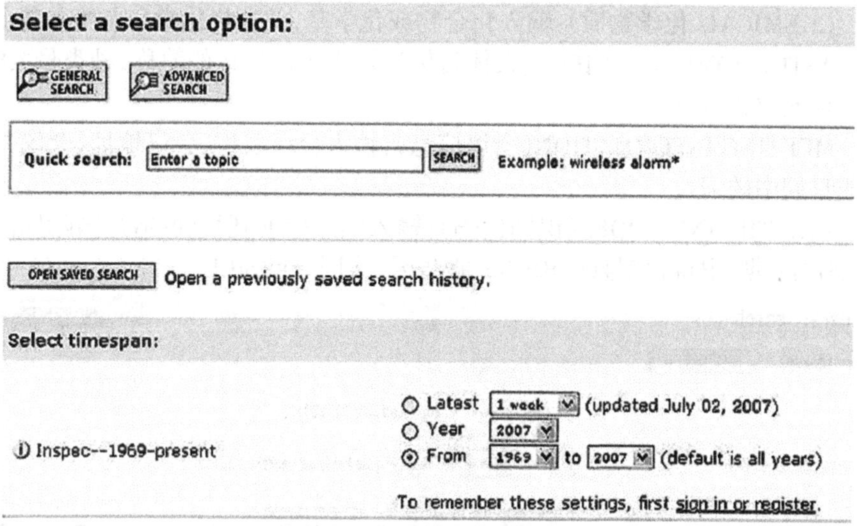

图6–16　INSPEC数据库检索主界面

1. 一般检索

一般检索界面见图6–17，有12个可供选择的检索字段框，我们可以在任意一个检索字段框里输入一个或者多个检索词(词组)进行检索，检索词之间可以利用逻辑算符AND、OR、NOT连接。系统默认各检索框之间的逻辑关系为AND。在检索字段框底部设置各种检索限制，包括语种限制(languages)、文献类型限制(document types)和处理类型限制(treatment types)几种。

TOPIC(主题)：主题检索框中输入的检索词可在篇名、分类、受控词和文摘字段中检索，也可选择只在篇名字段中检索(Title only)。

AUTHOR(作者)：输入一个或几个作者姓名，可使用逻辑算符AND、OR、NOT连接，格式为姓、空格、名的首字母。

SOURCE TITLE(来源出版物名称)：输入来源出版物名称或从期刊列表(Journal list)中选词进行检索。

PUBLICATION YEAR(出版年)：输入出版物的出版年或限定出版物的出版

时间在一定的范围之内检索。

ADDRESS(地址):输入作者单位的缩写词,可从缩写表(abbreviations list)中查看。

CONTROLLED INDEX(受控标引词):输入来自受控词汇表中的词,或者从INSPEC叙词表(INSPEC Thesaurus)中选词。

CLASSIFICATION(分类):输入分类代码或类目词,也可从INSPEC分类表(INSPEC Classification)中选词。

NUMERICAL DATA(数值资料):输入数据值或范围,并选择数值量。

CHEMICAL(化学物质):输入化合物或化学基,并选择化学角色指示符。

ASTRONOMICAL OBJECT(天体目标):输入天体目标的简称、种类号、银河系坐标或位置信息。

MEETING INFORMATION(会议信息):输入会议名称、会议地址、会议主办者或日期中的词。

IDENTIFYING CODES(识别代码):输入国际标准刊号(ISSN)、国际标准书号(ISBN)、期刊标准代号(CODEN)、报告号、合同号或SICI。

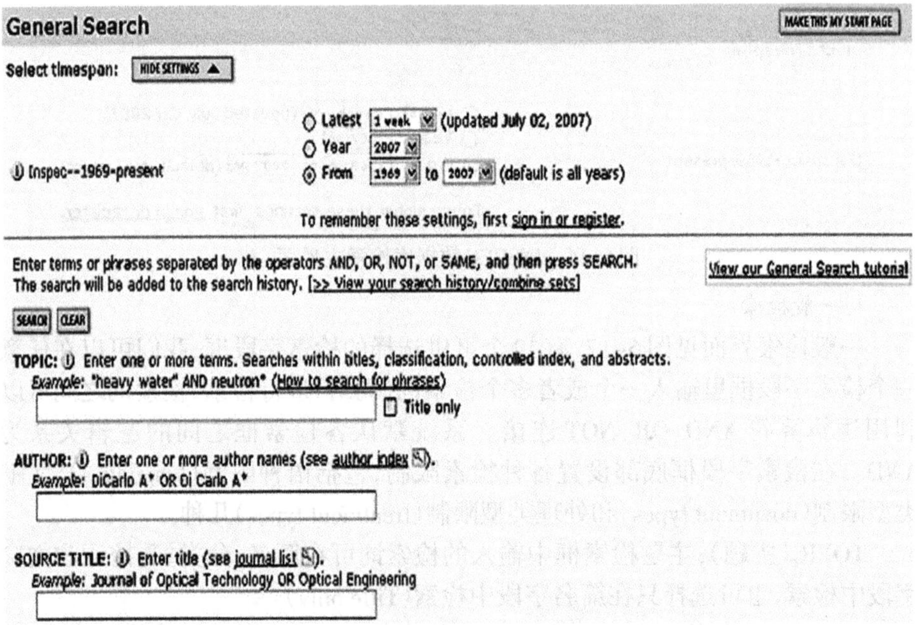

图6-17 INSPEC数据库一般检索界面

2. 高级检索(Advanced Search)

提供独立的检索文本输入框,可在文本框中直接输入一个较为复杂的检索提问式,见图6-18,检索提问式可由前置字段代码的检索词或前次的集合号组成，检索词之间可用逻辑算符连接，检索词中也可用截词符。各种检索限制设置与一般检索方式相同。

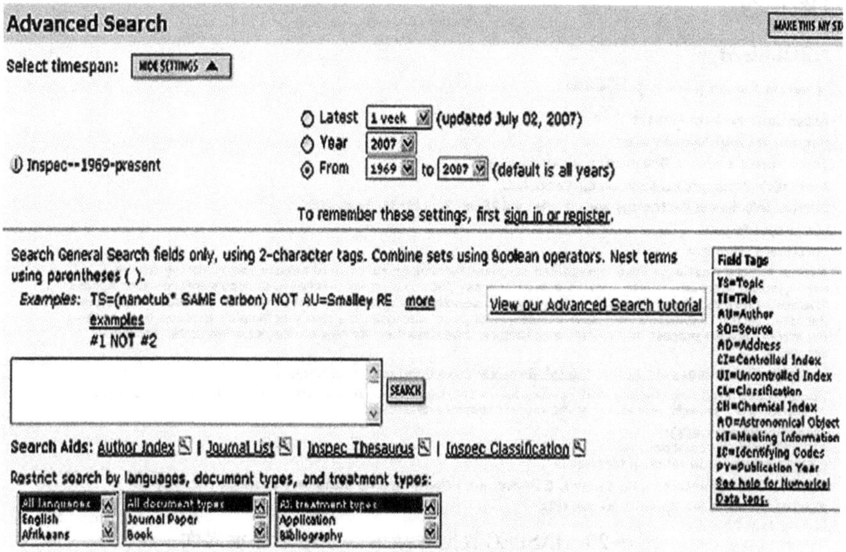

图6-18　INSPEC数据库高级检索界面

三、检索结果处理

1.列表显示

检索命中结果以简单格式显示。内容包括：著者、文献篇名及来源期刊名称、卷期、页码等。上方显示检索提问式、检索范围、限定条件、检索结果的排序方式等；下方显示检索结果命中记录条数，见图6-19。

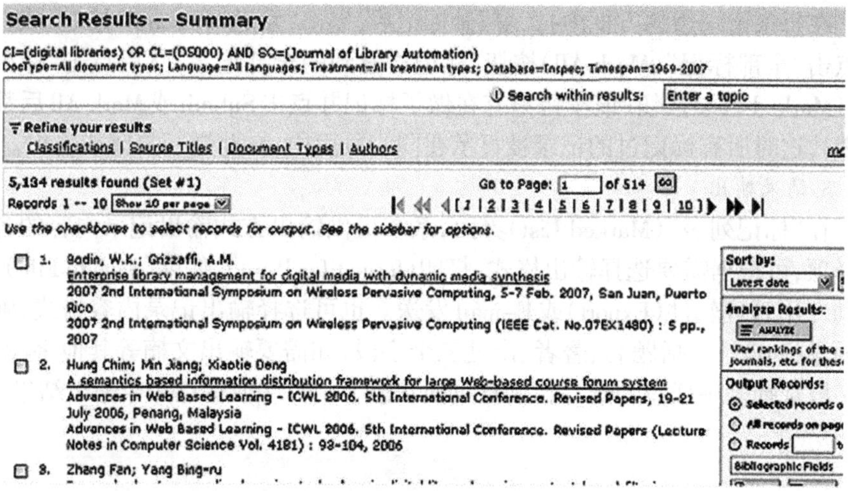

图6-19　INSPEC数据库检索结果列表显示界面

2. 详细记录显示

点击简单格式显示中的文献篇名，可以浏览该篇文献在数据库中的详细记录，见图6-20。

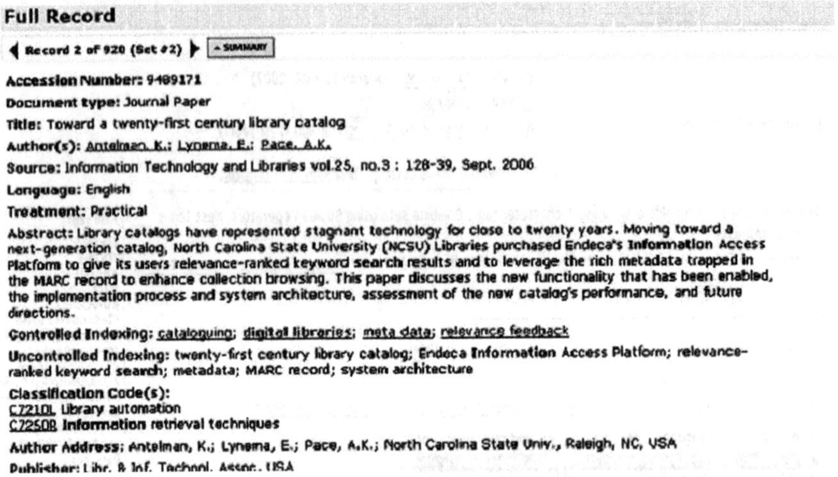
Full Record

Record 2 of 920 (Set #2) ▸ SUMMARY

Accession Number: 9409171

Document type: Journal Paper

Title: Toward a twenty-first century library catalog

Author(s): Antelman, K.; Lynema, E.; Pace, A.K.

Source: Information Technology and Libraries vol.25, no.3 : 128-39, Sept. 2006

Language: English

Treatment: Practical

Abstract: Library catalogs have represented stagnant technology for close to twenty years. Moving toward a next-generation catalog, North Carolina State University (NCSU) Libraries purchased Endeca's Information Access Platform to give its users relevance-ranked keyword search results and to leverage the rich metadata trapped in the MARC record to enhance collection browsing. This paper discusses the new functionality that has been enabled, the implementation process and system architecture, assessment of the new catalog's performance, and future directions.

Controlled Indexing: cataloguing; digital libraries; meta data; relevance feedback

Uncontrolled Indexing: twenty-first century library catalog; Endeca Information Access Platform; relevance-ranked keyword search; metadata; MARC record; system architecture

Classification Code(s):
C7210L Library automation
C7250R Information retrieval techniques

Author Address: Antelman, K.; Lynema, E.; Pace, A.K.; North Carolina State Univ., Raleigh, NC, USA

Publisher: Libr. & Inf. Technol. Assoc., USA

图6-20 INSPEC数据库结果详细记录显示界面

3. 分析结果

在简单格式显示页面，设有“分析结果”(Analyze Results)按钮，点击该按钮，出现“结果分析”(Results Analysis)对话页面，在“选择字段”列表中选取分析的字段，系统将分析出该字段不同内容所命中的记录数。字段表中提供作者、分类、受控标引词、文献类型、语种、来源名称、处理类型几种选项。

4. 标记记录

在每条记录边的方框内打“√”做标记后，点击“发送”(Submit)按钮，或者直接点击“全部标记”(Mark All)按钮，标记检索到的全部记录，然后点击“标记列表”(Marked List)按钮(该按钮只有在做了标记并点击Submit或Mark All后都会出现)，这时所有标记过的记录被显示在同一页面内，在此进行打印或输出。

5. 结果输出

在“标记列表”(Marked List)界面，系统提供输出方式输出记录内容的各种选择项，可根据需要选择输出格式：打印(format for Print)、保存(Save to File)、输出到专用管理软件(Export)或E-mail发送。也可选择输出记录内容格式，默认是题录格式,只包括题名、著者、出处三个字段，如需要输出文摘等其他字段，则在字段选择表中任意勾选并在预览页面状态下用打印或保存命令输出结果。

6.3　化学文摘

6.3.1　概　况

美国《化学文摘》(Chemical Abstracts,简称CA)创刊于1907年,由美国化学会所属化学文摘服务社(CAS)编辑出版,CA是涉及学科领域最广、收集文献类型最全、提供检索途径最多、部卷也最为庞大的一部著名的世界性检索工具。它报道了世界上150多个国家、56种文字出版的16000种科技期刊、科技报告、会议论文、学位论文、资料汇编、技术报告、新书及视听资料,还报道20多个国家和2个国际组织的专利文献。收录的文献占世界化学化工文献总量的98%,其中70%的文献来自美国以外的国家和地区,每年报道的文献约50万条。现为世界上收录化学化工及其相关学科文献最全面、应用最广泛的一种文献检索工具。

CA出版有印刷版、缩微版、机读磁带版和光盘版。可供联机检索,光盘检索和Internet网上检索。

6.3.2　CA印刷版检索

CA印刷版创刊至今,出版情况几经变动,初期为半月刊,每年一卷,24期;1961年55卷改为双周刊,26期;1962年56卷又改为一年两卷,每卷13期;1967年66卷起至今为周刊,每年分两卷,每卷26期,全年52期。每卷出齐后随即出版一套卷索引,每隔5年和10年出版一套累积索引。

一、编排结构及著录格式

CA每期主要包括分类目次,文摘正文和索引三个部分。此外,每期文摘正文前附有"CAS出版物使用的缩写和符号"。

1. 分类目次(ABSTRACT CONTENTS)

是CA文摘编排的骨架,又是分类检索途径的入口。文摘正文按分类编排,现分为五大部分80个大类。熟悉与自己专业有关的类目,以便从分类途径及时了解与本专业有关学科的最新动态。

2. 文摘正文(CHEMICAL ABSTRACT)

正文按80个大类分别列出有关文摘。每一类目下的文摘,又按文献的类型不同以三条虚线"----"为标志划分为四个部分,依次为:(1)期刊论文(综述排在最前面)、会议录、学位论文、技术报告等,这部分占绝大篇幅;(2)新书和视听资料;(3)专利文献;(4)相互参见(参见与本类有关的类目及文摘,分论文参见和专利参见两部分)。

正文著录格式，不同类型的文献在CA中的著录格式虽不尽相同，但大同小异。以期刊论文的著录格式为例，见图6–21。

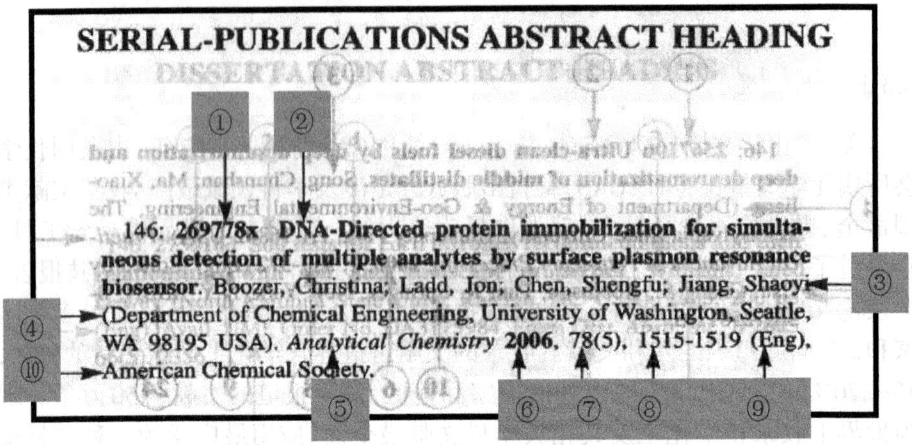

①文摘号；②论文题目；③作者姓名；④作者联系地址；⑤期刊名称；⑥年份；⑦卷（期）号；⑧页码；⑨原文献语言；⑩出版商

图6–21 《化学文摘》期刊论文的著录格式

3. 索　引

体系可分为期索引、卷索引、累积索引和指导性索引。

期索引附在每期文摘的后面，卷索引随卷出版；累积索引的种类和编排使用与卷索引基本相同，只是每次累积索引里都附有一套索引指南，且在每条索引款目的文摘号前注有卷号；指导性索引不提供文摘号，是帮助读者在使用卷索引和累积索引时正确地选择索引标题以及获取原始文献的指导性工具。

（1）关键词索引（Keyword Index, KI）：只是期索引，是附于文摘之后的随刊索引。由专家从文献的篇名、原文或文摘中选取能反映文献主要内容而未经规范化处理的3–5个词或词组，按关键词的字顺进行轮排而成。在一卷各期文摘出全之后，CAS就将附于各期文摘之后的“关键词索引”按照CAS选用的规范的索引主题，重新编排，形成《普通主题索引》和《化学物质索引》等卷索引。

（2）著者索引（ AUTHOR INDEX, AI ）：将收录文献的作者，按姓名（姓在前名在后）字顺排列。

期著者索引只著录作者姓名+文摘号，而且不论著者是否为第一作者。卷著者索引在第一著者姓名或名称后列出其他合著者、文献篇名和文摘号。非第一著者用"See"引见到第一著者，再通过第一著者查文献篇名和文摘号，见图6–22。

（3）专利索引（ Patent Index, PI ）：目前共收录32个国家和2个国际专利组织的专利文献。先按国家或组织的代号字顺编排，再按专利号顺序编排，通过

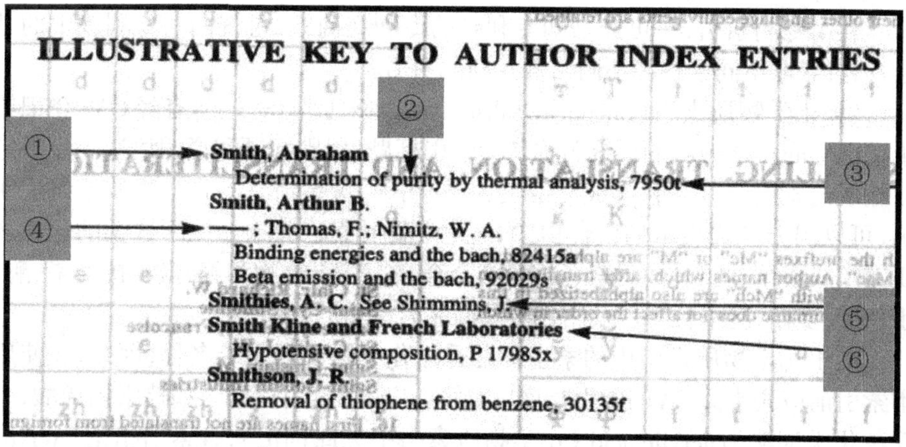

①第一作者；②文献篇名；③文摘号；④合作者；⑤参见第一作者；⑥团体作者

图6–22　《化学文摘》卷著者索引著录格式

专利号等，引出专利文献文摘号或同族专利情况。

专利族（同族专利）是指某一特定专利在不同国家或地区内申请后形成的专利文献的总称，包括基本专利，等同专利和相关专利。

基本专利是指一个专利族中最先得到批准的专利，也称原始专利。在CA专利索引中基本专利下引出等同专利和相关专利，是一个专利族的族首专利。

等同专利是指内容与基本专利相同，只是在不同的国家或地区提出申请而得到专利权的专利。

相关专利是指内容上与基本专利有一定关系的专利，或对基本专利有所改进，或引证了基本专利。著录格式见图6–23。

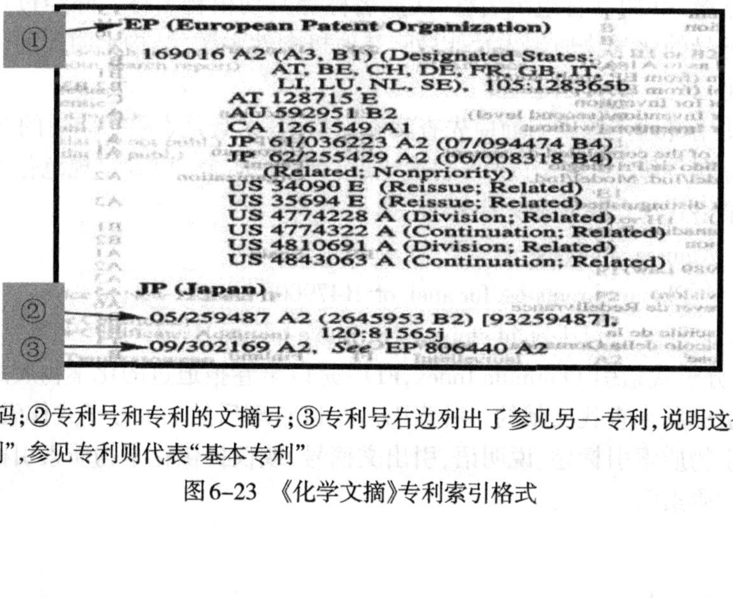

①国家代码；②专利号和专利的文摘号；③专利号右边列出了参见另一专利，说明这个专利是“同族专利”，参见专利则代表“基本专利”

图6–23　《化学文摘》专利索引格式

利用专利索引,一可查已知专利号的专利文摘;二可查同一专利族中的其他专利,获取不同语种和不同馆藏专利说明书。

(4)化学物质索引(Chemical Substance Index,CS):是把所有经CAS登记给予登记号的化学物质的系统名称作为索引标题,用副标题和说明语进一步限定而编成的索引。凡是化学成分确定,结构明确,价键清楚的化学物质或组成明确、可以用分子式表示的化合物,均被化学物质索引收入。属于这类的化学物质有组成或结构明确的元素、化合物、合金、矿石、混合物和聚合物、抗生素、酶、蛋白质、多糖、基本粒子以及用代号和商品名命名的物质等。

由于化学物质索引中的索引标题采用化学物质的系统名称,因此,在使用本索引前应先查阅CA的索引指南,以确定正确的索引标题。如检索丙烯酸,查汉英化学词典为acrylic acid(化学物质索引中无此词汇),查索引指南:Acrylic acid See 2-propenoic acid[79-10-7],由此可知在化学物质索引中应用2-propenoic acid作索引标题查找有关文献。著录格式:

Benzoic Acid [65-85-0], analysis
chromatog. of benzoic acid, 75444t
detn. of org. acid in food, 41804d

第一行分别为主题词、登录号和副题。第二行与第三行相同,分别为一级说明语和文摘号。

(5)普通主题索引(General Subject Index,GS):是把没有CAS登记号的化学物质和概念性主题作为索引标题,用副标题和说明语进一步限定而编成的索引。其索引标题包括化学物质类名(如酶类,抗生素,抗肿瘤药等)、组成不完全明确的物质(如大气,石油等)、岩石、理化概念和现象、各种化学反应、生物化学和生物学概念(如器官组织名称,疾病名称等)、动植物名称。除经过CAS登记给予登记号的化学物质编入CS以外,其他概念性主题,结构不明确的化合物和某一类化合物都编入GS。

在使用普通主题索引前应先查阅索引指南,尤其是索引指南后的"附录I普通主题标题等级表"和"附录III普通主题标题的选择",以确定规范化的索引标题。著录格式与化学物质索引相近,如:

Amines, analysis
Planar chromatog. for anal. of, R47900h
Sepn. and detn. of amines by reverse-phase HPLC, 19169h

(6)分子式索引(Formula Index,FI):是以全卷报道过的化学物质的分子式作为索引标题来查找文献的一种索引。是以整理后的Hill分子式作索引标题,通过化学物质索引标题、说明语,引出文摘号,或仅提供化学物质索引标题供转查化学物质索引。

Hill分子式的排列规则：分子式中相同元素的原子数相加，若是含碳化合物，则碳元素C排在最前面，氢元素H排在其后（如果有氢元素的话），其他元素按字顺排在其后；不含碳的化合物，一律按元素的字顺排列。著录格式如下：

CH3Cl4OTi
　　Azepinylium, 2,5-bis(1,1-dimethylethyl)-
　　　Tetrachloromethoxytitanate(1-)[660973-81-3],
　　　　338845g
　　——,5,(1,1-dimethylethyl)-2-methoxy-
　　　Tetrachloromethoxytitanate(1-)[660973-83-5],
　　　　338845g

以分子式为起始，单列一行。下列几行都缩进几个字母，列出该分子式代表的几个不同化合物（这里为2个）。每个化合物，先列出化合物母体名称，后面列出取代基，然后是化学物质登记号及相应的文摘号。在这条目中的"——"为母体化合物的缩写，代表Azepinylium。

(7)索引指南(Index Guide, IG)：主要作用是规范化学物质索引和普通主题索引的索引标题，是使用化学物质索引和普通主题索引必不可少的工具，相当于主题词表。如根据化学物质的俗名、习惯名、商品名在索引指南中可查出CA选用的规范化的化学物质索引标题和CAS登记号；通过普通主题概念的同义词、近义词在索引指南中可查出CA选用的规范化的普通主题索引标题；根据IG中主题词后有无登记号，决定查CS或GS，有登记号的查CS，反之则查GS；及时掌握主题词的变化情况，通过相关参照注释可扩大检索范围。

索引指南的编排结构：由正文和附录两部分组成。正文部分是按字顺编排的词表，通过参见(See)和相关参照(See also)等条目，主要起规范词汇的作用。

(8)登记号手册(CAS registry Handbook)：提供从CAS登记号来查找化学物质索引标题和分子式索引标题，是使用化学物质索引和分子式索引的辅助工具。其著录格式如下（分别为化学物质登记号、名称和分子式）：

71-43-2　Benzene　C_6H_6

(9)CAS资料来源索引(CAS Source Index, CASSI)：CASSI的资料来源包括连续出版物，会议录，专题论文汇编，专利文献等，但大部分为期刊。是帮助获取原始文献的工具。其查阅方法是将CA文摘中提供的刊名缩写看成一个整体，按字顺查来源索引中的黑体部分，就能找到刊名全称及有关内容。如：J Am Chem Soc按刊名缩写的字顺即可查到：Journal of American Chemical Society。

二、检索途径和方法

查阅CA，获取文摘，就可以根据文摘的内容决定是否索取原始文献。获取文摘的途征可分为以下几种。

1.分类途径

CA的文摘是按学科分类编排的，每期首页都附有分类类目表，查阅时，先根据课题的学科性质，在分类类目表中选择其相应的类目，然后翻到该类所在页码；当类目名下所列出该类的收录范围与课题一致时，则逐条查阅有关文摘。

2.主题途径

这是查阅CA时最主要和使用最多的途径。包括关键词索引、化学物质索引和普通主题索引及索引指南。查阅时，首先根据拟查的课题，准确选出主题词(一个或多个)，然后利用三种索引，查得文摘号，得到相应的文摘。

3.著者途径

是利用文献外部特征来进行检索，只要知道著者姓名，检索起来既方便又快捷。查阅著者索引得到文摘号，得到相应的文摘。

4.序号途径

在已知化合物登记号和专利号情况下，从登记号查出该物质的规范检索词和分子式，继而通过化学物质索引或是分子式索引得到文摘号和相应的文摘。已知专利号，通过专利号索引就能得到相应文摘号和文摘。

5.分子式途径

已知化合物的分子式，通过分子式索引，即可得到文摘号及相关文摘。但分子式索引著录简单，不利于筛选，因此，可以通过分子式索引，掌握化合物名称后，再利用化学物质索引查阅文摘。

6.3.3 CA数据库(CA on CD)检索

目前广泛使用的CA光盘数据库有两种：一种是《化学文摘》光盘数据库(CA on CD)，内容从1996年开始，对应于当年书本式《化学文摘》周刊，数据库内容按月更新；另一种是《化学文摘》的累积索引及文摘光盘数据库(CI CD-ROM)，包括第10-13次累积索引及相对应的文摘正文。

一、检索基础

(1)布尔逻辑检索：在同一检索字段中，可以用逻辑算符AND、OR 、NOT来确定检索词之间的运算关系。

(2)位置检索：Same Document表示检索词在同一文献中，Same Paragraph表示检索词在同一段落中。

(3)截词检索：截词表示前方一致，后方可以有词性、词根的扩展。系统使用代字符“?”及截词符“*”。

(4)其他检索：分子式检索时要依据HILL系统来写出分子排列式；作者检索时姓和名之间要加逗号，空格；专利号检索时国别代码和号码之间要空格；检索词忽略英文大小写，以及数字上下标等等。

二、检索途径和方法

CA on CD 提供四种基本检索途径:索引浏览式检索(Index Browse),词条检索(Word Search),化学物质检索(Substance Hierarchy),分子式检索(Formula),见图6-24,其中工具栏中前四图标与这四种基本检索途径相对应。

1. 索引浏览式检索(Index Browse)

是一种根据菜单检索文献,通过浏览方式寻找特定字段的检索。直接点击工具栏"Browse"图标或在Search命令菜单中选择Browse命令,即可进入索引浏览格式检索,见图6-24。一般用此方法检索如个人作者、团体作者、专利号、CAS登记号、CA文摘号等。

Index字段的缺省值为Word,还提供各种检索字段的选择。索引字段有:Word(自由词)、CAS RN(CAS登记号)、Author(著者)、General Subject(普通主题)、Patent Number(专利号)、Formula(分子式)、Compound(化合物名称)、CAN(文摘号)、Organization(机构名称)、Journal(刊名缩写)、Language(原文语种)、Year(出版年份)、Document Type(文献类型)、CA Section(CA分类)、UP date(文献更新时间)等。

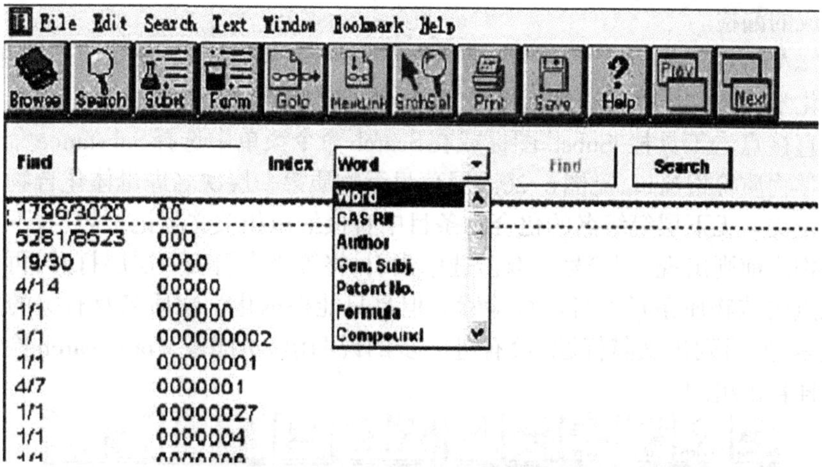

图6-24 CA on CD索引浏览格式检索界面

2. 词条检索(Word Search)

是CA中最常用的检索方法,直接点击工具栏"Search"图标或在Search命令菜单中选择Search命令,即可进入词条检索,见图6-25。提供直接输入检索词(关键词)、词组、数据、专利号、CAS登记号、分子式等,可用布尔逻辑符组配成复杂检索式进行检索,也可使用截词符"*"和代用词符号"?"。

3. 化学物质检索(Substance Hierarchy)

在CA数据库中,有许多文献涉及具体的化学物质名称,由于化学结构比较

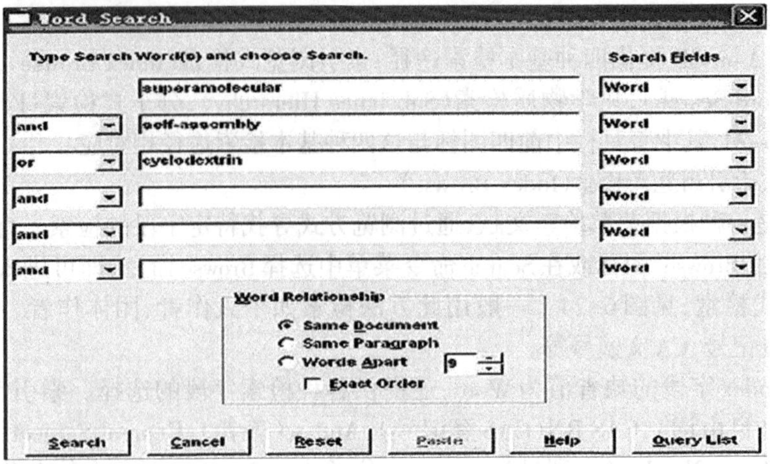

图6–25　CA on CD词条检索界面

复杂,且化学命名多样化,同一物质可以有不同的名称,用Word Search方式检索,不能准确把握检索词,而用化学物质名称检索方式则可以避免检索词不规范造成的漏检。

"CA on CD" 的化学物质等级名称索引与书本式的化学物质索引基本相同,是按化学物质的母体名称进行检索的,有各种副标题及取代基。

直接点击工具栏"Subst"图标或在Search命令菜单中选择Substance命令进入化学物质检索窗口,见图6–26。屏幕显示物质第一层次名即母体化合物名称索引正文。无下层等级名的化合物条目中直接给出相关文献记录数;有下层名称的物质前则出现"+"符号。双击选中索引,将等级索引表一层层打开,再用鼠标双点击该物质条目即可进行检索。但是只能根据化学物质名及有关的副标题检索,然后列出文献标题,没有进一步的说明语,不能像Word Search检索方式一样自由组配。

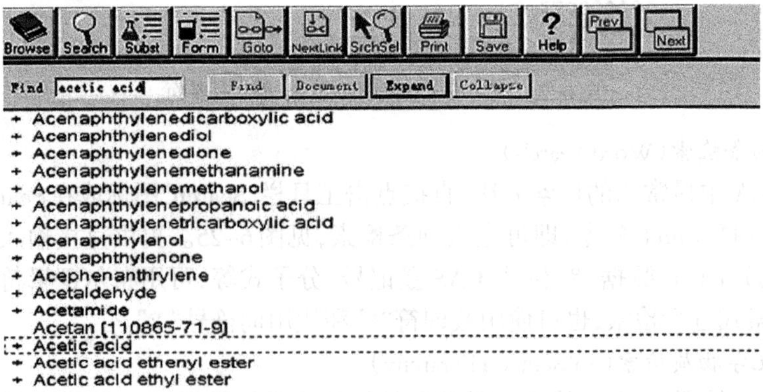

图6–26　CA on CD化学物质检索界面

选择副标题分析,见图6–27。

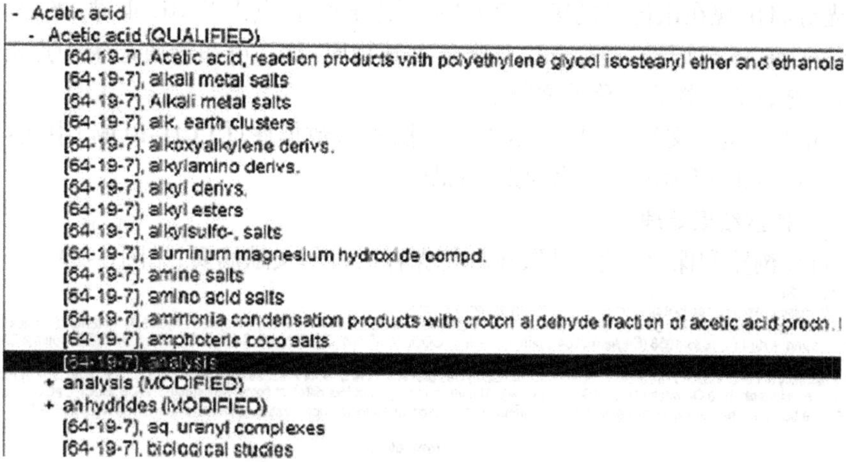

图6–27　CA on CD化学物质检索界面(选择副标题分析)

4. 分子式检索(Formula Hierarchy)

提供与CA印刷型的分子式索引结构相似的分子式及物质名称等级索引。分子式索引由A–Z顺序排列,检索过程与化学物质名称检索方式类似,它也只能检索到化学物质名及有关的副标题,没有进一步的说明,也不能自由组配,一般情况下,也很少使用。分子式检索中的分子式排列方式也是依据HILL系统的排列规则。

双击带"+"的分子式,或单击Expand按钮,屏幕显示所有该分子式的母体物质名称以及相关的混合物、聚合物等。从中选择符合题意的化学物质名,见图6–28。

图6–28　CA on CD分子式检索界面

5. 其他检索

除以上四种基本检索途径外,系统还提供从记录中选择词条或CAS登记号进行检索。

(1)从记录中选择词条进行检索:在显示结果后,可用鼠标定位在所有字段中需要的任何词上,然后双击,系统会对所选词在所属的字段中重新检索。

(2)从记录中选择CAS登记号进行检索:如果想从记录中选择CAS登记号

进行检索，点击该登记号显示其物质记录，或在记录显示窗口，点击NextLink按键，光标将出现在该记录的第一个CAS登记号处，再点击NextLink键，光标将移到下一个CAS登记号，用GotoLink来显示其物质记录，可在物质记录中点击CA索引名称查询该物质名称的文献。

此外，《化学文摘》的累积索引及文摘光盘数据库（CI CD–ROM）中还可查找 Index Guide 以确定规范化的索引标题。

三、检索结果处理

可以浏览和保存文献标题，按标记保存或打印文献摘要，见图6–29。

142:344624
Single Pulse-Laser Induced Breakdown Spectroscopy in aqueous solution.
De Giacomo, A.; Dell'Aglio, M.; De Pascale, O. (Department of Chemistry of Bari, Bari 70126, Italy). Applied Physics A: Materials Science & Processing, A79(4-6), 1035-1038 (English) 2004 Springer-Verlag. CODEN: APAMFC. ISSN: 0947-8396. DOCUMENT TYPE: Journal CA Section: 73 (Optical, Electron, and Mass Spectroscopy and Other Related Properties)
The flexibility of Laser Induced Breakdown Spectroscopy (LIBS) was proved for the anal. of water solns. The plasma is generated directly in the bulk of a water soln. by a Q-switched Nd:YAG laser (1064). The emission signal of four different solns. was studied: $AlCl_3$, NaCl, $CaCO_3$ and LiF. The basic mechanisms influencing the emission signal and the exptl. tricks for the optimization of the detection mode were pointed out.

Keywords

pulse laser induced breakdown spectroscopy aq soln

Index Entries

Laser induced breakdown spectroscopy
Solutions
single pulse-Laser Induced Breakdown Spectroscopy in aq. soln.
7429-90-5 , properties
7439-93-2 , properties
7440-23-5 , properties
7440-70-2 , properties
lines for, single pulse-Laser Induced Breakdown Spectroscopy in aq. soln.
471-34-1 , properties
7446-70-0 , properties
7647-14-5 , properties
7789-24-4 , properties
single pulse-Laser Induced Breakdown Spectroscopy in aq. soln.

图6–29 CA on CD检索结果界面

6.4 生物学文摘

6.4.1 概 况

美国《生物学文摘》，由美国生物科学情报社（BIOSIS）编辑出版，它有两套版本：一套是《生物学文摘》（Biological Abstracts，简称BA），创刊于1926年，文摘内容比较详细，主要是收录世界各国有关生物学、医学、农业方面的文献，摘用了100多个国家和地区的约9000种期刊、13000种图书和其他文献；另一套是《生物学文摘/报告、评论、会议》（Biological Abstracts /RRM，简称BA/RRM），收录的有关科技报告、评论和会议论文，是一种题录索引性刊物。这两套检索工具的总体结构、分类、编排及它们的各种索引完全相同。BIOSIS Previews 由美国生物科学信息服务社出版，是世界上最大的关于生命科学的文摘索引数据库，包括美国生物学文摘（BA）和生物学文摘/报告、述评、会议资料（BA/RRM）两个专辑，是基于Web of Knowledge的一个检索平台。

6.4.2　BA印刷版检索

1972年起为半月刊，12期为一卷，全年两卷。1998年后，一年一卷，共24期，每卷出一套累积索引。

一、编排结构与著录格式

由标题类表、文摘正文、索引三大部分组成。

1. 标题类表

分别称为“主要概念标题等级表”（HIERARCHICAL LIST OF MAJOR CONCEPT HEADINGS）和“主要概念标题字顺表”（ALPHABETICAL LIST OF MAJOR CONCEPT HEADINGS）。BA将所收录文献按主题内容分为77个一级类目，一级类目下按学科内容分为63个二级类目和28个三级类目，共168个类目。著录格式为类目名称+页码。

2. 文摘正文

文摘正文部分按“主要概念标题等级表”顺序编排，文摘分别归入相应的类目下。在主要概念下还列有参照符号See和See also及参照类目，将各个类目联系起来，以扩大检索范围，提高查全率。BA文摘正文部分著录格式见图6–30。

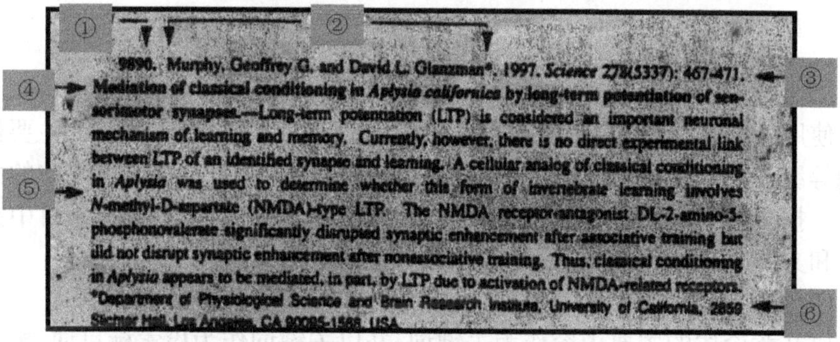

9890. Murphy, Geoffrey G. and David L. Glanzman*. 1997. *Science* 278(5337): 467-471. **Mediation of classical conditioning in *Aplysia californica* by long-term potentiation of sensorimotor synapses.**—Long-term potentiation (LTP) is considered an important neuronal mechanism of learning and memory. Currently, however, there is no direct experimental link between LTP of an identified synapse and learning. A cellular analog of classical conditioning in *Aplysia* was used to determine whether this form of invertebrate learning involves *N*-methyl-D-aspartate (NMDA)-type LTP. The NMDA receptor-antagonist DL-2-amino-5-phosphonovalerate significantly disrupted synaptic enhancement after associative training but did not disrupt synaptic enhancement after nonassociative training. Thus, classical conditioning in *Aplysia* appears to be mediated, in part, by LTP due to activation of NMDA-related receptors. *Department of Physiological Science and Brain Research Institute, University of California, 2859 Slichter Hall, Los Angeles, CA 90095-1568, USA.

①文摘号；②著者；③文献所载期刊的出版年，期刊名称，卷（期），起讫页（非英语期刊用方括号注明该文文种）；④文献篇名；⑤文摘；⑥著者所在单位和地址

图6–30　BA文摘正文部分著录格式

3. 索　引

(1)作者索引（Author Index）

有期索引和年（或者半年）累积索引，是按文献资料的作者姓名字顺排列的一种索引，可查出已知个人或团体作者的文章。该索引只列出作者名称（包括个人和团体）（Name）和文摘号（Ref. No.），一篇文章有几个作者就有几条索引，一个作者有多篇文献则相应有多个文摘号。每期BA的作者索引前面都有一个

该索引的使用方法说明。

(2)生物体索引(Organism Index)

是BA最具有特色的索引,是BA所独有的。按美国生物科学情报社生物等级分类体系编排,它以较大的生物分类单位为标目,按照生物界的自然分类系统的顺序排档,供读者从生物体所属的门、纲、目或科来查找的有关文献。每期BA生物体索引前面都附有两个重要的参考工具,一个是"主要概念标题等级表",另一个是"主要概念标题字顺表"。每期的生物体索引按当期提供的"主要概念标题等级表"顺序编排"。著录格式见图6-31。

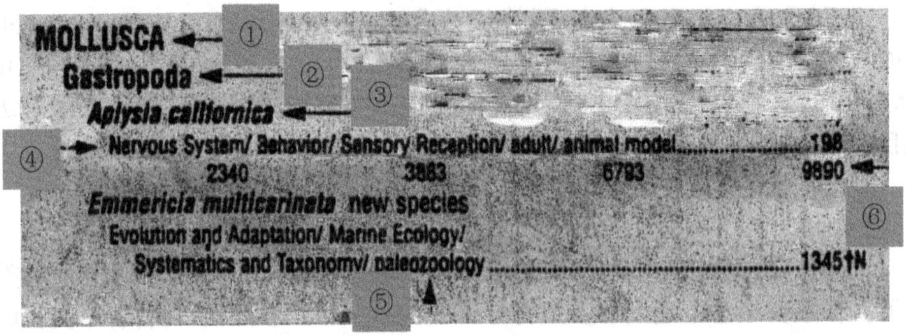

①较高的生物分类类目;②较低的生物分类类目;③生物体名称;

④主要概念;⑤文本词;⑥文摘号

图6-31 BA生物体索引著录格式

使用该索引,必须了解有关生物分类及其学名,参阅该索引前的"主要概念标题等级表"和"主要概念标题字顺表",确定生物体在生物分类体系中的大致位置。按分类到索引中去找标目词,找到符合要求的标目词,浏览条目中主要概念和文本词,选择符合需要的条目,按文摘号查阅文摘。

(3)主题索引(Subject Index)

以文章论述的主要内容作为关键词,并以关键词作为检索标目词,按关键词的字顺排列,以数字开头的关键词置于最后。检索标目词是能反映原文主要内容的具有检索意义的词,包括生物体的普通名称、专有名称、属种名称,地理位置、药物的通用名、商品名和系统名,还包括疾病、普通物质、生物医学技术方法、细胞、组织、器官、系统等内容。

索引条目由一个标目词(关键词)(Keyterm)表达原文其他内容的标题类和文本词(Context Terms)以及文摘号(Ref. No.)组成。著录格式见图6-32。

该索引的查找方法简单,根据课题要求,确定适当的关键词,包括同义词和变形词,按字顺到索引中去找标目词,找到标目词,再浏览索引条目中主要概念,药物修饰词以及文本词,选择符合课题要求的条目,根据文摘号查阅文摘。

Key term
Context terms　　Ref. No.

Aplysia californica (Gastropoda)
Nervous System/ Behavior/ Sensory Reception/ adult/ animal model..........198
2340　8883　6793　9890
DL-2-amino-5-phosphonovalerate
NMDA receptor-antagonist-drug/ Nervous System/ Behavior..........9890
Emmericia multicarinata (Gastropoda)
Evolution and Adaptation/ Marine Ecology/ Systematics and Taxonomy/
paleozoology..........1345 †N
long-term potentiation

图6-32　BA主体索引著录格式

二、检索途径和方法

1.分类途径

适用于课题研究范围较广的文献检索，检索标目是文摘主要概念标题中的168个类目。步骤:(1)在“主要概念标题等级表”中确定主要概念标题分类类目;(2)按类目后对应的页码在文摘正文中浏览文摘，选择切题文摘;(3)按文献出处索取原文。

2.生物体途径

根据“主要概念标题等级表”和“主要概念标题字顺表”确定生物体在生物分类体系中的大概位置。在生物体索引中查到合适的标目词，浏览标目词下的主要概念词和文本词，选取切题款目。按文摘号查阅文摘正文，选取切题文摘。按文献出处索取原文。

3.主题途径

利用主题索引中的关键词作为检索标目检索文献。

步骤:(1)分析课题，确定关键词;(2)在主题索引中按字顺查找到关键词，阅读主要概念标题和文本词，选取切题索引款目;(3)根据文摘号到正文中查阅文摘;(4)按文献出处索取原文。

4.著者途径

以著者姓名作为检索标目检索特定文献的一种途径。

步骤:(1)按字顺在著者索引中查到著者姓名;(2)根据著者姓名后的文摘号查阅文摘(3)按文献出处索取原文。

6.4.3　BA网络版BIOSIS Preview检索

一、检索基础

(1)通配符“*”或截词符“?”:查找前端一致的词或拼法不同的词，但需注意在Topic字段，“*”之前至少应有三个字母。

(2)逻辑算符:在同一检索字段,利用AND、OR、NOT、SENT、SAME将输入的词或词组结合起来以扩展或缩小检索范围,"SENT"和"SAME"用来限定两个或多个检索词在同一个字段中检索。

(3)在多个检索字段输入检索词,系统将按照"AND"关系执行。

二、检索方法

系统首页平台提供基本检索(GENERAL SEARCH)和高级检索(ADVENCED SEARCH)两种方式,首页有快速检索(Quick search)入口,见图6-33。

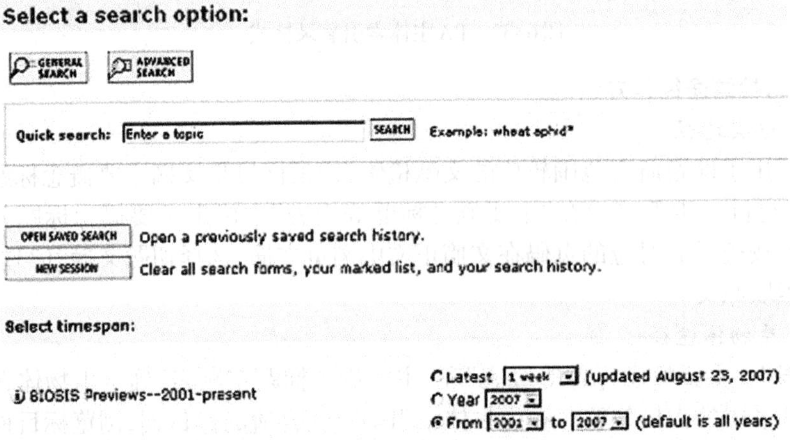

图6-33 BA网络版检索主界面

1.基本检索

设有11种字段,可在一个或多个检索字段中输入检索式;能设置各种检索限制选项(如语种(Language)、文献类型(Document Type)、生物组织(Organism)以及排序等);还可存储检索式(Save Query)。见图6-34,11种字段分别为:

主题(TOPIC):在主题字段输入的词可以来自文献篇名、文摘、生物组织、主概念、生物物种分类、分类俗名、生物组织的部分结构、疾病名称、化学和生物化学名称、化学物质登记号、基因和蛋白质序列数据、实验方法和设备、地理位置、年代、工业名称、机构名称和组织名称、文献中提到的人名、由BIOSIS索引者设定并添加的主题词、其他索引(如MeSH叙词)等众多字段。也可以选择"Title only",限定只在文献篇名(Title)中检索。

作者(AUTHOR):论文作者/专利发明者/图书、期刊编著者,如SMITH A*。

来源出版物(SOURCE PUBLICATION):期刊或图书的全称或部分,点击"source index"可浏览数据库中收录的图书和期刊。

出版年(PUBLICATION YEAR):输入出版物的一个或一组出版年,如2001,

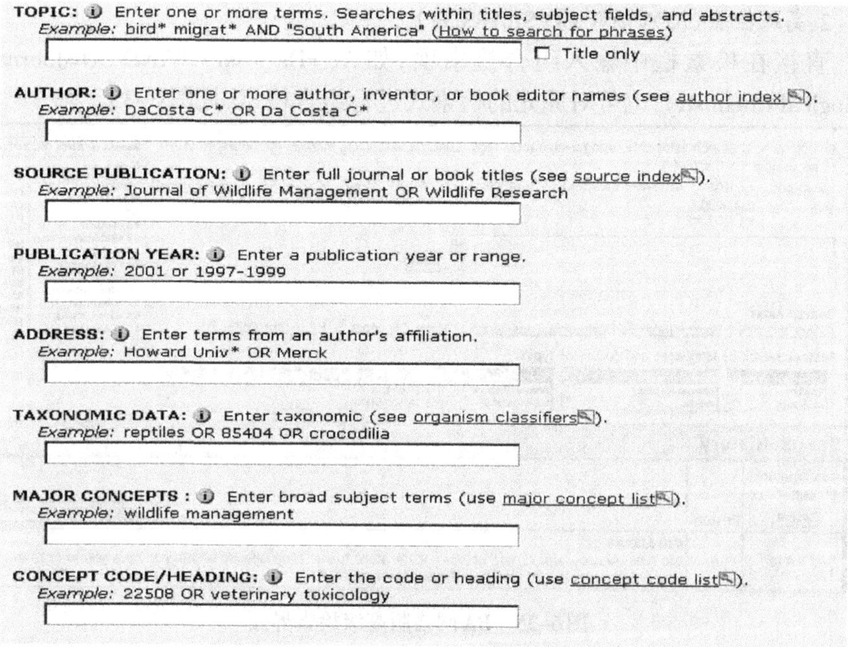

图6-34 BA网络版基本检索界面

2001–2008。

地址(ADDRESS):输入来源出版物中所有作者、编著者、发明者的通讯地址、所在单位名称等。

生物物种分类(TAXONOMIC DATA):输入物种的拉丁名,如MOLLUSCA。通过浏览"organism classifiers",可对选择名称进行复制、粘贴。

主概念(MAJOR CONCEPTS):输入宽泛的主题词。通过浏览"major concept list",可对选择主概念进行复制、粘贴。

概念代码(CONCEPT CODE/HEADING):是五位数字的代码,用于代表原文中涉及的较宽泛的生物学概念。Concept codes可以增加检索的准确性,并可以替代多个同义词。通过浏览"concept code list"可获得代码。

化学和生物名称(CHEMICAL):输入化学、基因名称,如lysine。

会议信息(MEETING INFORMATION):输入会议名称、会议地点、主办者、会议召开日期等。在该字段只能使用AND而不能使用SAME算符。

识别码(IDENTIFYING CODES):包括国际通用的ISBN、ISSN、国际专利号、美国专利号等。

专利权人(Patent Assignee):人名或机构名,如SCRIPPS, PIERCE J*。

专利号(Patent Number):如US 5892070。1995—1999年仅有美国专利。

2. 高级检索（ADVENCED SEARCH）

直接在检索栏中输入组合检索项，如 AU=DaCosta C*AND SO=Journal of Biological Chemistry，也可对原先的检索式进行组合检索，见图6–35。

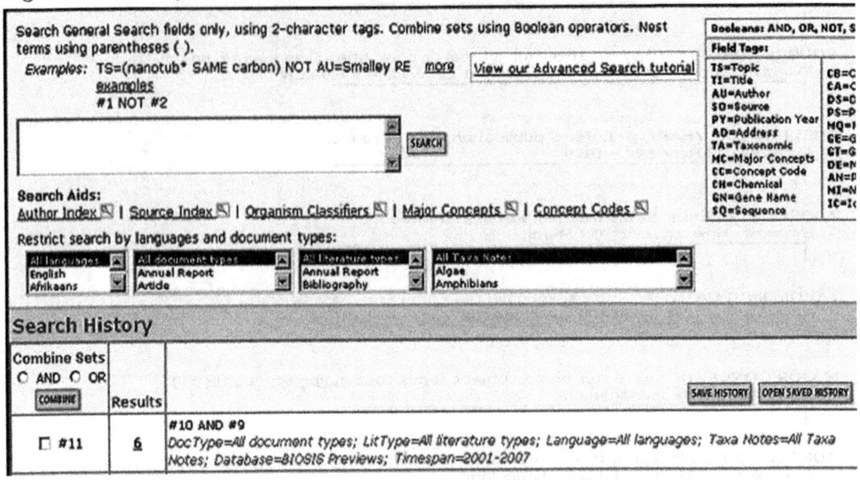

图6–35 BA网络版高级检索界面

3. 快速检索

检索方式同基本检索，只适合主题（TOPIC）检索，如图6–33。

三、检索结果处理

命中结果显示时，每页最多10个记录，不能进行设定。可标记所有命中记录（Mark All）或在选中的文献前面的小方框打“√”标记，然后提交（Submit）。提交后屏幕上方出现"Marked list"按钮，点击后即显示所标记的记录，见图6–35。

输出记录时有四种方式：“打印格式（Format for Print）”、“存为文件（Save to file）”、“输出（export）”、“email发送（E–mail）”。点击Format for Print后，屏幕下方可选择输出字段：“作者地址”、“文摘”、“语种”、“文献类型”“ISSN/ISBN”、“BIOSIS入藏号”、“出版信息”、“勘误表”、“会议信息”、“专利信息”、“BIOSIS主题字段”。也可对要输出的文献排序，有“最新日期”、“第一作者”、“来源出版物名称”三种排序方式。当屏幕上显示出打印格式的记录后，利用浏览器的功能打印或存盘。

第7章　图书信息及其数据库检索

自上世纪90年代后，随着Internet的迅速发展与普及，为适应时代的发展和需要，各种传统的图书目录和索引纷纷上网，一种新的图书类型——电子图书，则更是获得了空前规模的发展，同时，林林总总的网上书店也在不断出现，因此，要了解和获取图书的各种相关信息线索，如内容信息（书名、作者等）、出版信息（出版社、出版年等）、收藏信息等，掌握图书信息的分布规律和网络分布状况及相关检索方法就显得十分重要了。

7.1　图书信息的网上分布

在互联网上，一般而言，有四种不同的方法定位和获取互联网上的图书或图书信息。第一，直接通过该信息的RUL（统一资源定位器，通用寻址：因特网地址（如 http://www.hmco.com/trade/），常包括存取协议（http）、域名（www.hmco.com）以及服务器（trade）上存放的任意文件或资源路径）直接找到其Web页面；第二，通过Web页面上的超文本链接往往是与网站（页）相关的另一些站点；第三，通过搜索引擎查询获得所需图书信息的网站或网页；第四，利用搜索引擎获取有关出版社或网上书店等网址信息。

7.1.1　图书出版信息

一、网上书店

网上书店是随着计算机技术、通讯技术，特别是Internet的迅猛发展而出现的一种以提供网上图书销售及其相关服务为主的新型图书销售渠道。图书作为一种商品，由于其标准简单、价格便宜，而被公认为最适合在网上进行交易。网上书店的崛起对传统的图书流通体系产生了强烈的冲击，有效地缩短了图书流通发行环节，将广大读者、图书、出版者、发行者紧密地结合在一起，大大提高了图书流通率。世界第一家网上书店——亚马逊网上书店创立于1995年，与国外网上书店相比，我国网上书店起步较晚，但发展十分迅速，1997年初杭州新华书店开通网上书店，紧接着清华大学出版社、商务印书馆、文物出版社等几十家出版机构相继在因特网上建立独立的域名与主页，据统计，我国出现在网上书店站点已多达50多个。

网上书店及其服务特点：

(1)网络化运作，覆盖面广阔。在任何地点和任何时间都可以相互通讯，具有全球范围内的最广泛的覆盖面。读者可足不出户，漫游丰富的全球图书海洋，检索、浏览图书出版相关信息，订购任何所需的书刊。

(2)营销手段快捷方便，购书高效节省。网上书店一般没有或只有很少的库存，因此不必背上积压图书资金的沉重包袱，图书资金可以快速流通。它一般是在网上和读者签订订单之后，将订单进行汇集，然后再与经销商或出版商联系，由他们直接将图书送到读者的手中，解决了书店盲目进书而造成的图书积压问题。

(3)提供个性化服务，最大限度地满足读者的需求。先进的网上书店不只是单纯地为读者提供图书及其相关商品，同时也为读者提供种类繁多的非常细致的个性化服务。例如，开办了别具特色的书评栏目，让广大读者、出版者和作者共同参与评价图书的活动，给读者以互相交流信息的空间。通过书评，读者可以相互交流读书的心得体会，其他读者便可以了解图书的观点、内容和特色，以便决定是否购买此书。

二、出版社网站

近年来，出版社纷纷在互联网上建立自己的网站，在这样一个信息平台上，提供出版社的图书信息以实现书业信息的有效传播和利用。使得图书经销商、图书馆和读者通过网站跨越时间和空间更全面、深入地了解出版社已出版和将要出版的图书的详细信息，出版社利用网络宣传自己的产品和服务。

高等教育出版社(http://www.hep.edu.cn/)的网站提供了新书推荐、在版书目、购书指南、获奖教材、电子制品、精品推荐、分社导航、教材订购目录等栏目，其中的在版书目涵括了该社出版的各门学科、各类教材的最新书目，以及各门学科的重印书书目。

机械工业出版社(http://www.cmpbook.com/)自1952年成立以来，产业结构不断完善，已由传统的图书出版向着图书、期刊、电子出版物、音像制品、电子商务一体化延伸，现已发展为多领域、多学科的大型综合性出版社，涉及机械、电工电子、汽车、计算机、经济管理、建筑、ELT、科普以及教材、教辅等领域。机械工业出版社近年来一直保持年出书3000种左右，其中新书1500余种，重印书1500余种。

化学工业出版社(http://www.cip.com.cn/)成立于1953年，其出版范围涵盖化学、化工、材料、环境、能源、生物、药学、医学、大众健康、机械、电气、计算机、轻工、建筑、安全、农业科技等众多专业学科。并致力于以丰富多彩的实用科技图书、工具书、教材、电子出版物及专业期刊满足广大读者和业界人士的需求。

清华大学出版社(http://www.tup.tsinghua.edu.cn/)成立20多年来，共出版各类计算机图书2000多种，其中各类教材1000多种，形成了大学本科计算机教材和大学本科非计算机专业教材、高职高专教材、计算机应用技术类图书和中小学信息技术教育图书等层次完整、种类齐全的图书品种结构。实施“走出去”战略，加强双向交流，进一步扩大引进原版教材的学科领域和品种，同时针对目前国内双语教学面临的师资短缺及学生英语水平尚不能完全适应等实际情况，加强相关配套辅助产品的服务，与国际接轨。另外，还拓展出版媒体，改善现有的出版媒介形式，加快出版资源数字化进程，适应新载体技术发展。

出版社网站有如下一些功能：

(1)宣传功能：从经济的角度考虑，利用出版社网站宣传的成本与销售效果较任何传统方式都好。宣传出版社基本情况，出书范围和特点，读者类型等。

(2)营销功能：营销是出版社的主要功能之一，网站的营销功能更为重要。网上售书主要有两大优点：一是网上售书直接面对读者，减少了中间环节，提高效率，降低交易成本，最终提高利润；二是缩短了出版社与消费者的距离，提高了出版社把握市场的效率。

(3)信息功能：出版社信息提供主要包括提供书目信息、读者信息。出版社的书目信息主要有两部分。第一部分是网页提供的新上市的热销图书、重点图书、推荐图书、热点图书、新书等书目信息；第二部分是读者通过检索而间接得到的书目信息。

(4)交流功能：出版事业要顺利发展，需要出版社、读者、商家、作者、编辑各个要素之间很好的沟通。出版社网站可以提供作为信息交流和沟通的平台，让读者、商家、编者、作者等各个要素迅速实时多向的信息交流，最终提高了出版社把握市场和消费者的能力。

三、综合性图书网站

这类网站除了部分网络出版的电子图书，绝大部分的图书都是由出版社并通过多种途径进行发行的。目前，互联网上有许多专业图书出版网站，他们为我们提供了许多与图书相关的信息。

Book Wire(http://www.bookwire.com/)提供有关图书产业的特点、新闻和评论信息，也有指向书商和出版社的链接。它是网上图书业最有影响的信息资源网，共收录了18000多家与图书有关的网址，同时对书店、电视、电台、印刷品等出现的作者信息，提供了按作者名、书名、出版商、城市、书店等的检索途径；提供了图书工业的最新消息、事件报告和人物信息；提供了比印刷版早三天的《出版商周刊》畅销书排行榜，能够展现作者日历式的消息。还有Book Search Engine (http://www.booksearchengine.com/)可同时检索几十个书商和在线书店的书目，有3900个独立的类目；Book Stores and Publishers（http://polarbear.eng.lycos.com/bookstores/）收集了图书馆和出版商的图书目录的链接。

中国图书网（http://www.bookschina.oom/）建于1998年，是国内最早的网上图书销售平台之一。经过8年的发展，中国图书网已经成为国内图书品种最全的网上书店，拥有58万种现货图书，基本包含了国内各大出版社的所有图书品种。拥有完备的配送方式和支付手段，全国463个城市送货上门，100个城市货到付款；北京地区75所高校和科研院所免配送费；对于外地的顾客，还可以通过邮局发送包裹或EMS特快专递的方式将书邮寄到顾客手中；对于海外顾客，有专门的快递公司将书快递到顾客手中，最多不超过5天。在支付方式上，普通顾客可以通过邮局汇款、银行电汇、在线刷卡三种方式进行支付，大陆以外的顾客可以使用VISA、MASTER、AE、JCB等外币信用卡进行在线支付。中国图书网已拥有近100万注册用户，目前每天约有300-400位新会员加入，顾客遍布各个省市及海外地区，且形成了为数不少的"铁杆"顾客。其发展目标是在中国的现实环境下，为读者购书提供最大程度的便利，使其成为全球华人选书、购书、看书的最佳选择。

中国图书信息网（http://www.21cbi.com）成立于2003年9月，是专为图书行业提供线上服务的信息网站。宗旨是为国内各大出版社、图书经销商、零售书店提供在线图书信息服务，发展中国网络图书事业，为出版业架起畅通的桥梁。本着信息开放、资源共享的目标与原则，充分利用互联网价值，做到：(1)开放性：每位会员都可以在本地计算机上发布图书供求信息，并被他人免费查询和浏览；(2)广泛性：任何出版商、图书经销商、零售书店都可以通过中国图书信息网的平台发布图书类供求信息，不受任何时间、地域限制；(3)及时性：可以在新书出版的当天收到图书信息，也可以在您接受图书订单的当天，找到货主，联系订货，可以根据图书类别、出版日期、书名进行定位查询。

7.1.2 图书收藏信息

出版社出版图书，书店发行图书，而全球成千上万的图书情报机构则以收藏图书为目的。随着信息技术的发展及互联网的普及，各个图书馆纷纷建立自己的联机公共检索目录（Online Public Access Catalog，OPAC），以方便读者查询该馆的馆藏。在此基础上，各图书情报部门开始合作建立各种地区性、全国性或全球性的联合目录数据库，以实现更大范围的资源共享。

一、馆藏目录

图书馆最重要，使用最多的参考检索工具是馆藏目录。馆藏目录是一个图书馆馆藏资源（图书、期刊、音像资料、计算机光盘等）的逐条记录（record），对每一件馆藏提供简单描述，内容通常包括该馆藏的题名、责任者（著者）、出版者、出版日期、主题、载体形态等,期刊目录还同时提供馆藏年月/卷期号等信息。为了有序地排放/整理馆藏,图书馆给每件馆藏一个独一无二的索取号(call number),这个索取号也会显示在书目记录上。馆藏目录是读者查找馆藏的最简捷的途径,读者根据书目了解自己需要的或可能需要的馆藏的简单信息,再根据索取号找到对应的馆藏原件。馆藏卡片目录通常只提供三个检索途径:题名、作者和主题,所有目录卡片在这三个大类别下按顺序排列。

随着计算机网络技术的发展,目前所有现代化图书馆都逐渐放弃了卡片目录的使用,而改用馆藏联机目录(OPAC),OPAC出现于20世纪70年代。虽然图书馆联机目录中逐条馆藏记录的内容与卡片目录基本相同,但是联机目录的使用大大改变了传统的查找书目的方式,提供了多个检索途径,并且大大增加了馆藏记录之间的相互参照功能。联机目录是图书馆自动化管理系统中的一个环节,这个系统通常还包括书刊采购和外借流通等工作程序,因此联机书目也能同时反映图书馆最新采购但还未及时编目的书刊信息和书刊外借信息(如某本藏书是否被借出,何时归还等)。另外,图书馆还可根据需要随时提供或更改其他馆藏相关信息,如馆藏所放地点等。它的基本功能包括:提供多种查询途径,如书/刊名、作者、分类号、主题词、ISBN/ISSN等;支持多种检索策略,如布尔逻辑检索、截词检索等;能够显示特定书刊或资料的准确状态信息(分类号/索书号、借、还情况、收藏处所等);能够以各种形式(打印、存盘、E-mail发送)输出检索结果等。

二、图书馆联合目录

联合目录的记录内容与单个图书馆的馆藏目录记录内容基本相同,只是在此基础上增加所有收藏该资料的图书馆的名称,如果是期刊,则还会反映各图书馆收藏的卷期号。联机联合目录也可同时包含各图书馆其他相关信息,如图书馆馆藏负责人联系方式等,是馆际互借必不可少的工具。图书馆联合目录是图书馆合作的产物,是在一个共同的目录中反映多个图书馆的馆藏信息,主要作用是让读者和图书馆工作人员迅速查找哪些图书馆拥有自己需要的资源。例如,OCLC的WorldCat数据库,就是一个世界范围内图书馆的图书及其他资料的联合目录数据库。每一条图书信息都包含了书名、作者、出版者、页码、世界各个图书馆的馆藏情况等详尽的信息。基本上反映了世界范围内图书馆所拥有的图书和其他资料。又如CALIS(China Academic Library Information System,中国高等教育文献保障体系)联合目录数据库,是CALIS组织在建的一个多语种书刊联合目录数据库和联机合作编目、资源共享系统。目前,共有100多个高校图书馆参加了这个联合目录的建设工作。该数据库向成员馆提供联合目录的详细级联机公共查询及其他成员馆数据库的联机公共查询;向非成员馆提供简要级的联机公共查询。

7.1.3 电子图书

一、什么是电子图书

电子图书(也称数字图书,e-book)是采用数字化形式将图书文献的文本、图像、声频、视频存贮在计算机可阅读载体上,在计算机软件的支持下形成电子图书数据库,并再现出来供人们阅读利用。

出现于20世纪80年代初的全文检索技术极大地促进了电子图书的发展,尤其是近年来多媒体技术和超文本技术广泛应用于电子信息的处理中,促使电子图书赢得了更多的读者,使电子图书具有“图、文、声、像并茂”的特征。随着Intemet的兴起,基于网络的电子图书获得了大规模的发展,早些年电子图书主要以百科全书、词典这类参考工具书居多,现在网上有了大量的文学作品等,并且数量越来越多,一些著名的站点在收录电子图书方面很有特色,吸引了大批读者。

二、电子图书的特点

1.亲切的感受力

由于电子图书采用统一的数字化编码来表示文字与其他信息,这就使得不同种类信息的集成化处理与传递成为可能,即采用多媒体、超媒体技术,使电子图书不仅有详细生动的文字描述,还有高质量的栩栩如生的动画情景和逼真的声音效果,使读者获得更全面、更生动的资料,给人以丰富多彩的亲切感受。

2.强大的检索功能

电子图书提供的检索功能是动态的、多途径的、可组配的,在信息的检索、文档的超文本链接、交互式阅读等方面,它比传统印刷版图书更具优势。检索结束后可根据用户需要在计算机屏幕上加以显示或将其打印出来,还可以有目的地进行排序、重组。

3.资源的共享

传统的印刷版图书一旦被人借出,其他人就不能使用,而网络版的电子图书则能供多人多次同时阅读,实现资源共享。

4.稳定性强

这是因为图书不是一种连续性出版物,电子图书亦是如此,因此,在网上的电子图书内容相对比较稳定,极少像电子期刊和电子报纸那样经常性地更新。从这个意义上讲,电子图书具有稳定性。

三、电子图书形式

电子图书通常以CD-ROM/软盘/互联网站等形式存储,针对不同介质,有可能以几种方式出现。

(1)完全执行文件:这种形式的电子图书一般带有保护性质,资料量大,有保密性,可阅读性比较差,适合于内部刊物等。

(2)专有格式:这种形式的电子图书需要以某种专门的阅读器阅读,功能比较固定。

(3)通用格式:这种形式的电子图书一般以通用的图文混排格式制作,即使没有阅读器,一般用户也可在自己的电脑上阅读,而定制的增强功能的阅读器则可以发挥更高的阅读效率。

四、免费电子图书

网上许多站点,出于各种各样的目的都或多或少地提供免费电子图书供大家利用。当然,他们提供免费电子图书的免费程度是不同的:有的是出于公益或个人爱好,提供完全免费的电子图书;有的是出于促销或版权等其他原因,提供部分免费的电子图书或电子图书的部分章节供读者免费阅读。

根据这些网站的经营性质,可分为三种类型:

(1)公益性的网站:出于公共利益的目的,提供各种各样的免费资源和服务,其中许多都提供免费的电子图书资源,他们主要是图书情报机构网站、学校网站、教育网站、政府网站等。

(2)商业性的网站:有些商业性网站为了对收费的电子图书进行促销,或为了吸引读者的注意力,或为了赢取更多的商业广告,也在其站点提供或多或少的免费的电子图书供大众利用。

(3)个人网站:网上有许多网友或出于个人爱好,或出于商业目的,把自己收藏的电子图书或网友提供的电子图书整理后免费提供给公众,供大家阅读和下载。

根据这些电子图书的版权情况,将其分为两大类型:

一种类型是在其上网之前就已经解决了版权之类的问题,或者它根本不存在版权问题(如经典文学作品),纯粹出于公益性目的,而提供免费服务以吸引访问者。

另一种类型则是一些个人或民间组织建立的一些公益、非盈利性的网站,其主要目的是为了方便公众的使用。因为没有资金的资助,这些网站无法解决版权问题,只好在网站上发表类似于"本网站作品版权均为原版权人所有,如有侵犯版权的,请指出,本站立即改正"之类的声明。

五、收费电子图书

伴随着免费电子图书网站的蓬勃发展,收费电子图书网站也在不停地涌现和壮大。与免费站点相比,它们具有以下的特点:是以盈利为目的的规模化生产的专业电子图书网站;收录电子图书数量多,涉及主题广,品种齐全;版权问题基本得到解决。一般都与出版商达成协议,同时通过相关机构来解决作者的著作权问题;因为有销售收入作为后续发展的资金保证,所以,相对来说网站发展比较迅速和稳定;具备较强的分类浏览、检索、下载等数据库功能,因此,也称之为电子图书数据库。

(1)Ebrary电子图书数据库。整合了来自150多家学术、商业和专业出版商的2万多册权威图书和文献,覆盖了商业经济、计算机、技术工程、语言文学、社会科学、医学、历史、科技、哲学等主要科目的书籍种类,其中大部分内容是近三年最新出版,一般每个月都新增几百种图书。目前与Ebrary合作的主要出版社包括 The McGraw- Hill Companies, Random House, Penguin Classics, Taylor & Francis, Yale University Press, John Wiley & Sons, Greenwood等著名出版社。

(2)Netlibrary电子图书。整合了来自350多家出版机构的5万多册电子图书,这些电子图书的90%是1990年后出版的,每月均增加2,000多种。netLibrary电子图书的80%面向大学的读者,涉及自然科学和人文科学各个领域:科学、技术、医学、生命科学、计算机科学、经济、工商、文学、历史、艺术、社会与行为科学、哲学、教育学等。NetLibrary电子图书数据库系统以模仿传统图书的借阅流通方式来提供电子图书的浏览和外借功能,解决了电子图书阅览的知识产权问题,在国外各大图书馆中已有成功的运行实例,目前已经为世界上7,300多家大学图书馆、公共图书馆和专业图书馆提供服务。

(3)方正Apabi数字图书馆。提供73,000余种中国出版的电子新书,内容主要包括社会科学、计算机类和精品 畅销书籍,学科涉及文学艺术、语言、历史、经济法律、政治、哲学、计算机等多个类别。方正电子图书的制作质量好,所占存储空间也最小,且提供了多种浏览和检索(包括全文检索)功能。Apabi数字图书馆获得了著作权人的直接授权,由出版社、杂志社、报社及所有可能生产书籍、资料、情报的单位自己制作,较好地保证了电子图书的质量。

(4)书生之家。下设中华图书网、中华期刊网、中华报纸网、中华资讯网等子网,集成了图书、期刊、报纸、论文等各种出版物的(在版)书(篇)目信息、内容提要、精彩章节、全文,是著书、出书、售书、购书、读书、评书的网上交流园地。目前网站已获得400多家出版单位授权,可以为专业图书情报机构和普通消费者提供数字图书馆服务,并利用书生之家的信息资源凝聚作者、出版商、批发商、零售商、采购商和读者,在新的平台上更好地整合中国出版业从而提高其效益。其中,中华图书网目前提供了11万多种电子图书,多数为2000年之后出版的新书,几乎收录了每年中国出版新书品种的一半以上,并以每年六七万种的数量递增。该库提供了分类检索、单项检索、组合检索、全文检索、二次检索等多种检索功能,读者既可以按照30余个类目浏览和查找图书,也可以利用检索框按"图书作者"、"图书名称"、"出版社"、"ISBN"等进行搜索。

(6)超星数字图书馆。是目前中国最大的电子图书网站,它提供50万册图书,并以每天数百种的速度递增,但主要为2000年以前的图书。超星电子图书涉及各个学科，尤其在教材、工具书、文史资料等类图书的收藏方面较具实力。

7.2　图书信息检索系统选介

7.2.1　OPAC系统检索

一、概　况

OPAC系统，即联机公共检索目录，1970年代初起源于美国一些大学图书馆和公共图书馆，它的出现使读者可以不必在塞满卡片的目录抽屉中翻找目录了。

第一代OPAC，仅仅是传统目录卡片的计算机化处理。即用机读目录代替卡片目录，可以利用终端联机检索，检索的内容和途径均与卡片目录基本一致。

第二代OPAC，起源于20世纪80年代初，系统基于局域网，若要进行远程检索，要通过Telnet方式来实现。大多采用命令语句检索，少数系统开始提供菜单引导检索功能，增加了关键词检索。

第三代OPAC，20世纪90年代初，随着Internet的迅速发展，特别是WWW服务器的普及，出现了用户界面更加友好的WebPAC，其服务对象从单一的馆内读者扩大到全球的网络用户，并能进行跨平台检索，目前国内外大多数OPAC系统都采用这种方式。

二、功　能

现有OPAC系统已经基本实现了传统卡片目录所具备的基本功能，即都能从分类号或索书号、题名、责任者和主题词标目途径，作为查询入口进行检索。部分OPAC系统还实现了传统卡片目录不能实现的检索功能，如提供ISBN/ISSN号途径、出版社、关键词检索等途径。并在此基础上支持多种检索策略，如布尔逻辑检索、截词检索和全文检索等。

当读者查到某馆拥有其所需的特定文献后，就需要进一步了解它的索书号、处理状态（编目完成或编目中）、登录号（或条码号）及各复本的馆藏地和借阅状态（在架上或已借出），以方便借阅。系统能够显示特定书刊状态（或处理状态）信息，如借阅状态和收藏处所等。

具有良好的用户界面，一般采用由简到繁逐步展开的形式显示结果，能够与本地局域网或广域网相连接，能够以各种形式输出检索结果，如打印、存盘、用E-mail发送。网络的发展使OPAC系统可以不受时间和空间的限制随时随地从图书馆查找所需信息，这也对OPAC系统提出了更高的要求。

三、检索方法

用户检索某馆的OPAC，只需直接登录到这些图书馆的网站，进入“联机公共书目查询”或“馆藏书目数据库检索”栏目。还有的图书馆主页上整理了“国内上网图书馆”、“国外上网图书馆”、“国内高校图书馆馆藏书目检索”等，通过这些入口，可以进入国内外大多数图书馆的主页，进而检索其OPAC。例如：安徽师范大学图书馆OPAC主页，见图7-1。

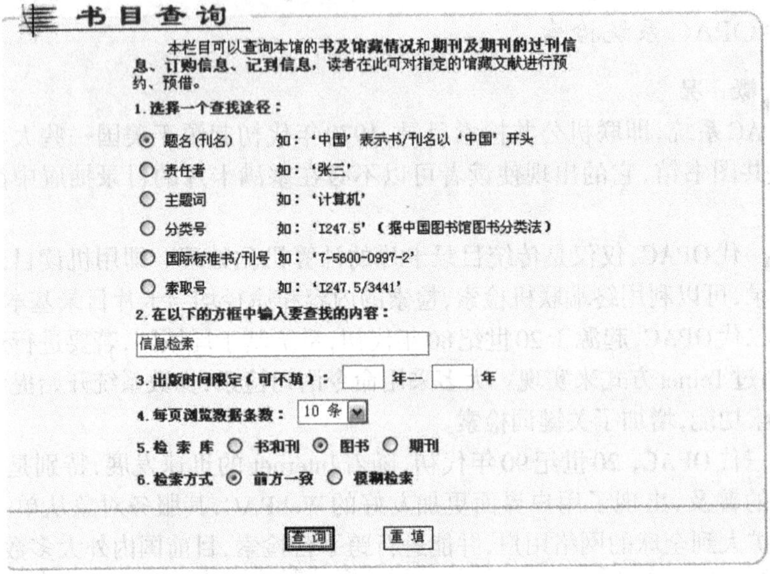

图7-1　安徽师范大学图书馆OPAC主页

第一，在六个检索途径中，只能而且必须选择一项作为检索入口。

第二，以屏幕提示的格式在方框中输入相应内容，填写力求准确。

第三，填写出版时间栏，如读者了解所查文献的出版时间或时间段，可详细填写，如不清楚，亦可不填。

第四，期刊订购，记到浏览年份栏，一般填写当前年份。

第五，在检索库栏目中，选择一个检索范围。三个选项（书和刊、图书、期刊）分别表示系统查找馆藏中的图书或期刊、仅查找图书、仅查找期刊。

第六，可以根据自己的阅读习惯，从10条、15条、20条中选择每页浏览的条数。

第七，项检索方式。“前方一致”指从馆藏数据库中相关数据的前半部分或全部，与输入的检索词一致；“模糊检索”无位置限制，只要数据包含检索词，即满足条件。

填写完1至7项，单击查询，计算机便开始检索。如果数据库中有满足条件的文献，便会显示具体信息，包括文献的题名、责任者、出版项、页码、价格、索取号等内容，见图7-2。

【书目信息】 检索【信息检索】 命中约:18条记录 | 第 1 屏 | 10条/屏 上一屏 | 下一屏 书馆

题名	责任者	出版项	页码	价格	索取号
信息检索	焦玉英，符绍宏，何绍华编著	武汉：武汉大学出版社，2001	433页	CNY18.90	G354-43/2014
信息检索：理论与方法	叶鹰主编	北京：高等教育出版社，2004	391页	CNY28.50	G252.7-43/6400
信息检索．III	张厚生主编	南京：东南大学出版社，2002	413页	CNY31.00	G252.7/1272.3
信息检索：从手工到联机、光盘、因特网	陆建平著	上海：华东师范大学出版社，2001.1	256页	24.00元	G252.7/32
信息检索	焦玉英，符绍宏，何绍华编著	武汉：武汉大学出版社，2001.5	433页	18.90元	G252.7/27
信息检索．	刘俊义，王立文编著	北京：北京图书馆出版社，2002.10	233页	25.00元	G252.7/41
信息检索	邵少杏主编	成都：西南交通大学出版社，2004		CNY6.00	

图7–2 安徽师范大学图书馆OPAC检索结果界面

如需对某一具体文献进一步了解，可单击最右边的详细信息栏，屏幕便显示该文献的条码号、馆藏地点、流通类型、状态、应还期、卷册说明等，见图7–3。

书目详细信息 <<<重新检索

题名： 信息检索导论
作者： 叶继元
出版项：北京：电子工业出版社，2003
页码： 412页
价格： CNY33.00
主题： 情报检索
索取号： G252.7/6421
分类： G252.7
相应电子图书链接： （ ）
相关信息：新编高等院校信息管理与信息系统专业核心教材 并列题名：Introduce to Info rmation 套，包括信息检索概述、信息检索理论与方法、信息检索工具与数据库、手工检索、光盘检索、联机检 检索效果评价等内容。每章后附一定数量的习题，书后附有可供继续阅读的参考书目和实用性很强的各 文、专利、标准、会议录、研究报告的常用检索工具、数据库和网址一览表。 G252.7

【馆藏信息】

条码号	馆藏地点	流通类型	状态	应还日期
2006100914	基本书库	外借	在馆	
2006100915	基本书库	外借	在馆	
2006100916	文科阅览室	学生普通阅览	在馆	

图7–3 安徽师范大学图书馆OPAC书目详细信息界面

一般情况下，流通类型栏显示“普通阅览”或“外借”，状态栏显示“在馆”，便可到指定的馆藏地点借阅；显示“特定阅览”，则说明该文献仅供查阅，不能外借。

7.2.2 CALIS系统

一、概 况

中国高等教育文献保障系统（China Academic Library & Information System，

简称CALIS(http://opac.calis.edu.cn//),是经国务院批准的我国高等教育"211工程"、"九五"、"十五"总体规划中三个公共服务体系之一。CALIS的宗旨是,在教育部的领导下,把国家的投资、现代图书馆理念、先进的技术手段、高校丰富的文献资源和人力资源整合起来,建设以中国高等教育数字图书馆为核心的教育文献联合保障体系,实现信息资源共建、共知、共享,以发挥最大的社会效益和经济效益,为中国的高等教育服务。

CALIS管理中心设在北京大学,下设了文理、工程、农学、医学四个全国文献信息服务中心,华东北、华东南、华中、华南、西北、西南、东北七个地区文献信息服务中心和一个东北地区国防文献信息服务中心。

从1998年开始建设以来,CALIS管理中心引进和共建了一系列国内外文献数据库,包括大量的二次文献库和全文数据库;采用独立开发与引用消化相结合的道路,主持开发了联机合作编目系统、文献传递与馆际互借系统、统一检索平台、资源注册与调度系统,形成了较为完整的CALIS文献信息服务网络。迄今参加CALIS项目建设和获取CALIS服务的成员馆已超过500家。

"十五"期间,国家继续支持"中国高等教育文献保障系统"公共服务体系二期建设。并将"中英文图书数字化国际合作计划"(简称CADAL)列入该公共服务体系建设的重要组成部分,项目名称定为"中国高等教育文献保障体系——中国高等教育数字化图书馆(China Academic Digital Library & Information System,简称CADLIS)",由CALIS和CADAL两个专题项目组成。项目和总体目标明确为:在完善"九五"期间中国高等教育文献保障系统(CALIS)建设的基础上,到2005年底,初步建成具有国际先进水平的开放式中国高等教育数字图书馆。它将以系统化、数字化的学术信息资源为基础,以先进的数字图书馆技术为手段,建立包括文献获取环境、参考咨询环境、教学辅助环境、科研环境、培训环境和个性化服务环境在内的六大数字服务环境,为高等院校教学、科研和重点学科建设提供高效率、全方位的文献信息保障与服务,成为中国经济和社会发展的重要基础设施。

二、功　能

1.公共检索

利用CALIS文献信息资源服务网络,用户不仅可以检索国内外的馆藏、数据库,而且还可以相互交换数据,上传和下载书目数据信息。目前可供用户检索的数据库和可利用的系统包括:(1)联合书目数据库,即全国"211工程"100所高校图书馆馆藏联合目录数据库;(2)中文现刊目次库,收录了CALIS成员馆收藏的全部国内出版的中文学术期刊5500种;(3)西文现刊目次库,收录了24万种西文学术类期刊的二次文献数据;(4)高校学位论文库,收录包括北京大学、清华大学等全国著名大学在内的83个CALIS成员馆的硕士、博士学位论文;(5)

会议论文库，收录“211工程”中61所重点大学每年主持的国际会议论文；(6)统一检索系统，能对国内目前采购的大部分国外数据库和国内主流数据库做跨库统一检索；(7)馆际互借系统，是依照馆际互借国际标准来设计的，是全方位的网络系统。

2. 联机编目

联机编目中心是CALIS管理中心下设的子中心之一，也是中国高等教育文献保障体系的两大服务中心之一，其宗旨是“共建、共知、共享”，致力于CALIS联合目录数据库的建设及服务。联机编目系统正式启动于2000年3月，它以联合目录数据库为基础，以高校为主要服务对象，开展联机合作编目、编目数据批量提供、编目咨询、系统培训等业务，方便了成员馆的编目工作，提高了书目数据库建设效率。

3. 集体采购

CALIS一方面对国内外文献进行定购前的查看与协调，另一方面能使高校各馆相互交流信息，互通有无，采购经费合理分配使用，书刊品种不重复，使资源得到了最合理的分配，经费得到最有效的利用。

4. 文献传递服务网

是馆际互借与文献传递网的简称。对于本馆没有的文献，在本馆用户需要时，根据CALIS统一的制度、协议和办法，向其他馆借入(获取)；反之，在其他馆用户提出互借(传递)请求时，借出(提供)本馆所拥有的文献，满足用户的文献需求。在馆际之间签订协议的前提下，CALIS利用馆际互借与文献传递应用软件，通过馆际互借或文献传递的方式，为成员馆提供了丰富的文献信息资源服务，主要包括：办理委托服务、帮助异地查询以及通过网络、E-mail、电话、传真、邮递等多种途径和渠道开展文献传递。

5. 特色数据库资源共享

CALIS全国中心为满足各成员馆对文献信息资源的需求，进行馆际互借和文献传递，实现资源共享，引进和共建了一系列国内外各种类型数据库，其中包括中外文书刊联合目录、网上电子资源镜像、中文专题数据库、中外文全文数据库和光盘资料等，用户利用CALIS可上传和下载数据，实现CALIS数据资源共享。如《邮电通信文献数据库》、《煌学数据库》、《世界银行出版物全文检索数据库》、《上海交通大学学位论文全文数据库》等。

6. 电子资源导航

根据各校重点学科建设的需要，进行统筹规划和分工，CALIS通过对网上的电子资源(如研究进展报告、电子期刊论文、研究机构、专家学者等)按图书馆学的原理和方法进行收集、加工和整序，形成虚拟图书馆资源，补充和扩大CALIS的文献资源，提供用户浏览和查询电子资源。已开始提供服务的学科导航数据库涉及的学科范围有：法学、计算机科学与技术等。

三、检索方法

以CALIS联合目录公共检索系统高级检索为例，系统以Web方式提供查询与浏览，见图7-4 。

检索方法分为简单检索、高级检索和浏览三种；照语种划分为：中文、西文、日文、俄文四个数据库；按照文献类型划分为：图书、连续出版物、古籍。

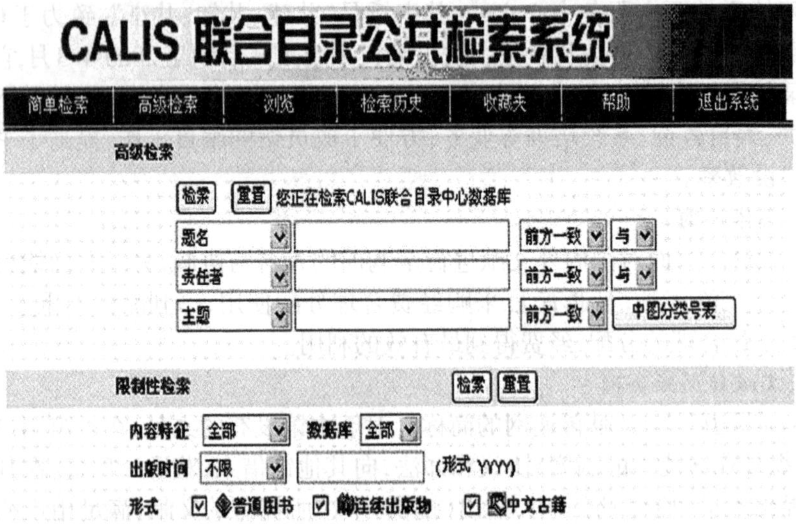

图7-4　CALIS联合目录公共检索系统

检索结果显示所需书刊题名、责任者、出版信息及馆藏情况；可以详查成员馆收藏状况，还可进行“二次检索”等，见图7-5。

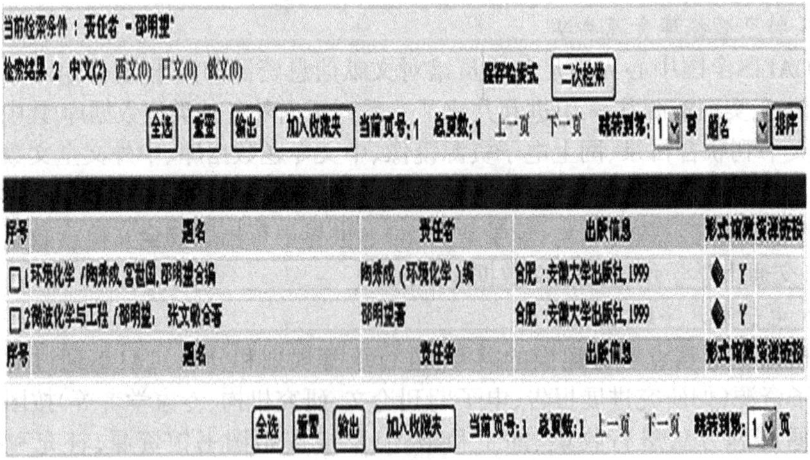

图7-5　CALIS联合目录公共检索结果

系统其他功能：

(1)排序功能：检索结果分库显示，单一数据库中的检索结果少于200条，方提供排序，默认的排序优先次序是：题名、责任者、出版社。检索结果超过200条则不提供排序功能。

(2)检索历史：保留用户发出的最后10个检索请求，用户关闭浏览器后，检索历史将清空。

(3)多种显示格式：简单文本格式、详细文本格式、MARC显示格式。前两种格式对所有用户免费开放，MARC显示格式只对CALIS联合目录成员馆开放，查看或下载MARC记录，均按照CALIS联合目录下载费用标准收取。

(4)多种格式输出：对所有用户提供记录引文格式、简单文本格式、详细文本格式的输出，此外，对CALIS联合目录成员馆还提供ISO2709、MARC列表的输出。提供E-mail与直接下载到本地两种输出方式。

(5)浏览功能：提供对题名、责任者、主题的浏览，此外，古籍数据还提供四库分类的树型列表浏览。

(6)收藏夹功能：对有权限的用户提供保存用户的检索式与记录列表。

7.2.3　OCLC系统检索

一、概　况

OCLC(全名Online Computer Library Center, Inc，即联机计算机图书馆中心)创建于1967年，总部在美国俄亥俄州的Dublin，是一个非营利的成员组织，其存在的目的是为促进世界各地成千上万所图书馆和信息中心之间的合作，以存取全世界的信息，基本组数据库如表7-1。

表7-1　OCLC基本组数据库及收录内容

数据库	收录年代	收录内容	更新频率
ArticleFirst	1990-	OCLC为登载在期刊目录中的文章所作的索引	每天
ClasePeriodica	1978-	在科学和人文学领域中的拉丁美洲期刊索引	每季
Ebooks	公元前1000-	OCLC为世界各地图书馆中的联机电子书所编纂的目录	每天
ECO	1995-	联机电子学术期刊库，内容覆盖农业、文学、人类学、教育学等	每天
ERIC	1966-	教育方面的期刊文章和报告	每月
GPO	1976-	美国政府出版物，与美国政府有关的所有相关主题	每月
MEDLINE	1965-	医学的所有领域，包括牙科和护理的文献	每天
PapersFirst	1993-	国际学术会议论文索引，涉及各种类型的国际学术会议上所讨论的广泛的主题范围	每两周
Proceedings	1993-	国际学术会议录索引，内容同上	每两周
UnionLists	2004-	OCLC成员馆所收藏期刊的联合列表库	半年
WilsonSelectPlus	1994-	H.W.Wilson公司的全文库，科学、人文、教育和工商方面的全文文章	每周
WorldAlmanac	1998-	Funk & Wagnalls New Encyclopedia及四本年鉴	每年
WorldCat	公元1000-	世界范围图书、web资源和其他资料的OCLC编目库	每天

目前,OCLC拥有世界上最大的图书馆信息网络,含有3700多万条不重复的文献记录,覆盖所有主题范畴和出版类型。同时,该数据库还收录有6亿5000条馆藏标识,指明在世界各地的资料收藏地点。世界上有96个国家和地区的53,548个图书馆使用OCLC的服务查找、采集、编目、借阅和保存图书馆的资料。这些单位的研究人员、学生、教职员、学者、图书馆员和其他信息搜索者无论在何时何地使用OCCL的服务都可获得到书目、文摘和全文信息。

FirstSearch联机信息检索服务是OCLC从1991年开始推出的一个产品,1999年8月,OCLC完成了新版的FirstSearch。新版FirstSearch以Web为基础,采用了当前信息通讯领域的高新技术,提供给用户一个便捷、友好、世界范围的参考资源。目前通过该系统可检索80多个数据库,其中有30多个数据库可检索到全文,在FirstSearch的数据库中总计包括9000种期刊的联机全文和4000多种期刊的联机电子映象,达1000多万篇全文文章。这些数据库涉及广泛的主题范畴,学科范围覆盖工程和技术、工商管理、人文和社会科学、医学、教育、大众文化等,覆盖了各个领域和学科。

FirstSearch的主要特色:

(1)易于获取联机全文:与电子库ECO整合、标识全文库、全文共享、按全文限制检索、标识收藏馆、与ILL无缝链接。

(2)强大的检索手段:帮助选库;多种检索界面及多类检索式;限制检索;相关主题、相关作者、相关数据库等的检索。

(3)灵活多样的检索索引:随库变、数量多、形式多样。

以及信息量大、更新快、多语种界面。

二、OCLC FirstSearch 检索方法

1.检索基础

(1)逻辑符: AND、OR、NOT。

(2)截词符(*、+)和通配符(#、?);

复数符:+ 加在词尾,如coach+ (coachs,coaches);

截词符:* 至少键入一个词的前3个字符,如econ* (econometrics,economecs,economist);

通配符:# 代表一个字符? 代表零个或任意个字符。

(3)位置算符(N,W):可插入(1–25)之间的数,表示词之间允许间隔的最多词数。N表示前后两词相邻,顺序可互换;W表示前后两词相邻,词序不可颠倒。

2.检索方式

FirstSearch系统的检索界面是交互式的,使用非常方便。FirstSearch首页,提供了多种功能,如选择一个特定主题或数据库、进入数据库说明页面、查看按主题分类的数据库等。可以在数据库介绍界面对所需数据库前做标记"√",点击Select按钮,进行检索,但每次选择数据库的总数不能超过3个, 也可以直接跳入高级检索界面,见图7–6。

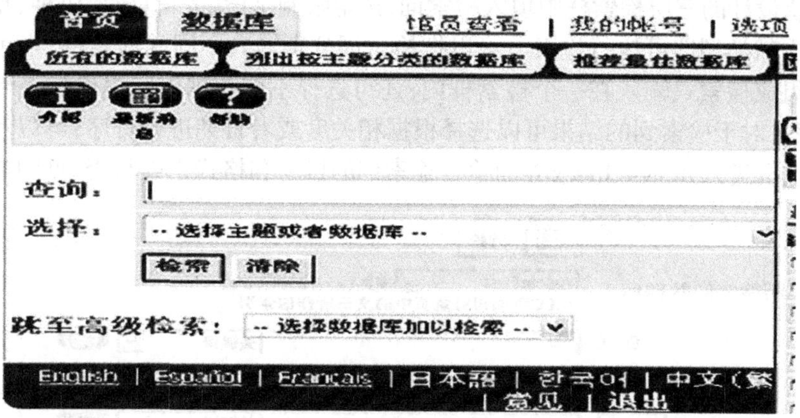

图7-6 OCLC New FirstSearch系统的检索界面

检索屏幕有三种：基本检索(Basic)、高级检索(Advanced)和专家检索(Expert)。

(1)基本检索

是检索课题主题词比较单一，或检索词间的逻辑关系不复杂所用的快捷方式。在选择“所检索的数据库”后，可以在“关键词”、“著者”、“题名”等提示框内分别输入一个或多个检索词内容。选择“限制内容”复选框，则表示结果文献都是全文；要检索一个准确短语，可用引号将短语包围起来；还可用屏幕顶部控制按钮区的Index(索引)或用任务区Browse Index选择进行检索词的拼写和格式检验，见图7-7。

图7-7 OCLC基本检索界面

(2)高级检索

可以构造更复杂的检索式，提供字段检索、布尔逻辑检索(AND,OR,NOT)等功能。在此界面中无需输入逻辑算符、字段代码、语种、年代限制等符号，只需在系统设计的三层检索框中填入检索词，选定限制字段、逻辑算符、语种、年代和所需文献类型即可执行检索。可以把检索词分别输入不同的检索框，也可用圆括号组成检索式输入在一个检索框内；还可选择不同数据库所提供的个性化限制内容；对于检索到的结果可以选择根据相关度或者日期进行排序；可以利用下拉索引框进入Browse Index界面检查检索词的拼写和格式正确与否，见图7-8。

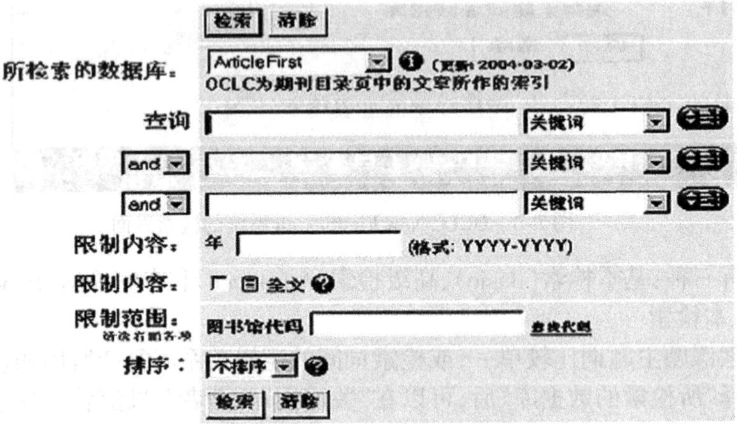

图7-8　OCLC高级检索界面

(3)专家检索

是系统为习惯使用逻辑检索式的有经验的检索人员设计的，见图7-9，检索式是由标识符、检索词、结合符和布尔算符组成，在检索式中需要优先检索的子项应放在括号内。需要检索一个准确短语，应将短语放在引号内。在专家检索中，增加了"Indexed in："选项，适用于检索式中所有检索项只在一个索引中查找。

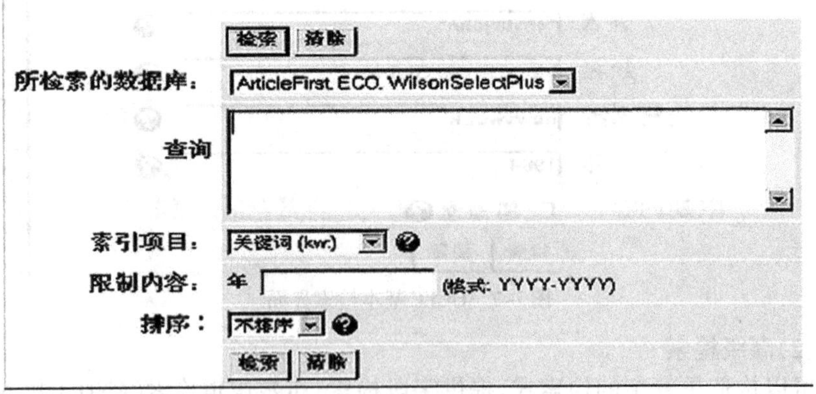

图7-9　OCLC专家检索界面

3.检索结果处理

检索结果见图7-10，点击记录前的复选框，可标记所需要的记录，以便将标记的结果统一处理。在结果页面点击“查看全文信息”、“拥有馆藏的图书馆”等链接可以查看全文或者了解所需资料的馆藏信息；“电子邮件”可以把所需记录发送至指定的信箱；“打印”可以打印所需记录；“输出”可以输出所需记录到专门的个人图书馆软件系统中；对于有全文的记录可以通过全文链接来查看全文信息，一般有HTML和PDF两种格式的全文信息。

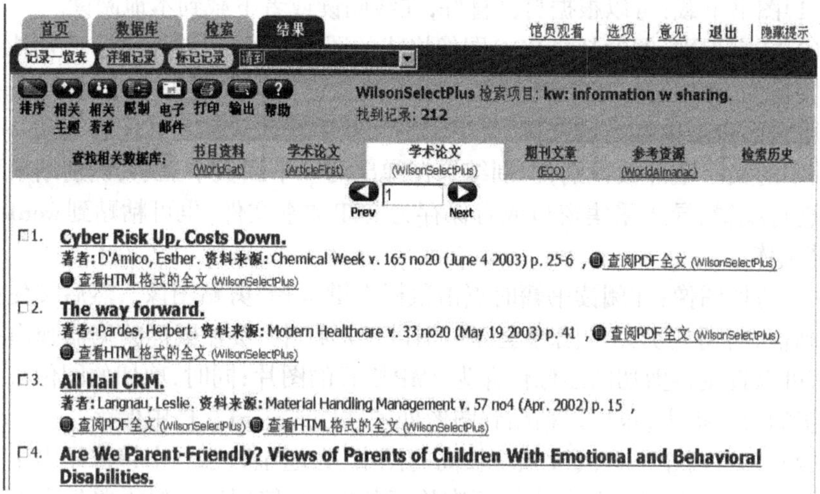

图7-10　OCLC检索结果界面

详细记录见图7-11。

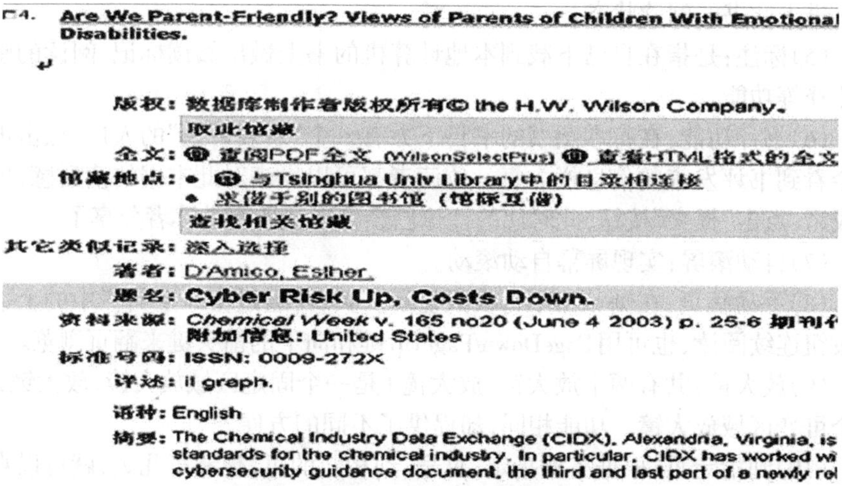

图7-11　OCLC检索结果详细记录

7.2.4 超星数字图书馆检索

一、功 能

具有电子图书分类存储、利用方式多样、检索功能强大、还具有书签和交互式标注等特点。尽量保持原书的本来面貌,包括原书的分段、分页、插图、附注等,不会存在文字错误的现象。

(1)图书下载:可以根据自己喜好,在线阅读或者下载到本地阅读。

(2)文字识别:阅读超星PDG图像格式的图书时,可以使用文字识别功能将PDG转换为TXT格式的文本保存,方便了信息资料二次利用。使用方法:在阅读书籍页面点击鼠标右键选择“文字识别”,然后按住鼠标左键任意拖动一个矩形,其中的文字全部被识别,识别结果在弹出的一个面板中显示,识别结果可以直接进行编辑、导入采集窗口或者保存为TXT文本文件,也可粘贴到word文档里进行编辑。

(3)剪切图像:在阅读书籍时点击鼠标右键选择“剪贴图像”,然后按住鼠标左键画框,将所要剪贴的图像全部包围进矩形框中,松开鼠标阅览器弹出提示框,您可以直接将剪切的图像保存为BMP格式的图片;同时,剪切的图像被放入了系统的剪贴板中,也可以粘贴到图像处理软件或word文档中保存。

(4)书签:对于一些阅读频率较高的图书,在超星数字图书镜像站点中可以添加“个人书签”,这样就免去了每次检索的麻烦,使用的时候需要先在站点注册一个用户名,进行用户登录后即可实现书签的功能。在下次阅读图书的时候用自己的用户名和密码登录页面时就可以看到以前添加的个人书签,点击即可直接进入此书的阅读状态。

(5)标注:是指在自己下载到本地计算机的书上做出阅读标记、阅读的感想或注释等功能。

(6)书评功能:在每本图书的书目下方有一个“发表评论”的入口,点击进入后会看到书评发表的信息栏。每一位读者都可以发表对此本书的读后感,填写完成后,点击“提交”按钮,此时您的评论已经可以让所有的读者分享了。

(7)自动滚屏:实现屏幕自动滚动。

(8)手动翻页:在浏览器中每次只显示一页,可通过窗口工具栏中的上下翻页按钮连续阅读,也可用PageDown/PageUp键和向下的箭头键来翻页浏览。

(9)放大镜:共有两个放大镜,放大镜1是一个固定区域放大镜,放大镜2是一个可变区域放大镜。功能相同,却提供了不同的方便。

(10)到指定页:根据需要指定“页号”到相应的页,想看第几页,就可以直接跳到第几页。

二、检索方法

超星电子图书数据库根据《中图法》分类，在“分类浏览”栏目下（或主页的图书馆分类下）选择书籍对应的分类，依次进入二级分类、三级分类等，直至显示书目。也可利用检索窗口，直接输入所需书名、作者、出版社、出版日期等信息查找所需图书。

1. 简单检索

见图7–12。可以按图书的书名、作者、索书号和出版日期进行单项模糊查询。对于一些目的范围较大的查询，建议使用该检索方案。选择您感兴趣的图书，双击进入就可阅读。

2. 高级检索

可以实现图书的多条件查询，可以通过“等于或包含”的检索式，在书名、作者、索书号和出版日期这4项中设置参数进行检索，选择您感兴趣的图书，点击阅读按钮就可阅读电子图书或下载电子数据。对于目的性较强的读者建议使用该查询。

图7–12　超星电子图书馆检索界面

三、读秀知识库简介

读秀知识库是由大量图书等文献资源组成的庞大的知识系统（包括218万种中文图书等文献数据，占1949年以来已出版中文图书的95%以上，150万种图书原文、6亿页资料、2亿条目次，并以至少10万种/年的速度更新），它集文献搜索、试读、传递为一体，是一个可以对文献资源及其全文内容进行深度检索，并且提供文献传递服务的平台。

功能特色：（1）立体式的深度检索突破传统检索模式，实现了目录、全文的垂直检索，读者在短时间内获得最准确全面的文献信息；（2）一目了然的原文阅读不仅提供传统的文献信息，还提供封面页、版权页、目录页、前言页、正文17页阅读。目录检索和全文检索的结果提供10页章节阅读；(3)高效快捷的文献传递采用E-mail进行文献传递，足不出户就可以获得大量文献资源，大大提高了信息传播的速度和效率。①参考咨询服务中心提供版权范围内的文献局部使用，②提供图书单次不超过50页、单篇文章(6页)的文献传递，同本图书一周累计咨询量不超过全书的20%；③所有文献咨询有效期为1个月。

使用流程：登陆读秀知识库(www.duxiudsr.com)⟶输入关键词进行文献检索⟶文献试读⟶填写并提交文献传递需求⟶通过E-mail获得文献全文。

检索：(1)书目检索，可以选择全部字段、书名、作者三个检索字段搜索图书，读者在搜索结果页面点击图书封面或书名，可以阅读图书正文内容和查阅图书的详细信息，检索结果除显示所有与关键词相关的图书信息外，还可以深入到图书目录，点击目录，能够直接阅读该目录对应原文首页；(2)目录检索，结果显示所有包含关键词的目录及相关信息。读者点击检索结果页面中的目录名可以阅读围绕该检索点所在页的12页原文(前翻2页，后翻10页点击“来源”，可以直接查看该目录所属的图书信息)；(3)全文检索的结果以章节形式显示，读者点击章节名，可以阅读围绕该检索点所在页的12页原文(前翻2页，后翻10页，检索结果同时显示关键词所在的章节信息(来源、页码等)，见图7-13。

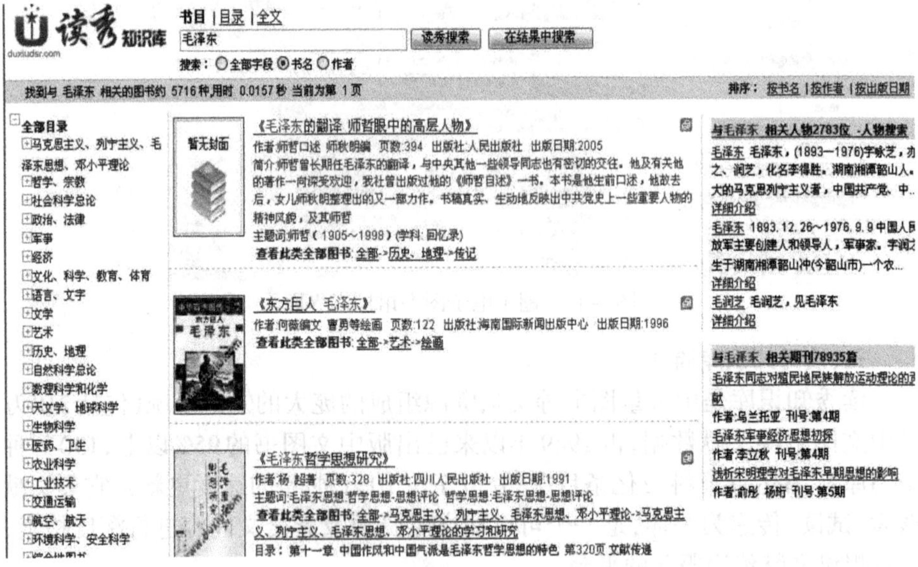

图7-13 读秀知识库检索界面

第8章　期刊信息及其数据库检索

期刊产生于17世纪的法国和英国，以法国的《学者杂志》、英国的《皇家学会哲学汇刊》为最早。期刊按内容和用途，可分为知识普及与娱乐性期刊、理论性或学术性期刊、文学艺术性期刊、宣传报道性期刊、资料与检索性期刊、综述与评述性期刊等。在所有的文献类型中，期刊所占比例最大，期刊出版周期较短，一些最新的研究成果往往发表在期刊上。期刊论文的篇幅虽然短小，但其内容却比较专深，适合于科学研究的参考之用，是获取某一学科领域动态信息的重要渠道。期刊信息包括期刊的名称、出版周期、ISSN号、出版单位等出版信息，投稿须知、栏目设置等内容信息以及馆藏地和馆藏年等馆藏信息等。了解期刊的这些信息对于了解专业期刊、获取期刊原文、投稿等都有很大帮助。

8.1　期刊信息的网上分布

8.1.1　电子期刊及其全文数据库

一、电子期刊

电子期刊始于20世纪70年代，最初的电子期刊指的是电子化的软盘型期刊，后来出现了光盘型期刊，20世纪90年代之后，网络型电子期刊已成为电子期刊的主流。目前，印刷型期刊和电子期刊处于并存的局面。在未来的很长一段时间里，电子期刊还不可能完全取代传统的纸制期刊，但它无疑在未来的学术沟通方面将起到越来越重要的作用。

1. 定　义

电子期刊是专供计算机识读、受控运行和加工处理数据的特殊编码形式的资料，是一种以电子媒介为载体，并通过电子媒体来发行的期刊，具有期刊的一般特征，同时也具有电子型出版物的一般特征。

狭义的电子期刊指从投稿、编辑、出版、发行、订购、阅读及读者意见反馈全过程都在网上进行，任何阶段都不需用纸的新型出版物，即指纯网络型的电子期刊；广义的电子期刊除了狭义的电子期刊外，还包括把与印刷型期刊平行出版的如CD-ROM型、联机型等形式的电子期刊安装在网络服务器中，提供网上服务的期刊。

2. 类　型

期刊电子版：是指在印刷版发行的同时，将其内容电子化后在Internet上发行。

纯电子期刊：是指编辑、出版、发行、订购、阅读等全过程均在网上进行，它代表了电子期刊发展的主流。

单一型电子期刊：是由期刊杂志社自行将其期刊电子化后，在Internet上建立主页供读者查询，读者访问该站点只能浏览这一种杂志。如Nature，Science等著名期刊。

综合型电子期刊：是由电子期刊出版商将他们的电子期刊委托给电子期刊集成者（Aggregator）即中间商提供服务。这些集成者的WWW站点上收藏有不同出版者的电子期刊，数量多，涉及学科面广，可进行检索。他们将不同来源的期刊整合到一个检索系统中，向用户提供统一界面，多种途径检索平台，这是电子期刊发展的主流。如OCLC的电子期刊服务（OECO），OVID检索平台。

还有集中型电子期刊将其内容集中在大型电子期刊数据库检索系统中；分散型期刊在站点网页上只有目录和摘要，文章分散在各个站点上、用户利用网站提供的链接功能来实现对期刊文章的查找；免费查阅型的期刊通过自己的网站或借助于网络搜索引擎建立指针，让用户无论通过何种方式登录，都可阅读，并可拷贝和打印；收费订阅型期刊则要求用户在查阅前先建立自己的账户，通过用户名和口令登录网站，根据自己的需要定购期刊或其中的几篇文章。

3. 特　点

电子期刊与传统印刷型期刊相比较，具有以下优点：

出版与发行及时性：当期刊在计算机上编辑完毕以后，无需以往的照排、制版、印刷装订等程序，只要将其并入网络就可实现网上出版与发行。处于不同国家、不同地点的订户几乎可同时通过网络读到该杂志刊登的最新内容。出版周期短、更新十分方便灵活。

传播方式多样化：网络无国界，任何联网的计算机上都可自由地进行存取、检索、查询、浏览，不受时间和地点的限制，不受数量的限制，也不受服务态度等人为因素的影响。

发布与使用交互性：在制作过程中，作者与编者、编者与审稿者可通过网络实现交互式操作，编辑与读者（或作者与读者）可实现信息的互动交流。

检索与链接功能化：电子期刊提供强大的检索功能，可利用期刊数据库，以标题、关键词、重要术语、作者等为检索入口，使读者在短时间内查到已发论文和特定的信息。具备超文本链接功能可以使读者在阅读期刊时，能方便地浏览相关内容，获得专题的背景知识，甚至可以对某一名词刨根究底，还可以直接与作者取得联系。通过超文本链接的“辐射”功能，实现了信息的跳跃式关联和快速获取。

信息量大且费用低：电子期刊的篇幅仅受到微机内存的限制，它所承载的信息量远远大于印刷型期刊。随着计算机硬件的更新换代，信息量还可以不断扩充。以电子为媒介发行期刊，大大消减了印刷型期刊所需的纸张费用、印刷费用和发行费用，因而价格比较低廉。

4. 不　足

安全方面的局限：在电子期刊网上出版过程中，所传播的信息是可以改变的。由于网上出版的交互性，即使期刊已经正式出版，出版者也能根据使用者的反馈，及时发现并在网上修改期刊上的错误信息；另一方面，交互式操作使得非法入侵者更容易实现对网上信息的主动操作和干预，甚至对期刊原有的传播内容和形式进行篡改和盗用；层出不穷的计算机病毒也严重威胁着网上信息的完整性和真实性。

版权方面的局限：电子期刊的版权主要涉及数字化作品的复制、作品网上制作与发行、作者在网上传播作品的专有权等。对电子期刊等数字化作品实现版权保护，需要对我国现行的《著作权法》进行修订，特别需要对数字化作品的复制、网上出版与发行、作者在网上传播作品的专有权等概念作出明确的界定，以及添加相应的保护条款。

文本方面的局限：网上出版的电子期刊多数采用超文本标记语言描述网上文件的格式，其缺点是分散读者的注意力。在网上阅读引用文献时需打开一个新的HTML文档，而载入新的网页必须经历的等待会使读者失去兴趣，注意力被打断；而且，读者在进行超文本信息查询时，因超文本以结点方式通过链路彼此链接，将影响检索结果的整体性和全局性。

保存方面的局限：保存期限一直是电子期刊一个悬而未决的问题。电子期刊一般是由出版者及服务商提供访问服务，只限于那些出版或收录的期刊，一旦保存电子期刊的服务器关闭或用作其他用途，那些过期的电子期刊则无法查到。另外随着计算机技术的不断发展，软硬件设备的升级速度加快，电子期刊存储介质也在不断更新，如果出现故障，则存储在已淘汰介质中的信息很可能无法读取或彻底丢失。

权威性方面的局限：电子期刊收录的文章没有严格的审稿制度，稿源不定，刊期不定，每期的载文量波动很大，还没有被广大公众认可，吸引不到有名望的专家学者投稿。目前不被国际知名的数据库收录、被引证率不高，且难以查找。

一方面，电子期刊具备了传统的印刷型期刊无法比拟的优点，并促进了编辑出版领域的现代化水平迅速提高；另一方面，电子期刊在发展过程中所存在局限性也引起了人们的广泛思考,即电子期刊的出现强化了期刊的功能,但是电子期刊并不会替代传统的印刷型期刊。

二、期刊全文数据库

1. 期刊出版商

大部分为实力雄厚的大出版社,其期刊学术质量高,拥有自主版权,所以,其电子期刊比较稳定,且能保证最新期刊的及时上网,某些刊物的电子版甚至要早于印刷版。

(1)Elsevier SDOS

荷兰Elsevier Science出版公司是一家总部设在荷兰的历史悠久的跨国科学出版公司,已有100多年的历史,是全球最大的科学文献出版发行商之一,其出版的期刊是世界公认的高品位学术期刊,且大多数为核心期刊,并被世界上许多著名的权威检索工具(如SCI、EI)所收录。Elsevier SDOS是其开发研制完全基于Web的电子期刊全文数据库检索系统,1997年,该公司推出名为Science Direct的电子期刊计划,将该公司的全部出版的1800多种印刷版期刊转换为电子版,通过网络提供服务。学科涉及几乎所有学科领域:生物医学、工程技术、材料科学、生命科学、数学、计算机科学、医学、物理、化学、环境科学、心理学、社会科学等(检索方法见本章第二节)。

(2)Springer Link

德国施普林格(Springer-Verlag)是世界上著名的科技出版集团,1996年开始有为科学研究服务的网上全文数据库。Springer-Link数据库是居全球领先地位的、高质量的科学技术和医学类全文数据库,系统提供学术期刊及电子图书的在线服务,包括各类期刊、丛书、图书、参考工具书以及回溯文档的在线服务。目前,可在线阅读1250多种全文学术期刊和10000多种电子图书。期刊数据库包括化学、计算机科学、经济学、工程学、环境科学、地理学、法学、生命科学、数学、医学、物理学和天文学等学科方面的科研论文(检索方法见本章第二节)。

(3)Wiley Inter science

美国约翰·威利出版公司(John Wiley & Sons, Inc)公司成立于1807年,是世界范围内科学、技术和医学(STM)类的领先出版商。Wiley Inter science是John Wiley & Sons, Inc公司创建的动态在线内容服务,1997年开始在网上开通,通过InterScience,Wiley公司以许可协议形式向用户提供在线访问全文内容的服务。Wiley Inter Science收录了393多种科学、技术、医疗领域及相关专业期刊的全文,其中,被SCI收录的核心期刊达200种以上。包括生命科学、医学、数学与统计学、物理、化学、地球科学、工程与计算机科学、商业、金融与管理、教育学、法律、心理学等。

(4)Kluwer Online

Kluwer Academic Publisher是荷兰具有国际性声誉的学术出版商,其出版的图书、期刊一向品质较高,备受专家、学者的信赖和赞誉。Kluwer Online是其网络版,提供该公司出版的800多种期刊的全文服务。这些期刊内容涉及材料科学、地学、电子工程、化学、环境、计算机、生物学、医学、数学、天文学、物理学、教育、心理学、经济、法学、工商管理、考古、人文、社会科学、艺术、哲学等24个学科,检索年限为1997年至今。

(5)High Wire Press的电子期刊

斯坦福大学High Wire Press是著名的学术出版商,目前已成为全世界三个最大的、能够联机提供免费学术论文全文的出版商之一。High Wire Press提供免费检索的期刊为181种,主要包括物理、生物、医学和社会学领域的核心期刊,其中有71种可以得到全文。到现在为止,该出版商提供的免费的全文已达11万篇以上。该数据库的网址为http://intl.highwire.org/。

(6)IEEE/IEE Electronic Library

IEEE/IEE Electronic Library (简称IEL)数据库提供美国电气电子工程师学会(IEEE)和英国电气工程师学会(IEE)出版的219种期刊、7151余种会议录、1590余种标准的全文信息。其主题范围覆盖电子工程、通信、计算机技术、材料科学与工程等学科。多数出版物提供1988年以后的全文,但IEEE学会下属的13个技术学会的18种出版物可看到更早的全文。该数据库的网址为http://ieeexplore.ieee.org/Xplore/guesthome.jsp。

2. 期刊集成商

即各种信息服务公司,常常在一个平台上集成几十上百个出版社的期刊,数量庞大,检索功能强,方便读者一次性检索更多的资源。但因为不拥有独立版权,所以,其收录期刊在品质、稳定性和及时性上要逊于前者。

(1)Academic Research Library

ProQuest公司是全球最大的文献信息服务公司之一,Academic Research Library(学术期刊图书馆全文数据库,简称ARL)是其出品的20余个全文数据库中的一个。该库收录了涉及商业与经济、教育、公共管理、社会科学与历史、计算机、工程、传播学、法律、军事、文化、艺术、视觉与表演艺术、心理学、宗教与神学、哲学、社会学及妇女研究等多个专业领域的英文期刊2974种(以美国出版期刊为主),其中全文期刊2020余种。数据库每日更新,全文采用文本格式,全文还提供了PDF格式,可直接阅读并进行下载、复制等操作。

(2)Academic Search Premier

Academic Search Premier(学术期刊集成全文数据库,简称ASP)由EBSCO公司出品。该公司也是全球最大的文献信息服务公司之一,它可以提供近百个数据库为全世界用户服务,该库是专门为学术研究机构提供的全文数据库,是全球最大的多学科的数据库,收录有关社会科学、人文、教育、计算机科学、工程、物理、化学、语言文学、艺术、医学、种族研究等领域的4,700多种全文期刊,其中包括3,600多种专家评审期刊,100多种期刊回溯至1975年甚至更早。同时还收录8,175种期刊的索引和文摘。数据每日更新。

中文方面的多数都是集成型的,因其提供的期刊均已有印刷版,为保证印刷版的发行,电子版的出版晚于印刷版。

(3)中国期刊全文数据库(http://www.cnki.net/)

是CNKI核心数据库资源之一(检索方法详见第3章)。目前,CNKI正在实施中国期刊"世纪光盘"工程——精选4000种重要期刊从创刊至现今的全部全文文献进行数字化建库。

(4)中文科技期刊数据库(http://www.tydata.com)

是全国最大的综合性文献数据库,源于重庆维普资讯有限公司1989年创建的中文科技期刊篇名数据库,包含了1989年至今的近9000种期刊刊载的1500余万篇文献,并以每年250万篇的速度递增。中文科技期刊数据库的数据涵盖社会科学、自然科学、工程技术、农业、医药卫生、经济、教育和图书情报等8个专辑和28个专题(检索方法详见本章第二节)。

(5)万方数字化期刊(http://peridicals.wanfangdata.com.cn/qikan/index.jsp)

万方数据公司作为国内信息资源的集大成者,目前拥有自主知识产权的电子资源数据库近百个。万方数据资源系统分为科技信息、商务信息和数字化期刊三大子系统,包含120多个数据库,内容涉及自然科学、社会科学、商务信息等各个领域,收录范围包括期刊、会议论文、学位论文、研究报告、技术标准、专利、企业产品、法律法规等。万方数据根据用户的不同特点,为用户提供适用于初学者的简单检索系统、适用于情报专业人员的高级检索系统以及适用于具有专业检索技能人员的专业检索系统。在此三大检索系统中,用户可以按关键词或行业检索,也可以通过单库或跨库检索。

8.1.2 期刊出版和收藏信息

一、出版信息

利用检索工具或数据库:几乎每一学科(尤其是自然科学领域)均有其专业的检索工具,即便没有,也可以利用一些综合性的索引和文摘。目前许多检索工具都已经实现了电子化,形成了提供多种检索方法和途径的光盘数据库或网络数据库。国内外主要的权威检索工具均以收录期刊文献为主。如前面已介绍的《全国报刊索引》、《中国数学文摘》、《科学引文索引》、《工程索引》、《化学文摘》、《生物学文摘》等权威检索工具,以及《中文科技期刊篇名数据库》、《万方系列科技文献数据库》、清华同方的《中国期刊信息与知识数据库》和《中国核心期刊要目数据库》等将有助于迅速地获取所需的期刊文献信息，包括篇名、作者、期刊名、卷期页码等，根据这些信息找到相应的期刊获取全文。美国ISI的期刊引证报告数据库(Journal Citation Reports, JCR)则是对权威期刊进行系统客观评价的有效工具，它收录了世界上自然科学和社会科学各学科最具影响的7000多种期刊，涵盖了200多门学科，从中不仅可以找到期刊的各种出版信息，还可以查到系统客观的评价数据。

出版商网站：出版商通常在网站上提供其出版期刊的题录和文摘的免费检索和浏览，有的还提供免费或者收费的全文数据库。出版商主要有商业出版机构、学术团体、大学出版社和独立出版者四类，如果知道期刊的出版商，直接访问其网站是一个比较可靠的方法。例如Elsevier、Springer-Verlag等公司建立了自己特色的电子期刊数据库，并在网站上提供数据库的链接，允许用户免费浏览和查询期刊的题录和文摘。美国化学学会ACS(http://www.acs.org/portal/Chemistry)、英国物理协会IOP(http://www.iop.org)在其主页上分别提供其出版期刊的网络版，可供免费检索题录。剑桥大学出版社出版了自然科学、社会科学、人文科学诸多领域的期刊150种，并在其主页上(http://uk.cambridge.org/)提供免费检索和目录、文摘浏览，纸本期刊的订户则阅读全文。纯电子期刊《Psycoloquy》(http://www.cogsci.soton.ac.uk/psycoloquy/)原先由Stevan Harnad教授一人负责组稿、编辑、出版。《The Electronic Journal of Information Technology in Construction》(http://www.itcon.org/)最早由CIB W78工作组的几位研究人员创办。

二、期刊收藏信息

期刊馆藏目录和联合目录：世界各地的图书馆几乎都将本馆的期刊馆藏情况反映在其联机公共检索目录(OPAC)中。因此，可以像查询图书一样，根据掌握的期刊信息确定拟查的图书馆范围并进行查找。期刊联合目录是查询期刊出版信息和馆藏信息的最主要的工具。如中科院的《全国期刊联合目录》提供国内近300家主要文献机构收藏的西、日、俄、中文期刊8万种，可供查询；国家科技图书文献中心提供了基础科学、医学、农学、工程技术等四大类近百个子类的期刊浏览，同时也提供检索功能；OCLC的WorldCat数据库则是一个包含其成员馆的所有类型资料的联合目录数据库，同样有连续出版物的信息。

相关网站：网上有一些网站提供了诸如专业核心期刊目录或其他一些信息，如果知道这些网站，可以直接访问它们。如ISI公司的网站就提供了其SCI、SSCI、AHCI等数据库收录的刊源列表，每种期刊都提供了刊名、ISSN、出版周期、出版商等信息。The NASA Astrophysics Data System (ADS)(http://adswww.harvard.edu/)和HighWire Press(http://highwire.staford.edu/)被称为全球两大免费全文学术文献提供者。

许多网站还提供了出版商的链接,可以直接查找某种刊物的栏目设置、投稿指南等详细信息。如果不知道上述网址,直接利用搜索引擎查找某种刊物,一般也能获取需要的信息。有的网站搜集了大量的电子期刊链接,包括相当数量的免费期刊,为获取电子期刊信息提供了一条捷径。

8.2 期刊信息检索系统选介

8.2.1 Nature

一、概 况

英国著名杂志《Nature》周刊是世界上最早的国际性科技期刊之一,与美国的《Science》(科学)并列世界最权威、最著名的科学杂志,自1869年创刊以来,《Nature》周刊始终如一地报道和评论全球科技领域里最重要的突破成果和尖端科技信息,其办刊宗旨是“将科学发现的重要结果介绍给广大读者,让公众尽早知道全世界自然知识的每一分支中取得的所有进展”。

"Nature"杂志社推出了自己的网络版期刊,该网站可在每期"Nature"印刷版杂志出版的当天提供电子版全部内容。以英国1869年即开始出版的著名的《自然》周刊为主要内容,收录内容包括1997年以来的全文,每周更新,用户不仅可以看到最新出版的"Nature"杂志,而且可以免费查阅1997年之后的过刊。属于自然科学类综合性期刊。

网站设在美国,网址为http://www.Nature.com。与印刷版相比,《Nature》电子期刊增加了很多新的内容,除周刊之外,还出版有8种月刊(monthly title)和6种评论杂志(Review title)以及3种参考工具书主页见图8–1。

图8–1 Nature 网站主页

二、检　索

1. 检索基础

(1)逻辑组配符:利用“+”来指定在检索结果中必须出现的检索词,利用“-”去除在检索结果中不希望出现的检索词。“+”和“-”仅适用于选择"any of the words"检索,用于"all of the words"或"the exact phrase"时,会被忽略。注意在符号前后不可留有空格。

(2)通配符:*可以扩大检词范围,可以和逻辑组配符、引号组合使用。

(3)使用引号:“”可以使输入单词保持原来的顺序紧密连接,如检索"Darwinian evolution"将返回包含所有检索词的文献,如果没有引号同时默认"Any of the words",将检索到所有包含Darwinian或者evolution的文献。

2. 检索方法

点击“Publications A-Z index”,可以浏览按字顺排列的期刊列表,点击"Browse by subject"可按类别浏览期刊;点击“Search”直接输入检索词进行简单检索,点击"Advanced search"则进入高级检索。

(1)简单检索:直接输入检索词可以在全文中进行检索,包括作者姓名、摘要、附件和参考文献。选择all words,检索结果中将包含所有检索词,选择the exact phrase将输入的检索词作为短语处理,如果不作选择,将默认为any words,检索结果中包含任何检索词。

(2)高级检索:见图8-2,包括"Site Search"、"Saved searches"、"CrossRef Search"。

在Site Search中可以输入检索词在特定字段中检索,知道特定文献的部分信息如部分篇名或者大致的出版日期等,可以通过组合方式检索文献;如果知道拟查找文献线索如卷期、页码等信息,或者知道DOI号,可以输入相应的信息进行检索,也可以利用DOI号进行检索。在Saved searches中,建立个人账户的用户可以保存检索式。CrossRef Search利用Google检索技术进行Cross Reference检索。

(3)二次检索:使用多个检索词进行检索时,将会比输入单个检索词返回更多文献,检索结果按相关度排序。如果检索到了太多命中文献,可以通过检索结果上方的Refine this query来对检索结果进行进一步的限定。

3. 检索结果处理

(1)显示:首先显示的是检索结果的数量和篇名目录页,每一条记录包括篇名、作者、刊名、ISSN号、出版年月、卷期、起止页码以及连到全文的链接;点击文摘链接,显示其详细内容,包括作者单位和文摘;点击全文链接,将显示相关文章的全文内容。

(2)输出:系统提供显示、保存、打印的功能,允许文章题录和全文的显示、保存、打印输出。

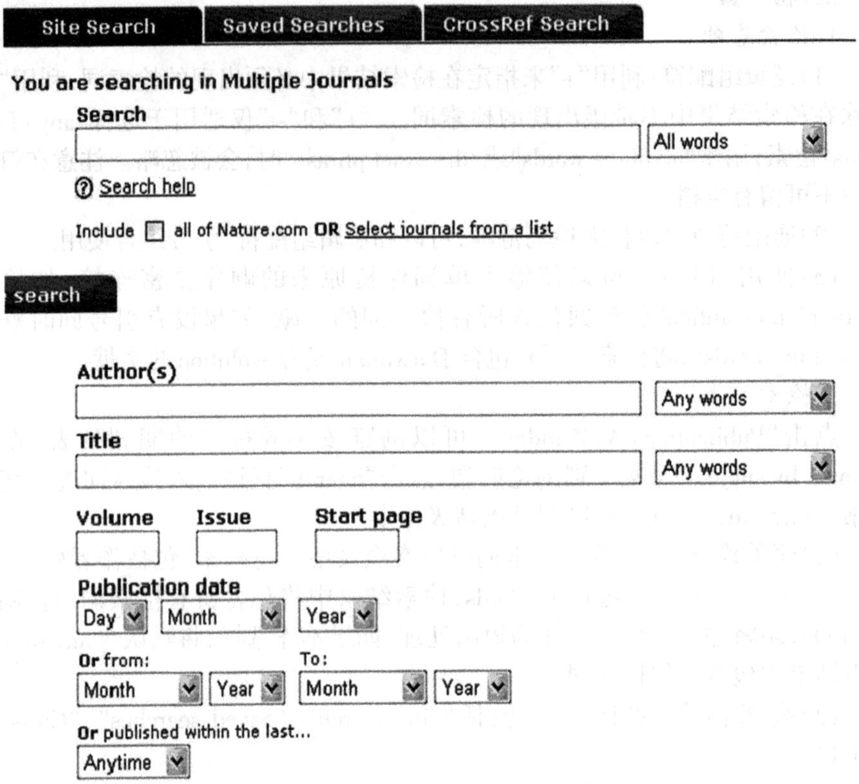

图 8-2　Nature 高级检索界面

8.2.2　ELSEVIER

一、检索基础

(1)布尔逻辑:在同一检索字段中,可以用算符AND、OR、NOT来确定检索词之间的关系,算符要大写,系统默认各检索词之间的逻辑关系为AND。

(2)截词符:"*"取代一个单词中的一个或者多个字符;"!"作为通配符任意字符的后缀。

(3)位置算符:ADJ类似词组检索,表示两词前后顺序固定;NEAR或NEAR(n),表示两词间可插入少于或等于n个单词,且前后顺序任意,系统默认值为10。

(4)嵌套检索:允许使用括号将有限检索的词括起来,如blood AND (brain OR barrier)则括号内先运算。

(5)论文类型限定:"Article"表示只显示论文;"Contents"只显示期刊题名;"Miscellaneous"只显示其他题材的论文。

(6)其他:用引号标注的检索式表示为完全匹配的检索;用单数词可以检索到复数及其他所有格形式,用[ ]括住检索词,可检索到同音词,如[organization]可以找到organization、organisation;用TYPO[ ]可进行同一词义不同拼写的检索,如:TYPO[fibre],还可找出fiber。

二、检索方法

输入网址:http://www.sciencedirect.com/,进入ELSEVIER检索主界面,见图8-3。

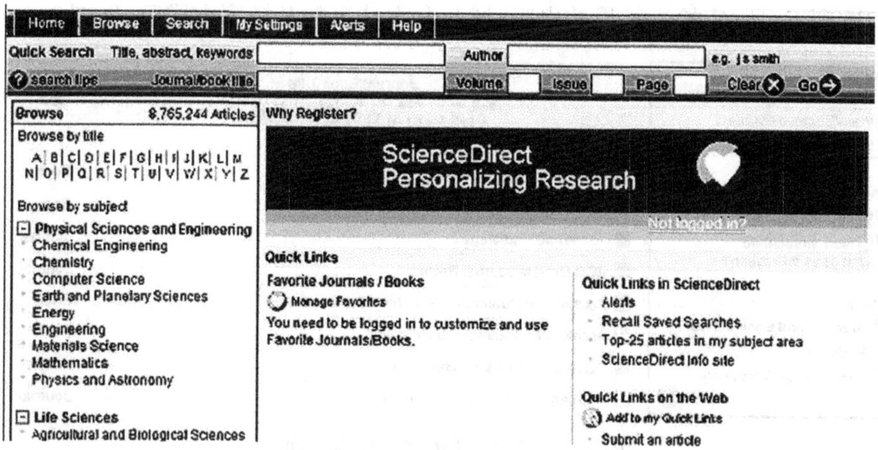

图8-3 ELSEVIER主界面Sciencedirect检索主界面

系统提供浏览、快速检索、高级检索和专家检索等四种检索方式。

1. 快速检索(Quick Search)

在Quick Search后的检索框中提供题名、摘要和关键词(Title、abstract、keywords),著者(Author),期刊或图书的名称(Journal/book title),卷(Volume),期(Issue),页(Page)等若干个可供检索字段。快速检索界面出现在ELSEVIER每个页面的主要位置,方便随时输入检索词进行查询。

2. 浏览(Browse)

系统提供按字顺、主题分类和个人喜爱三种浏览方式,见图8-4。

(1)字顺(Journals/Books Alphabetically):将所有出版物按字母顺序排列起来,点击出版物的名称,链接逐级打开,可以按刊名逐卷逐期地直接阅读浏览。

(2)主题分类(Journals/Books by Subject):将所有出版物分成物理学与工程、生命科学、健康科学和社会科学与人文科学四大学科领域,第二级类目涉及具体学科细分,第三级类目具体到出版物名称,再按字母顺序排列。

按刊名字顺或学科浏览,允许按单刊或单学科浏览,也可选择几种刊物或多个子学科跨学科浏览。

(3)个人喜爱(Favorite Journals/Books):使用个人注册用户,可以将个人喜爱的出版物选择出来并加以保存,下次登录后则可以将保存好出版物列表按字母顺序排列浏览。

3. 高级检索(Advanced Search)

提供题名、文摘、关键词(Title、abstract、keywords),著者(Author),期刊或图书的名称(Journal/book title)等全部检索字段,检索词按格式化输入,还提供字段限制及字段间的逻辑关系,资源所属学科、所需文献/文章类型及时间范围等检索选项。可限定检索结果的出版时间、命中结果数及排序方式等,见图8-5。

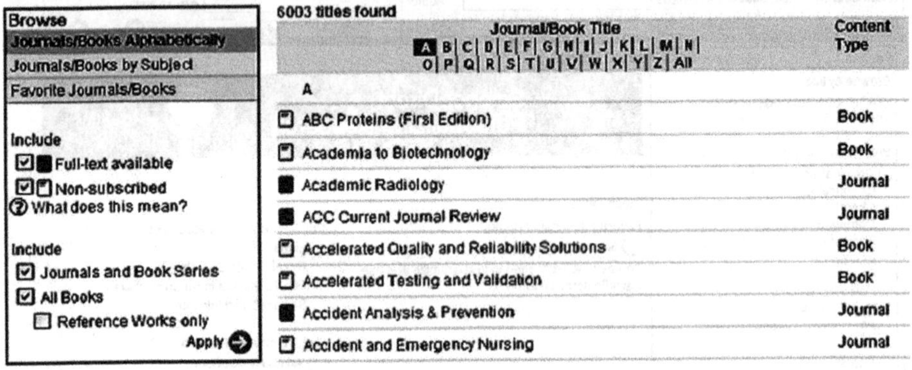

图8-4 ELSEVIER浏览检索界面

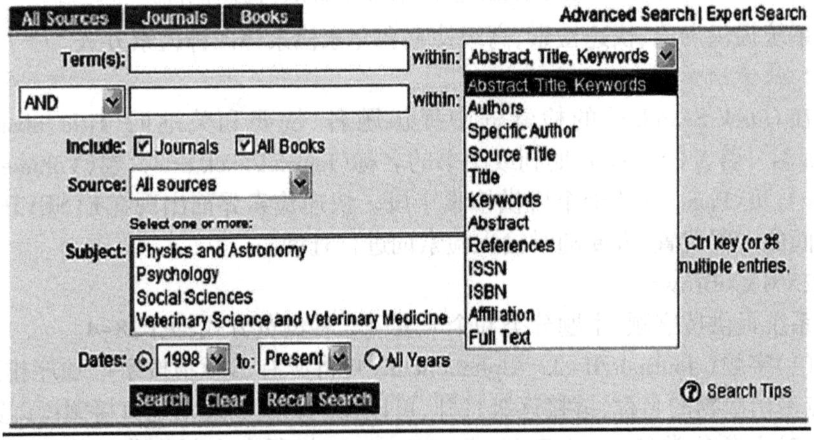

图8-5 ELSEVIER高级检索界面

4. 专家检索(Expert Search)

专家检索提供的是布尔逻辑式输入,编辑和检索的功能,见图8-6。在检索框内按规定的格式输入带有检索字段、检索词、逻辑算符的检索式,提供所属学

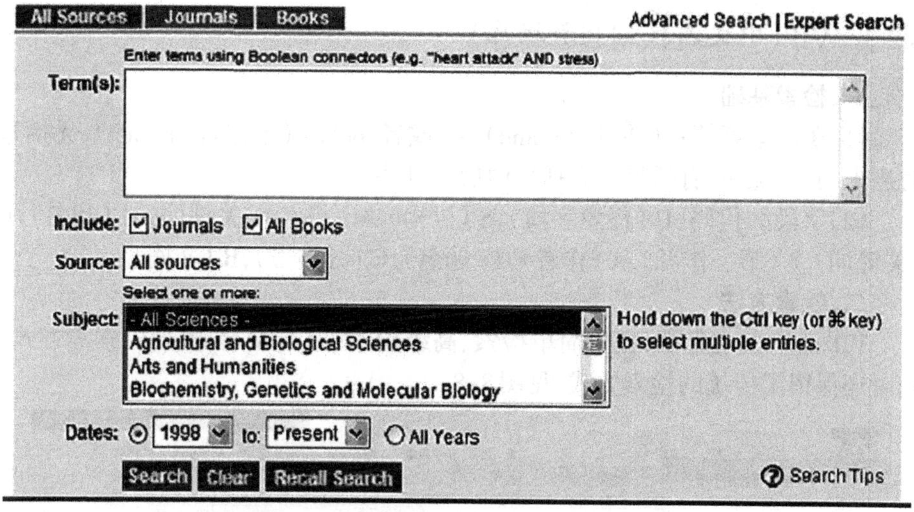

图8-6　ELSEVIER专家检索界面

科、所需文献/文章类型、时间限定等检索选项。还增加了学科分类、文章类型、语种等限定条件,可进行更精确的检索。

三、检索结果处理

检索结果首先显示的是数量和目录页,包括篇名、刊名、卷期、日期、页数、作者、文摘、相关分和查找相关文件按钮,相关分(score)指的是文献与检索词的相关程度,包括词频和字词密度(文献中的字词多少),分值越高,相关性越强;查找相关文件按钮用于查找与本文内容类似的文章。

(1)标记记录:可以选择标记、显示(view checked)、"清除标记"(clear checked)相关记录。

(2)详细记录:选择"书目记录"(Bibliographic page),可看到文摘、关键词、作者单位、出版物识别码、国际统一刊号、全文;选择"全文"(Article Full Text),可下载浏览全文。

(3)保存:保存检索结果的题录可用"Save Checked"生成一个新的题录列表。从浏览器的[文件]菜单,选择[另存为],可按text格式或html格式保存题录;若利用Acrobat Reader4.0版本浏览全文,可直接使用命令菜单按钮保存该文件(PDF格式)。也可用"Article Full Text PDF "通过菜单"目标另存为"保存论文(PDF格式)。

(4)打印:Acrobat Reader命令菜单上的打印机图标,可直接打印该文章。

(5)邮件:可邮件发送标记好的文章题录和全文。

8.2.3 VIP(中文科技期刊数据库)

一、检索基础

(1)逻辑运算符:*(并且、与、and),+(或者、or),-(不包含、非、not),无括号时逻辑与“*”优先,有括号时先括号内后括号外。

(2)字段的代码:U(任意字段),S(机构),M(题名或关键词),J(刊名),K(关键词),F(第一作者),A(作者),T(题名),C(分类号),R(文摘)。

二、检索方法

VIP的检索主界面,提供简单检索、高级检索、分类检索、整刊检索等方式;同时还保留了传统的检索方式,见图8-8。

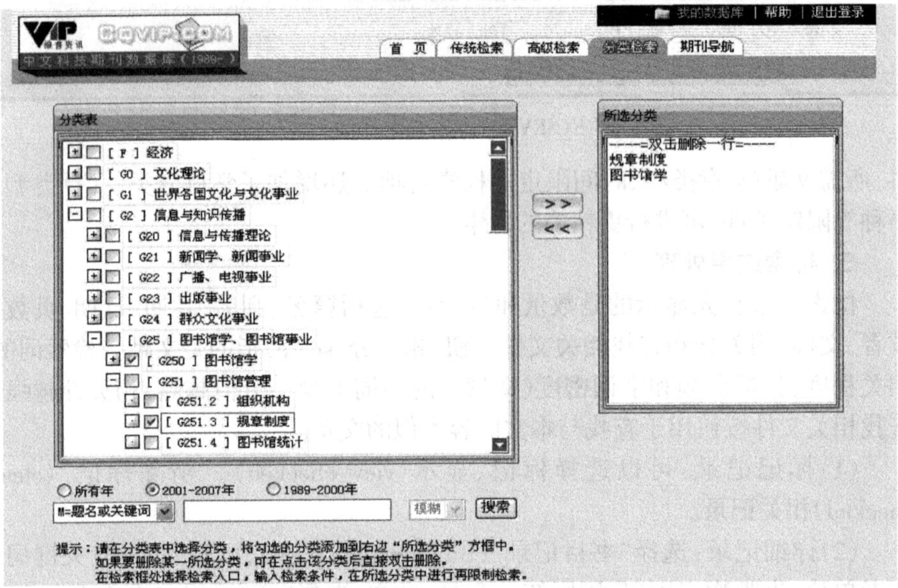

图8-8 《中文科技期刊数据库》检索主界面

1. 快速检索

直接在文本框中输入需要检索的内容,见图8-8,选择检索词的字段限定,可以进行范围、年限、显示方式的选定。进入结果页面后显示检索列表,然后可以选择重新检索、在结果中检索、在结果中添加、在结果中去除等二次检索项,从而更加准确的锁定用户所需要的数据。

2. 分类检索

可在分类表中选择分类,将勾选的分类添加到右边“所选分类”方框中;也可在快速检索的输入栏中输入需要的分类进行查找,见图8-9。

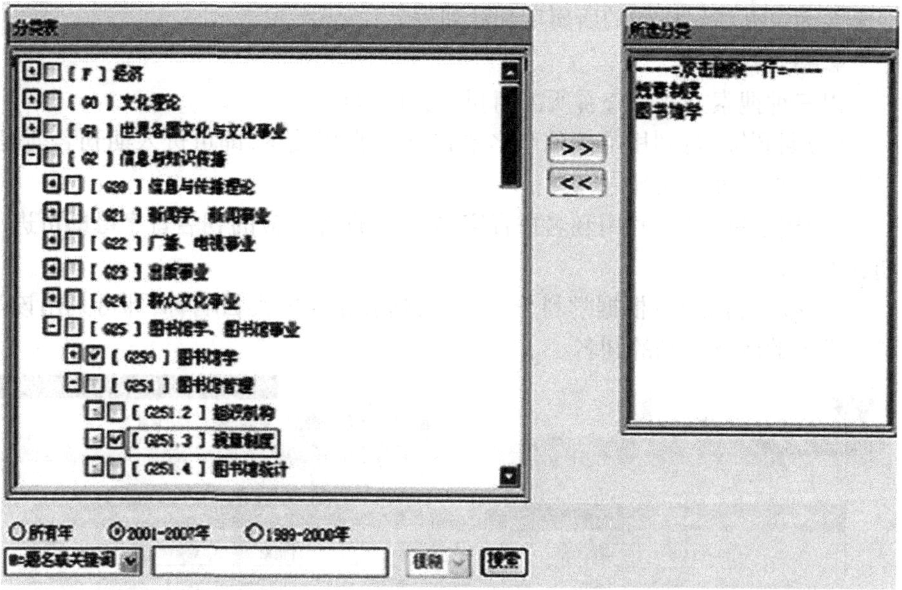

图8-9　《中文科技期刊数据库》分类检索界面

3. 高级检索

提供了两种方式供读者选择使用:向导式检索和直接输入检索式检索,见图8-10。

(1)向导式检索:提供分栏式检索词输入框,可以输入检索词,也可以输入逻辑检索式,其执行的优先顺序是严格按照检索框由上到下的顺序进行。除可选择逻辑运算、检索项、匹配度外,还可以进行相应字段扩展信息的限定。

(2)直接输入检索式检索:在检索框中直接输入逻辑运算符、字段标识等,点击“扩展检索条件”并对相关检索条件进行限制后点“检索”按钮即可。

(3)扩展功能:在输入框中输入需要查看的信息,再点击相对应的按钮,即可得到系统给出的提示信息。

查看同义词:比如输入“土豆”,点击查看同义词,既可检索出土豆的同义词,用户可以全选,以扩大搜索范围。

查看变更情况:比如输入刊名“移动信息”,点击查看变更情况,系统会显示出该期刊的创刊名“新能源”和曾用刊名“移动信息·新网络”,使用户可以获得更多的信息。注意此处需要输入准确的刊名才能进行察看期刊的变更情况。

查看分类表:直接点击按钮,会弹出分类表页,操作方法同分类检索。

查看同名作者:比如输入张三,点击查看同名作者,即可以列表形式显示不同单位同名作者,也可以选择作者单位来限制同名作者范围。

查看相关机构:比如输入中华医学会,点击查看相关机构,即可显示以中华医学会为主办(管)机构的所属期刊社列表。

4. 整刊检索

以三种搜索方式来查看所需期刊,见图8-11。

(1)期刊搜索:利用准确的刊名或ISSN号直接搜索,即可进入期刊名列表,点击刊名则可进入期刊内容页;

(2)按字母顺序:利用刊名拼音字母A-Z,选择相应的刊名首字母即可进入期刊列表;

(3)按学科分类:根据学科分类,点击列表相应的类目名称,即可列出该学科分类下的所有期刊的刊名。

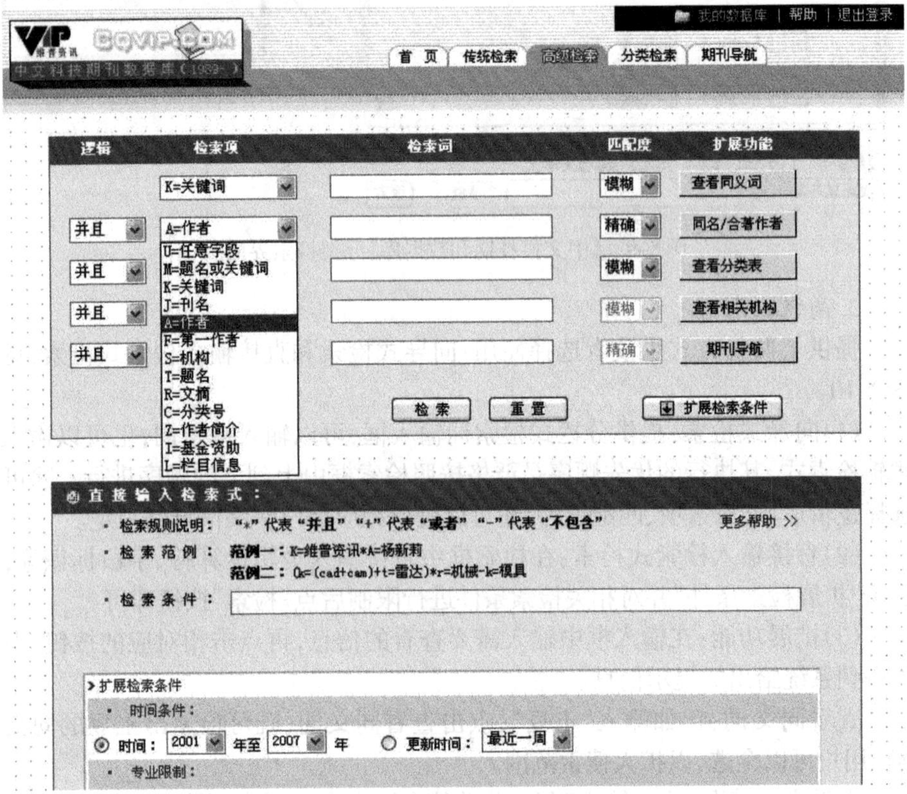

图8-10 《中文科技期刊数据库》高级检索界面

三、检索结果处理

检索结果显示简单格式,链接题名可查看详细题录内容,系统提供题录和全文的下载和打印功能。

8.2.4. Spring Link

一、检索基础

(1)逻辑运算:And(与)、Or(或)、Not(非),默认是And。

(2)通配字符(截词符):*表示前方一致,用于关键词的末尾,以代替多个字符;? 表示一个字符。

(3)精确检索(exact):表示全部输入的内容按词组进行精确查找。

二、检索方法

系统提供浏览检索、一般检索和高级检索,见图8-12。

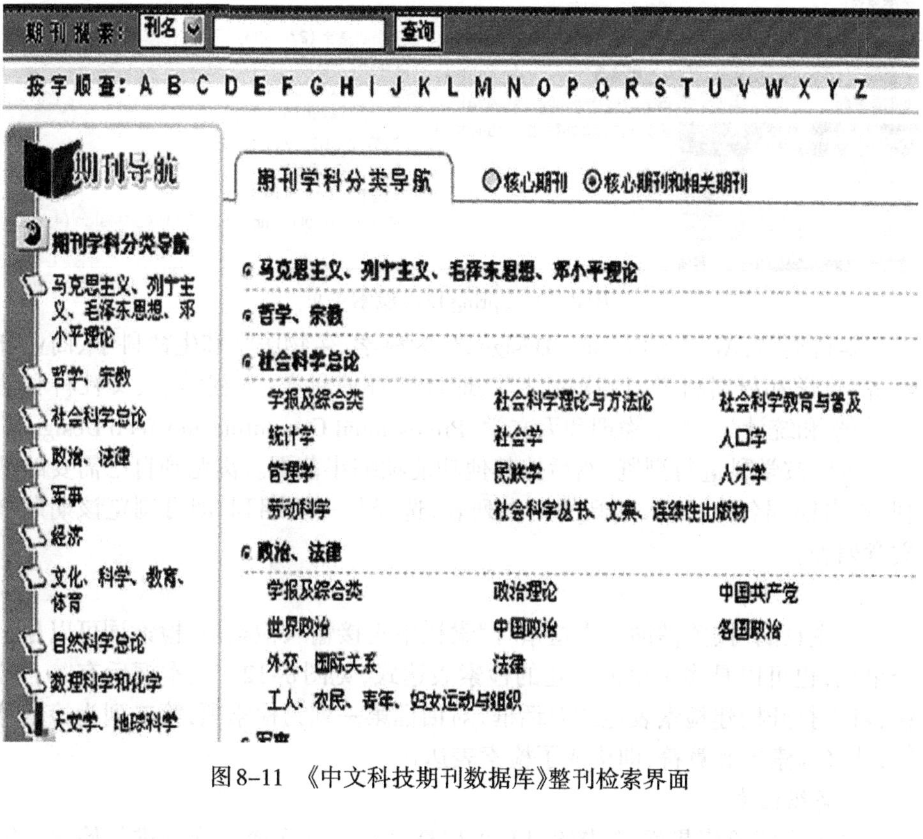

图8-11 《中文科技期刊数据库》整刊检索界面

1.浏 览

有"内容类型"(Content type)、"特色图书馆"(Featured library)和"Subject collection"("学科类型")三种浏览方式,见图8-12。

内容类型:所有内容类型、出版物、期刊、丛书、图书、参考工具书;

特色图书馆:中国在线科学图书馆、俄罗斯在线科学图书馆;

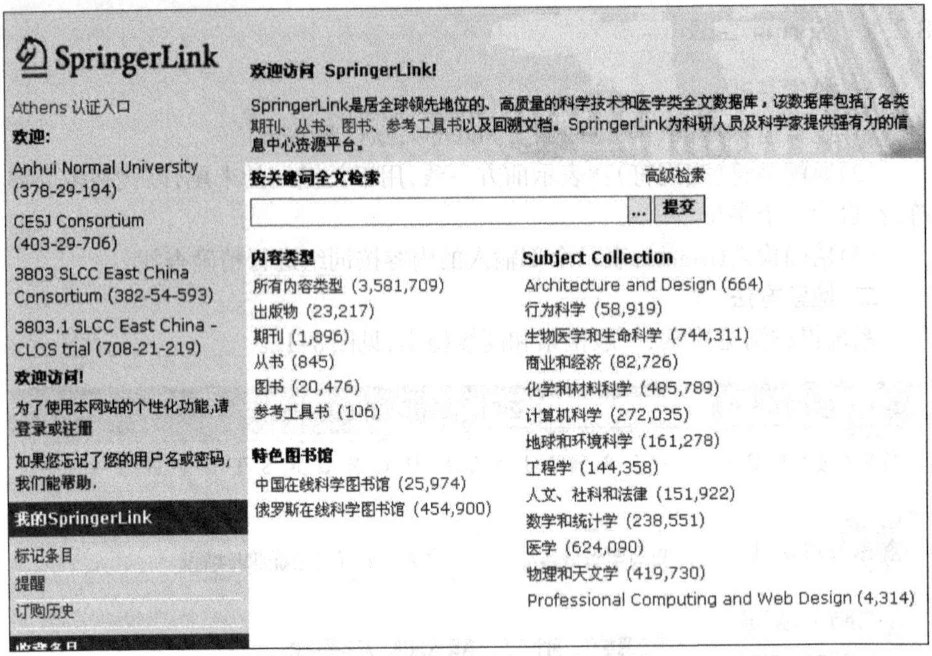

图 8-12　Spring Link 检索主页

学科类型：Architecture and Design、行为科学、生物医学和生命科学、商业和经济、化学和材料科学、计算机科学、地球和环境科学、工程学、人文社科和法律、数学和统计学、医学物理和天文学、Professional Computing and Web Design 。

可以按学科进行浏览，然后按其他功能项缩小范围。浏览到自己需要的期刊，点击期刊名称，进入期刊的期次列表，选择某一期期刊，即可浏览该期期刊文章列表。

2. 一般检索

在主页的“按关键词全文检索”搜索栏中直接输入检索词，检索词可以是一个单词，也可以是多个单词构建的检索表达式，见图 8-12。文本框后有“…”按钮，可以打开构建检索表达式对话框，对话框第一列为检索项，第二列为检索算符，选择检索项和算符，即构成了检索表达式。

3. 高级检索

进入高级检索界面，见图 8-13，可以选择一个或多个检索项进行检索。输入的关键词(可输入一个或同时输入几个)可以分别指定在相应的字段中，如全文、标题、摘要、作者、编者、ISSN、ISBN、DOI。

日期限定：Entire range of publication dates；限定出版时间 publication dates between。最早出版时间和最晚出版时间必须填写，格式为月/日/年，如 10/01/2006。

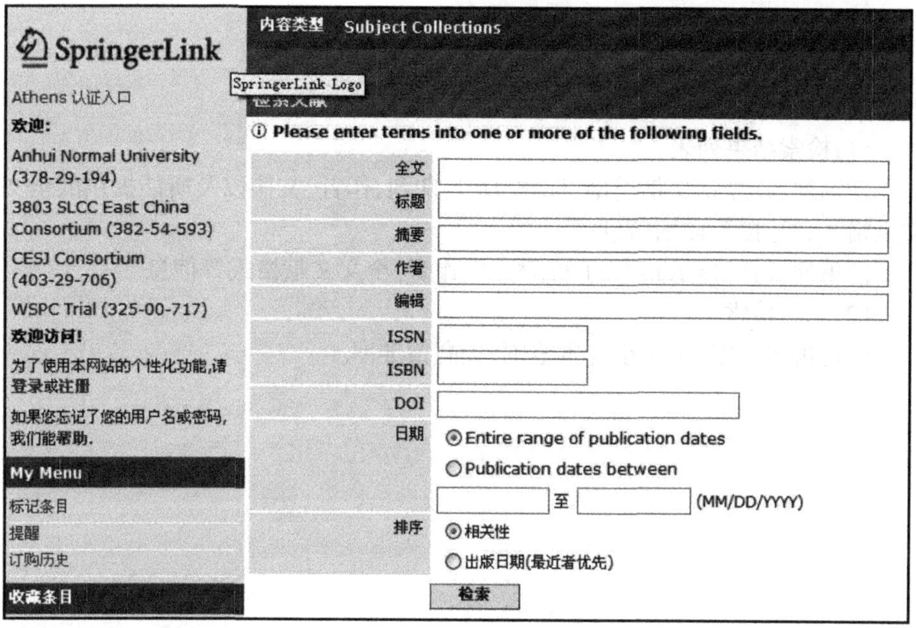

图8–13　Spring Link高级检索界面

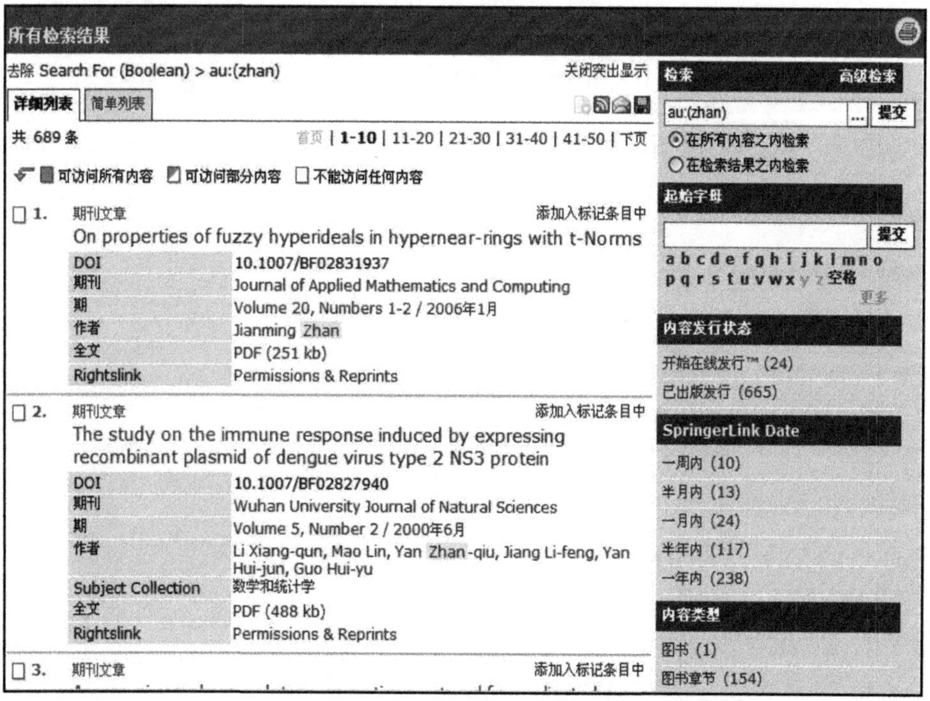

图8–14　Spring Link检索结果

排序限定:按相关性或出版日期(最近者优先)。

三、检索结果处理

通过检索得到符合条件的结果见图8-14所示。

(1)检索结果列表

详细列表:显示文献类型、标题、DOI、期刊、作者、文摘以及所能提供的全文文献格式和链接等详细信息;

简单列表:仅显示其中的文献标题、作者、全文文献格式等信息。

(2)二次检索

进行再次检索,可缩小检索范围,提高检准率。

第9章 特种文献及其数据库检索

特种文献是指出版形式比较特殊的科技文献资料，通常介于图书与期刊之间，似书非书，似刊非刊，其内容广泛新颖，类型复杂多样，涉及科学技术、生产生活的各个领域，出版发行无统一规律，包括学位论文、会议文献、科技报告、专利文献、标准文献等类型。因为具有独特的信息价值，所以，它是不可忽视和遗漏的信息源。互联网络的发展使得这些文献以各种形式上网，现已具有丰富的网上数字化形态，利用越来越方便，为特种文献的获取提供了崭新的渠道。

9.1 特种文献的网上分布

9.1.1 学位论文

学位论文是高等学校和研究生院的学生在结束学业时，为取得学位资格向校方提交的学术性研究论文，一般不公开出版发行，而是保存在学位授予单位或国家指定机构加以收藏。博士、硕士学位论文一般都具有较高的参考价值，因为其研究课题是在有专长的导师指导下完成，并需经该领域著名学者审查通过。由于其探讨的问题比较专一，对问题的阐述较为详细和系统，能反映某一学科当前的水平，而成为科学研究的重要信息源。收藏单位往往会重视这类信息发布和检索，并且随着互联网普及，现在许多学位授予单位也把自家的学位论文挂在自己的网站上，因此，利用互联网可以方便地查寻和获取学位论文及其相关信息。

一、学位论文数据库

1.PQDD (ProQuest Digital Dissertations) (http://www.lib.umi.com/dissertations)

即数字化博硕士论文文摘数据库，是由美国ProQuest公司开发的，已收录超过160多万条记录，涵盖了从1861年获得通过的全世界第一篇博士论文(美国)，到本年度本学期获得通过的博、硕士论文信息。数据库中除收录与每篇论文相关的引文外，1980年后出版的博士论文信息中包含了作者本人撰写的长达350字的文摘。1988年以后出版的硕士论文信息中含有150字的文摘。目前每年新增论文条目达55,000多篇。对于1997年以后出版的论文提供电子形式的副本，用户可免费浏览这些论文的前24页内容。该数据库有完全版和两个分册版本即A辑和B辑。A辑主要是人文社科版，B辑主要是科学与工程版，主题包括：生物科学，地球及环境科学，健康科学，自然科学，心理学。每周更新，是目前世界上最大的和最广泛使用的学位论文数据库，是学术研究中十分重要的参考信息源。Calis高校共同引进了2001年后的部分论文全文4万余篇，授权用户可以直接访问。

2. 中国学位论文数据库(http://hk.wanfangdata.com/wf/cddb/cddbft.htm)

该库由国家法定学位论文收藏机构——中国科技信息研究所提供，并委托万方数据加工建库，始建于1985年，收录了自1977年以来我国自然科学和社会科学各领域的硕士、博士及博士后研究生论文的文摘信息，内容包括：论文题名、作者、专业、授予学位、导师姓名、授予学位单位、馆藏号、分类号、论文页数、出版时间、主题词、文摘等字段信息。涵盖自然科学、数理化、天文、地球、生物、医药、卫生、工业技术、航空、环境、社会科学、人文地理等各学科领域，每年稳定新增15余万篇，2007年6月25日 更新总记录数为884270条。是我国收录数量最多的学位论文全文库。

3. 中国优秀博硕士学位论文全文数据库(http://www.cnki.net/jianjie/jj11.htm)

清华同方出品分为理工A(数理化天地生)、理工B(化学化工能源与材料)、理工C(工业技术)、农业、医药卫生、文史哲、经济政治与法律、教育与社会科学、电子技术与信息科学等9个专集。该库与万方的中国学位论文数据库在自然科学领域有一定的重复交叉。《中国博士学位论文全文数据库》和《中国优秀硕士学位论文全文数据库》是目前国内相关资源最完备、高质量、连续动态更新的中国博士和优秀硕士学位论文全文数据库，至2006年12月31日，累积博士学位论文全文文献5万多篇，来源于全国420家博士培养单位的博士学位论文；累积硕士学位论文全文文献37万多篇，来源于全国652家硕士培养单位的优秀硕士学位论文。

4. CALIS高校学位论文库(http://www.calis.edu.cn/calisnew/calis_index.asp?fid=3&class=4)

是在“九五”期间建设的博硕士学位论文文摘数据库基础上，建设一个集中检索、分布式全文获取服务的CALIS高校博硕士学位论文文摘与全文数据库。目的是通过对分散在各大学中各类学科的学位文献信息的收集、整理、建库、上网，使原始的论文信息获得升值，为国内外希望获取高校学术信息的用户提供一个方便的查询途径，起到推动高校教学、科研交流和促进发展的作用。中文学位论文通过网上直接采集电子文本的方式，逐年累积；另外通过集团采购补贴的方式，与高校图书馆与公共馆、情报所等合作，按篇选择购买国外电子版博硕士学位论文,集中存放在CALIS的全文服务器中。目前有大约25万条学位论文文摘索引。已有约80家大学签订了参加项目建设的协议,有70多家建立了本地学位论文提交和发布系统。

二、学位论文相关网站

1. 法定收藏单位

中国国家图书馆是教育部指定唯一收藏全国博士论文、博士后研究报告和海外留学生学位论文的机构;中国科技信息研究所是国务院学位办指定的自然科学领域博士和硕士学位论文收藏点;中国社会科学院文献信息中心是国务院学位办指定的社会科学博士和硕士学位论文收藏点;高校和科研机构等硕博士培养单位的图书馆只能收录本单位学位论文。美国大学缩微品国际出版公司(University Microfilms. Inc.)是专门收集学位论文并以印刷型、缩微胶片、磁带、光盘和网络数据库等多种形式提供利用的单位。

2. 学位授予单位

高等院校和科研机构是产生学位论文主要信息源,高校图书馆和科研机构的信息中心作为本单位的信息资源的收藏地,一般都有收藏本单位学位论文职责。目前许多单位或将学位论文的信息反映在其书目数据库中,或直接建立本单位学位论文特色数据库,国外各高校等硕博士培养单位的图书馆也收藏本单位学位论文。通过网络途径可以获取其学位论文的题录信息,再通过文献传递等方式,则可向国内外学位论文收藏单位索取需要的论文全文。部分高校已开始实现本校研究生毕业论文全文的网上提交,并将根据学生的授权情况对校内用户逐步开通全文检索和浏览。

9.1.2 会议文献

会议文献(又称会议资料)一般指在各种学术会议上发表的学术报告、会议录和论文集,是产生于会议过程中的各种资料和基于会议资料的各类出版物的总称。其具有内容新颖、学术性强等特点,往往能反映某一学科或专业领域的最新进展和成就,许多新发现和新设想也会在会议上首次公布和讨论,世界各国学会、协会、研究机构及国际性学术组织每年召开的学术会议越来越多,学术与专业会议及其会议文献已成为了解学科、专业发展水平和动向的重要信息源。目前互联网上存在着大量的会议文献,既有正式出版的会议录,也有一些会议预告、会议视频等,为会议文献的发布和传递提供了非常便利的条件。

一、会议文献数据库

1. ISI Proceedings(http://www.isiknowledge.com)

ISI Proceedings汇集了世界上最重要的会议、座谈、研究会和专题讨论会等多种学术会议的会议录文献,是美国科学情报研究所(ISI)出版的著名学术会议文献索引——《科技会议录索引》(Index to Scientific & Technical Proceedings,简称ISTP)和《社会科学与人文科学会议录索引》(Index to Social Sciences & Humanities Proceedings,简称ISSHP)的Web版。ISTP为世界著名四大检索工具之一,收录自1990年以来每年近10,000个国际科技学术会议所出版的190多万篇会议论文;每年约增加220,000个记录;提供自1997年以来的会议录论文摘要,每周更新。涵盖学科包括:农业、环境科学、生物化学、分子生物学、生物技术、医学、工程、计算机科学、化学和物理等。ISSHP,收录自1990年以来每年近2,800个国际学术会议所出版的共计200,000篇会议论文;每年约增加20,000个记录;提供自1997年以来的会议录论文的摘要。涵盖了社会科学、艺术和人文科学的所有领域,包括心理学、社会学、公共健康、管理、经济、艺术、历史、文学和哲学等。

2. CSA Conference Papers Index数据库(http://www.csa.com/)

剑桥科学文摘会议论文索引数据库由美国剑桥科学文摘社编辑,提供国际性、区域性或国家会议发表的科技会议论文。主题包括:①生命科学:临床医学、实验生物学与医学、动物学、植物学、生化、药理学;②工程:航天、机械、土木、电子、化学、核子、动力、环境;③物理科学:地球科学、化学、物理学、数学、操作研究、材料科学与技术。

3. 中国学术会议论文数据库(中、英文版)(http://www.wanfangdata.com.cn/)

由万方公司出品,是国内最具权威性的学术会议论文全文数据库,是目前国内收录会议数量最多,学科覆盖最广的数据库,是掌握国内学术会议动态必不可少的权威资源。其中文版收录自1998年以来国家级学会、协会、研究会组织召开的自然科学、工程技术、农林、医学等领域全国性学术会议论文。涉及全国性学术会议近7000余个会议,50万余篇会议论文全文;英文版共收录自1998年以来的近1000余个会议,10万余篇会议论文全文。

4. 中国重要会议论文全文数据库(http://www.cnki.net/jianjie/jj3.htm)

收录我国2000年以来国家二级以上学会、协会、研究会、科研院所及政府举办的重要学术会议、高校重要学术会议、在国内召开的国际会议上发表的文献年更新约10万篇论文。截止2007年6月26日,累积会议论文全文文献近68.8267万篇。

二、会议机构网站

学术会议按其组织的形式和规模可分为:国际性会议是由国际组织或者若干个国家学术机构共同主办的学术会议;全国性会议由全国性学会、协会单独或联合召开;地区性或基层性会议是由一个地区性的学术机构单独或联合召开,或者是高校、科研机构等基层召开的学术会议。在一些机构的主页上一般都能找到其会议预告、会议征文等消息，许多情况下还能第一时间获取相关的会议论文。

中国科学技术协会(http://www.cast.org.cn/)提供了全国性学会和地方科协主办的学术会议和学术活动的简要信息，以及自己主办的各种会议和活动的详细信息，包括即将召开的会议预报及历届会议的大会指南、代表名单、会上交流的重要论文全文。

三、专业会议服务网站

网上有些站点专门致力于搜集各类会议信息及其文献并提供免费服务。它们提供的会议相关信息非常丰富，既有关于会议本身的会议预告、会议日程、会议视频点播，也提供会议论文甚至全文。

因特网会议预告(Internet Conference Calendar)(http://mojam.wolfgangsvault.com/)：此网页给出每日更新的有关学术会议、研讨会、专题讨论会、博览会、培训等信息，并提供一个很方便的查询界面，可按照主题词、地点、时间等字段进行检索，用户可按国家、各大洲进行分类免费查询。

欧洲研究会议(Europe Research Conferences，http://www.esf.org/euresco/)：是由欧洲科学基金会维护的WWW网页，主要提供各学科已经召开与即将召开的会议的信息及内容。

国际标准化组织的标准化会议预告(ISO Meeting Calendar，http://www.iso.ch/cale/calendar.html)：此网页提供了即将召开的国际标准化会议的具体时间、地点、内容等信息。

最新技术会议预告(Calendar of Upcoming Technical Conference，http://www.techexpo.com/events/)：公布世界范围内即将召开的高科技领域国际会议，可以用主题词、地点、会议名称、主办者等信息进行检索，获取会议的主题、日程安排、会议论文征集等信息，也可以在此发布自己的会议信息。

中国学术会议在线(www.meeting.edu.cn)：是经教育部批准，由教育部科技发展中心主办，面向广大科技人员的学术交流公共服务平台。针对当前我国学术会议资源分散、信息封闭、交流面窄的现状，中国学术会议在线相继推出了学术会议信息预报、会议分类搜索、会议在线报名、会议视频、视频直播等服务，是科研人员参加学术会议的指南，成为发布会议信息的权威平台。

中国会议网(http://www.chinameeting.com/)：主要收录展览性的展会信息，发布国内召开的各种会议、展览、培训信息以及部分国际性会展消息，并提供参展、参会和培训的网上报名。用户可以注册成为其会员，通过E-mail接受会议信息。

9.1.3 科技报告

科技报告是关于科研项目或科研活动的正式报告或情况记录，是研究、设计单位或个人以书面形式向提供经费和资助的部门或组织汇报其研究设计或项目进展情况的报告。包括政策报告、考察报告、实验报告、技术报告以及科学游记等，其内容新颖广泛、专业性强、技术数据具体，涉及的学科专业面广，新兴学科和尖端科学的研究成果往往首先得到反映，是重要的文献信息源。

一、美国四大科技报告

全世界每年的报告量大约数十万件，各个国家都有自己的科技报告，但数量最大、品种最多的是美国政府部门出版的政府报告，其收集、整理、加工和报道的工作做得很规范，网上提供免费检索的网站也比较多。美国政府报告主要有四大报告：行政系统的PB报告、军事系统的AD报告、航空与宇航系统的NASA报告、原子能和能源管理系统的DOE报告。目前由美国商务部下属的美国技术信息服务部出版的美国政府科技报告及其索引有多种形式：印刷型、光盘型和网络型。印刷型四大报告有系统的检索体系，检索工具为四种：

(1)政府报告通报与索引(GRAI, Government Reports Announcements & Index)：由美国商务部国家技术情报服务局编辑出版，创刊于1946年，是系统报道美国四大报告的文摘检索工具，其对应的联机数据库是NTIS(National Technical Information Service)。

(2)宇航科技报告(STAR, Scientific & Technical Aerospace Reports)：由NASA科技情报机构负责编辑出版，创刊于1963年，是系统报道NASA报告及有关航天科技资料(不含期刊)的文摘刊物。

(3)能源研究文摘(ERA, Energy Research Abstracts)：由美国能源部编辑出版，创刊于1976年，报道能源部所属的实验室、研究中心和合同户所提供的研究报告。

(4)核科学文摘(NSA, Nuclear Science Abstract)：由美国能源署技术情报中心主办，专门报道国际核科学技术方面的文献。

我国目前已购买了美国政府报告数据库，由美国商务部下属的国家技术情报服务局(National Technical Information Service——NTIS)编辑出版，涉及学科范围有数、理、化、生物、天文、地理、农、医、工程、航空航天、军工、能源、交通运输、环境保护及社会科学等许多领域，系统全面地记录了50年来美国科技发展的成就与经验，该库75%的文献是科技报告，25%的文献是美国以外的文献，90%的文献是英文文献，检索结果为报告题录和文摘。

二、科技报告相关网站

(1)美国国家信息服务公司(National Information Service Corporation, http://www.nisc.com):提供自然科学、社会科学、艺术及人文科学方面的书目式和全文本式数据库服务,包括印刷形式、CD-ROM形式、在线形式。由该主页可进入产品及服务栏目,免费对美国教育资源中心(ERIC)的几个主要数据库进行查询。

(2)美国联邦政府信息(FedWorld, http://www.fedworld.gov):为了提供一个集中的、对美国政府信息的在线查询点,美国国家技术情报社(NTIS)于1992年11月建立了FedWorld,提供可访问的20多个库,对1万多篇文献进行查询。

(3)美国国家技术情报局网(National Technical Information Service http://www.ntis.gov/):是美国目前最大的政府信息资源中心,全面收集由政府资助立项的科学、技术、工程及商业信息。通过NTIS主页可免费查询1990年以来NTIS数据库的文献文摘信息,部分报告提供原文。国内多家图书馆及文献信息机构(国家图书馆、北京大学等)订购了NTIS的光盘版和网络版文摘数据库。

(4)国家科技成果网(http://www.nast.org.cn/index.htm):是由国家科技部创建的国家级科技成果创新服务平台。旨在促进科研单位、科研人员、技术需求方的交流、沟通,加快全国科技成果进入市场的步伐,促进科技成果的应用与转化,避免低水平的重复研究、提高科学研究的起点和技术创新能力。所拥有的全国科技成果数据库内容丰富、权威性高,已收录全国各地区、各行业经省、市、部委认定的科技成果20余万项,库容量以每年3万~5万项的数量增加,充分保证了成果的时效性。同时提供方便、快捷的免费上网查询,还可进行全国科研单位查询,发布科技成果供求信息等。

(5)国家科技图书文献中心(http://www.nstl.gov.cn/index.html):通过该网站的"文献检索与原文提供"子系统,可以检索我国收藏的美国政府报告及其他国家的技术报告,但只提供文摘。

(6)中国科技成果数据库:始建于1986年,是国家科技部指定的新技术、新成果查新数据库。数据主要来源于历年各省、市、部委鉴定后上报国家科委的科技成果及星火科技成果。收录范围包括新技术、新产品、新工艺、新材料、新设计,涉及自然科学各个学科领域。该库已成为我国最具权威的技术成果数据库,不仅可以用于成果查新和技术转让,还可以为技术咨询、服务提供信息源,为技术改造、新产品开发以及革新工艺提供重要依据。

通过数据库与免费网站检索到的科技报告绝大多数只有文摘,如果需要原文,通过"国家科技图书文献中心"原文提供服务获取;通过原文传递服务在国内科技报告的收藏机构获得。

9.1.4 专利文献

专利是对技术发明给予法律保护的一种制度。专利权与商标权、工业品外观设计等构成工业产权,工业产权又与版权构成知识产权。专利文献的内容很多,包括专利说明书、专利题录、专利文摘、专利索引等。其中最具有技术价值的是描述发明创造具体内容及其专利保护范围的专利说明书。随着计算机及网络技术的发展,目前专利文献的检索也从传统的手工检索转变为通过计算机网络进行,专利文献都通过数据库的方式提供多种检索途径,如专利分类号、主题词(关键词)、申请人(专利权人)、发明人、申请号(专利号)、公告号以及其他著录项目。由于专利制度文献的公开性,各国的专利机构纷纷上网,提供专利检索服务,国外专利文献都可以通过网上专利数据库免费查询,从而使专利成为在网上免费传播最广的实质性科技文献。

因特网专利信息资源的分布情况:各国知识产权局及地方知识产权部门的机构网站;国际(地区)性专利组织的网站;一些由知识产权机构提供的专利数字图书馆或者是一些专利数据检索网站;商业性数据库开发商的网站;专利门户类网站或专利资源导航类网站;专利法律部门;知识产权专业院校;知识产权研究机构;出版机构及出版物;部分学科专利信息中心;从事专利信息咨询服务的相关企业与代理机构;大型公司企业设立的专利信息管理研究部门;民间组织;个人网站;其他专利信息的专业网站资源,包括不同出版物和媒体中披露的与专利有关的各种信息,如理论研究成果、统计分析报告、行业(企业)专利战略、专利技术转让、专利产品介绍与电子商务等。上述网站从不同角度对专利信息有不同程度的涉及,有的主要侧重于知识产权(工业产权)局或专利组织机构的历史、活动等一般信息;有的主要提供检索功能;有的提供获取产权保护的程序、法律信息咨询;有的主要针对某专业学科领域提供专利信息服务;有的是对网络资源的链接导航。

一、专利文献数据库

(1)Derwent专利数据库(http://www.Derwent.com):英国Derwent公司出版的《世界专利索引》(WPI)主要收集工业化国家的专利、报道工程技术领域所取得的专利,采用国际专利分类法编制专利分类体系,全部是英文文摘。WPI数据库有700多万条数据,覆盖37个国家和两个国际专利组织,内容为英文的著录项目、数据和摘要。该公司还推出了PatentExplorer,收录有1974年以来的美国专利文献200多万条。1978年以来的欧洲专利100万条,是因特网第一家用图文和图像方式提供美国和欧洲专利服务的系统。PatentExplorer上的检索全部实行免费,允许用户保存检索结果,同时提供一整套文献传递服务。

(2)德温特世界专利创新索引(Derwent Innovation Index, http://www.

derwent.com/)：它将“世界专利索引”(WPI)和“专利引文索引”(PCI)的内容整合在一起，主要收集工业化国家的专利，报道工程技术领域所取得的专利，采用国际专利分类法编制专利分类体系，全部是英文文摘。DII收录全球40多个专利机构的900万条基本专利，1800万项专利，覆盖37个国家和两个国际专利组织，内容为英文的著录项目、数据和摘要。

(3)世界知识产权组织专利数据库(http://www.wipo.int/pctdb/en/search-adv.jsp)：该网站由世界知识产权组织(WIPO)提供，在知识产权电子图书馆(IPDL)网站提供有Madred(马德里)申请商标数据库、PCT电子公报、JOPAL科学技术期刊数据库的免费检索。其中，PCT电子公报可以检索1977年1月1日至今的PCT国际专利，JOPAL可以检索1981年至今的世界范围内具有重要影响的科学技术期刊。

(4)欧洲专利局网上专利数据库(http://ep.espacenet.com/)：欧洲专利局于1998年10月正式开通的免费专利数据库，收录了1920年以来(各国的起始年代有所不同)50多个国家公开的专利文献，可以进行各国专利书目信息(包括篇名)检索、摘要检索，可浏览命中文献的著录数据、文摘，还可以查阅一些主要国家的专利首页、说明书全文及附图，可免费打印。包括世界专利数据库、日本专利文摘数据库、欧洲专利局数据库和世界知识产权组织数据库，可选择任意一个数据库进行检索。

(5)美国专利数据库(http://www.uspto.gov/patft/index.html)：由美国专利与商标局设立，免费提供1970年以来授权的美国专利说明书和近三年的专利申请文件。美国专利数据库用文本和图片形式提供专利文献(1976年以前文献只有图片的形式)，文本形式的说明书下载很快，但没有图片信息；图片形式的说明书是原件扫描得到的TIFF文件，下载速度较慢，同时浏览器必须下载安装TIFF图片插件(http://www.alternatiff.com/install/)，利用该插件可以进行图片的打印、复制、存储、缩放、旋转等操作。

(6)中国专利数据库(http://www.sipo.gov.cn/sipo/zljs/)：属中华人民共和国国家知识产权局。包括1985年9月10日以来公布的全部中国专利信息，包括发明、实用新型和外观设计三种专利的著录项目及摘要，并可浏览到各种说明书全文及外观设计图形。检索系统提供了申请(专利)号、名称、摘要、地址、分类号等字段的检索入口，并且在多个字段支持模糊检索。

(7)万方数据资源系统(http://www.wanfangdata.com.cn)：提供中国实用新型专利数据库、中国外观设计专利数据库和中国发明专利数据库，它们收录了从1985年至今受理的中国全部实用新型、外观设计及发明专利数据信息，包含专利公开(公告)日、公开(公告)号、主分类号、分类号、申请(专利)号、申请日、优先权等等数据项。

二、专利文献相关网站

(1)世界知识产权组织数字图书馆(Intellectual Property Digital Library, http://www.wipo.int/ipdl/en/):由世界知识产权组织(WIPO)国际局于1998年组织建立,其目的是为政府机构和个人用户提供电子化知识产权信息服务。目前,该网站主要提供WIPO维护的数据库检索服务,其中包括PCT国专利公报数据库(PCT Electronic Gazette)、马德里商标快报数据库(Madrid Express Database)、JOPAL专利审查最低文献量科技期刊数据库(JOPAL Data-base)。另外,还以超文本的方式提供美、欧等多个国家和地区的专利数据库网站链接入口。

(2)中国专利信息网(http://www.patent.com.cn):由国家知识产权局专利检索咨询中心制作,包括自1985年至今的全部专利的题录信息以及发明和实用新型的全文图形。它集专利检索、专利知识、专利法律法规、项目推广、高技术传播、广告服务等功能为一体。因特网用户可以免费向该专利服务机构注册,注册后可得到有限的免费服务,只能检索到专利摘要和著录项目等基本信息,不能看到专利全文说明书及外观设计图形,而付费的会员则可查看专利说明书全文信息。

(3)中华人民共和国国家知识产权局(http://www.sipo.gov.cn/sipo/):列出了世界专利网站的链接,其中就包括国际知识产权组织(机构)、其他国家知识产权(专利)管理机构、专利数据库、专利信息资源、法律文本和专利分类系统、专利许可贸易站点、邮件列表和新闻组、专利软件、有用的欧洲链接及其他。从中可链接至更多国家和地区的工业产权组织和机构的网站。

(4)中国知识产权网(http://www.cnipr.com):是国家知识产权局知识产权出版社在国家的支持下于1999年6月创建的知识产权综合性服务网站。其宗旨是通过互联网宣传知识产权知识,传播知识产权信息,促进专利技术的推广与应用,树立知名品牌,打击、防范盗版行为,从整体上提高国内公众的知识产权保护意识、树立企业自主知识产权形象。

(5)中国专利信息中心(http://www.cnpat.com.cn/):前身是原中国专利局的自动化工作部,现在是国家知识产权局直属的事业单位,国家知识产权局赋予了中心专利数据库的管理权、使用权和综合服务的经营权。作为国家级大型的专利信息服务机构,中国专利信息中心以最新、最完整的专利信息资源,遍及全国各地的信息收集和服务网络、先进的信息处理技术为依托,为国内外用户提供快捷、优质的服务。

除了直接访问和利用上述网站和数据库之外,也可以利用搜索引擎查找专利信息。搜索引擎一般提供有分类或关键词的检索,选择其中一种途径,可以检索到很多有关专利的相关网站地址,利用这些地址浏览有关网站,就可以得到很多的专利信息。

9.1.5 标准文献

标准是对工农业产品、工程和管理建设的质量、规格、检验、包装及储运程序和方法等方面所做的规定，是从事生产、建设、管理的一种共同依据和准则。标准文献则是由这些技术标准、管理标准及在标准化过程中产生的其他具有标准性质的类似文件组成的一种特定形式的技术文献体系。标准文献不仅是生产、加工、贸易等活动的直接依据，也能反映出有关区域集团的经济政策、技术政策、生产水平、加工工艺水平、标准化水平、自然条件、资源利用等情况。在进行新产品开发、科学研究时，更是不可或缺的参考资料，是一类重要的信息资源。传统的标准文献主要依赖于印本型的检索工具，国际上著名的标准化组织，在互联网上大多建立了自己的Web网站，报道最新的标准信息，方便全世界的人们迅速掌握最新动向，因此，互联网是重要的获取标准信息的重要来源。

一、标准文献数据库

(1)万方数据资源系统(http://www.wanfangdata.com)：在科技信息子系统中提供多个中外标准数据库的查询服务，包括了国家技术监督局等单位提供的中国国家标准、行业标准、国际标准、欧洲以及美、英、德、日等国家的标准共12个数据库。可以从标准名称、编号、主题词入手检索，得到标准名称、编号、发布单位、发布时间、状态、分类号等在内的21项题录信息。

(2) Techstreet标准数据库(http://www.techstreet.com/)：是一个基于互联网的标准文献的超级仓库。通过其电子商务网站和基于网络的公司订阅服务，用户可以获取来自350多个领先的标准开发组织所制定的30多万个工业规范和标准文件。其标准覆盖内容广泛，包括航空、石油化工、信息技术、电气和电子、食品和饮料、建筑及保健等几十个领域中的研究、设计、制造、试验和检验。交付方式包括打印或PDF形式的单独文件交付，以及企业级订阅服务。企业级的订阅服务提供"敞开胃口"的交付方式，可以根据企业的需求定制一个基于互联网的标准文献数字图书馆。

二、标准文献相关网站

(1)国际标准化组织(http://www.iso.org)：来自世界140个国家的国家标准委员会组成的世界性联盟，任务是促进标准的开发及有关活动，在全球实现交流和合作。该网站介绍了ISO组织、IS09000/ISO14000标准系列、各成员国、产品与服务等信息，提供ISO标准的检索。检索入口有标准名称关键词、ISO标准号、国际标准分类号、标准颁布时间、委员会代码等。检索结果提供相关标准的标准名称、标准号、版次、页数、编制机构、订购全文的价格等信息。需要订购全文点击相应的图标，并要填入相关的个人资料、付款方式以及全文的传递方法。

(2)IEC国际电工委员会(International Electrotechnical Commission)(http://www.iec.cn):是一个非政府性国际组织,是联合国社会经济理事会的甲级咨询机构,正式成立于1906年,是世界上成立最早的专门国际标准化机构。它的成员包括了世界上绝大多数工业发达国家及一部分发展中国家。该网站提供的内容丰富翔实,具体介绍了IEC的组织情况、IEC的最新动态、IEC数据库的查询、IEC新颁布的标准、顾客服务、常见问题与反馈等。检索入口有标准名称、标准号、标准分类号、制定委员会、全文等,提供多字段间的逻辑检索。

(3)美国国家标准学会(American National Standards Institute http://www.ansi.org):是非赢利性质的民间标准化团体,但它实际上已成为美国国家标准化中心,美国各界标准化活动都围绕它进行。通过它,使政府有关系统和民间系统相互配合,起到了政府和民间标准化系统之间的桥梁作用。ANSI协调并指导美国全国的标准化活动,给标准制定、研究和使用单位以帮助,提供国内外标准化情报。同时,又起着行政管理机关的作用。ANSI负责审定发布国家标准,但是它一般极少制订国家标准,而是将各专业团体组织制订的专业标准加以审查,确认后定为国家标准(ANSI标准),因此,该学会实际上是协调性管理机构。

(4)中国标准服务网(http://www.cssn.net.cn):是国家级标准信息服务门户,是世界标准服务网(www.wssn.net.cn)在中国的网站,由中国标准化研究院主办。中国标准化研究院标准馆收藏有60多个国家、70多个国际和区域性标准化组织、450多个专业学(协)会的标准以及全部中国国家标准和行业标准共计约60多万件。提供的首批数据库包括:中国国家标准、中国行业标准、地方标准、国际标准、国外标准、国外学(协)标准、技术法规、标准化期刊等百余种数据库。提供的检索入口有:标准号、中英文标题、中英文主题词、被代替标准、采用关系、中文标准分类号、国际分类号等,提供"逻辑与"、"逻辑或"的查询方式。用户经注册成为会员后可免费检索到相关的题录信息,获取全文需缴纳一定费用。

(5)中国标准咨询网(http://www.chinagb.org/):中国技术监督情报协会、北京超星公司、北京中工技术开发公司合作建立。提供中国国家标准、行业标准、地方标准及国际标准、外国标准的全方位咨询服务,包括标准信息的免费在线查询、标准有效性的确认、标准文献翻译、标准培训、企业立标等各种相关服务。提供ISO标准、IEC标准、ANSI标准、ASTM标准、0SAE标准、UL标准、BS标准、DIN标准、JIS标准、AFNOR标准、GB标准、HB标准和DB标准的检索,分别有初级检索和高级检索两种方式。检索入口有中英文标准名称、发布日期、发布单位、实施日期、采用关系、标准号、中国标准文献分类号。用户可免费浏览到相关的题录信息,获取全文需缴纳一定费用。

(6)国家标准化管理委员会网站(http://www.sac.gov.cn):可检索国家标准目录,获得标准的题录信息,并了解标准化动态、国家标准制订计划、国标修改通知等信息。

(7)中国环境标准网(http://www.es.org.cn)：查询下载国家环境标准、环境保护标准的全文,包括水环境标准、大气环境标准、固废污染控制标准、移动源排放标准、环境噪声标准、土壤环境标准、放射性环境标准、生态保护标准、环境基础标准、其他环境标准。

(8)开放标准网(http://www.open-std.org/):目前主要包括了ISO(国际标准化组织)和IEC(国际电工委员会)的JTC1(联合技术委员会)发布的信息技术相关标准(ISO/IEC JTC 1)全文,内容涉及编码字符集、编程语言、操作系统、用户界面等。

合理利用搜索引擎十分必要,有的标准在数据库中无法查到,也难以确定其制订者,很难有针对性地确定标准所在的服务器,此时可以通过搜索引擎来查找。标准文献通常在"科学技术"、"参考资料"之类的类目下面,直接点击相应类目,会得到相关信息。利用关键词检索输入检索词,如标准名称、标准编号或标准化主管部门和标准组织的名称等,进行搜索,会反馈出许多结果。

9.2　特种文献数据库选介

9.2.1　PQDD

一、检索基础

(1)布尔逻辑算符:and(与)、or(或)、and not(非)。

(2)截词检索:"?"表示右截断,即前方一致。

(3)位置算符:W/n表示检索词之间不超过n个单词,词序不定;PRE/n表示检索词之间不超过n个单词,词序固定;()表示完全匹配,即词组检索。

(4)嵌套检索:可用多层括号来改变检索式的先后顺序。

二、检索方法

PQDD提供浏览和基本检索(Search-basic)、高级检索(Search-Advanced)两种检索方式。

1. 论文分类浏览

数据库各页面都设有"论文分类浏览"按钮,进入浏览页面,见图9-1,页面左侧为学科分类导航树,页面右侧为结果显示页。逐级点击左侧分类导航树,直至右侧出现结果列表。在主页导航栏学科分类导航树里,列出了三级类目,每一个三级类目后面给出了当前该类的论文数量,选中其中的三级类目,在页面右边出现相应三级类目的所有查询检索结果。

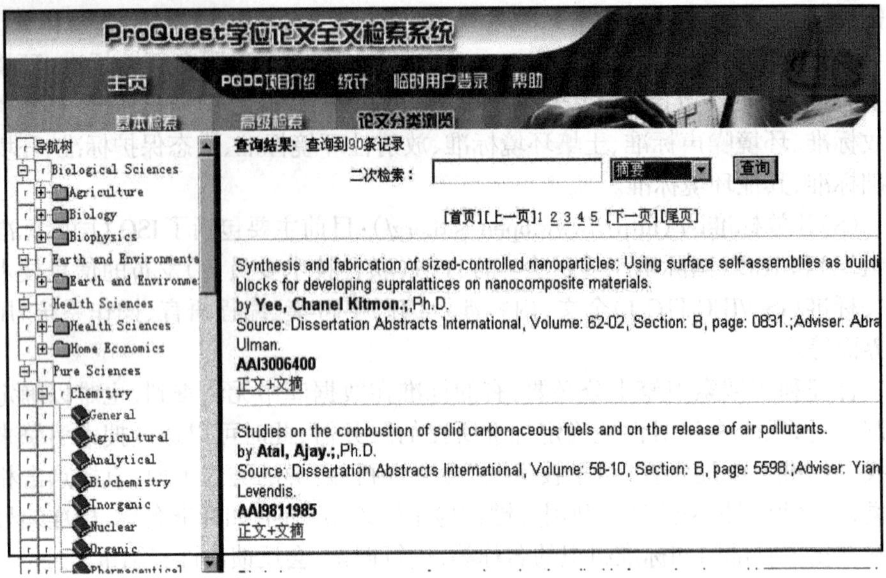

图9-1　ProQuest学位论文检索系统浏览界面

2. 基本检索

首页即系统默认的基本检索，见图9-2，最常用的是关键词(Keyword)检索。可以一次输入一个关键词，也可一次性在三个输入框中同时输入检索词，在相应的下拉菜单中选择逻辑算符、字段限定、时间限定等等。

系统提供可检字段有：摘要、作者、论文名称、学校、学科、指导老师、学位、论文卷期次、ISBN、语种、论文号等11个字段。同一字段可运用布尔逻辑算符、截词符、位置算符、嵌套检索等检索技术。

3. 高级检索

高级检索方式可同时将多个字段组配检索，见图9-3。共提供14个字段的检索，常用字段包括：题目、文摘、作者、导师、学校、学科、年代、语种等。

可在上方的检索输入框中直接构造检索表达式。格式为：字段名+(检索词)，如“(abstract=DIGITAL LIBRARY) AND (degree=PH.D.) AND (book date=2002 to 2003)”。

也可通过下端的检索输入框协助构造检索式，即在检索栏中按提示分别填写检索词，选择检索字段，点击“增加”按钮，将显示框中输入的检索词、选择的检索字段、逻辑组配方式添加到输入框，即形成检索表达式。

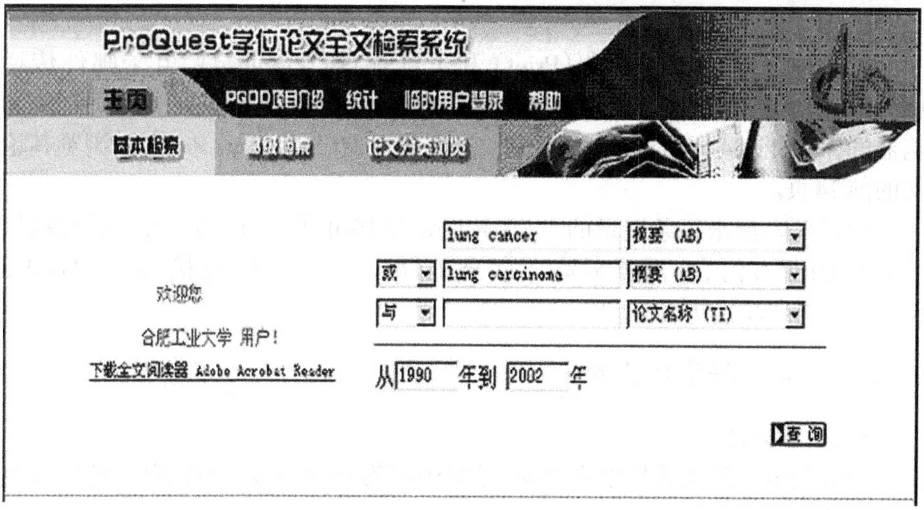

图9-2　ProQuest学位论文基本检索界面

系统支持每次检索的序号组配检索(search History),提供的主题树(subject Tree)选择适当的主题词,还可输入学校名称〔school Index〕对授予学位的学校进行限制。

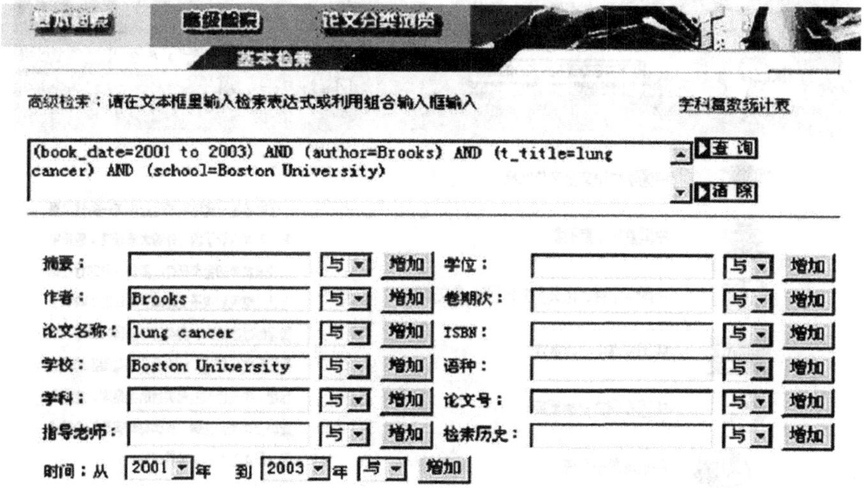

图9-3　ProQuest学位论文高级检索界面

三、检索结果处理

(1)标记:系统支持标记(Mark),在检索完成时批量处理。Mark list 集中标记过的题录可以直接使用list中Download按钮。标记篇目上方有四个按钮:"Clear List"、"Print List""E-mail List"、"Down load",分别用于对标记篇目的清除、打印、发送、下载。

(2)保存：可以联机打印(Print) 和下载存盘(Download)、电子邮件传递Email list(Output format 选输出格式)(前24页原文不保存)；在同一网页利用浏览器的保存(前24页)。1997年以后的论文可以通过"24 Page Preview"浏览其论文的前24页。

(3)打印：点击每条记录的"正文+文摘"链接可展开当前记录，查看包括摘要在内的所有内容，需要浏览文章全文，可点击"全文"链接，利用Acrobat Reader的打印功能进行打印。

9.2.2 万方数据资源系统

一、检索方法

万方数据资源系统检索主界面，见图9-4，有快速检索、资源浏览、跨库检索三种方式。

1. 快速检索

在快速检索框中直接输入关键词，点击"检索"，将在中国学位论文数据库、中国会议全文数据库和数字化期刊全文数据库等三个数据库中检索关键词为输入词的记录。

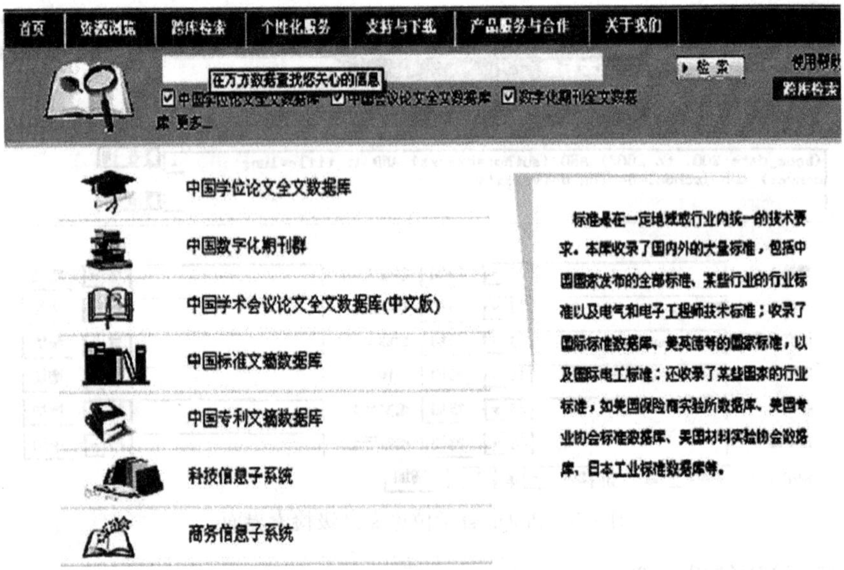

图9-4 万方数据资源系统检索主界面

2. 资源浏览

列出了所有的数据库资源及其分类信息，有数据库浏览、学科浏览、行业浏览、地区浏览、期刊浏览等，见图9-5。

按数据库浏览：系统显示数据库浏览视图，包括数据库分类导航区、检索区、资源简介区、数据库访问排行区。

数据库分类的快速定位允许输入数据库的部分名称或全称，点击“定位”按钮，还可以点击“继续查找”按钮来查找符合条件的数据库。

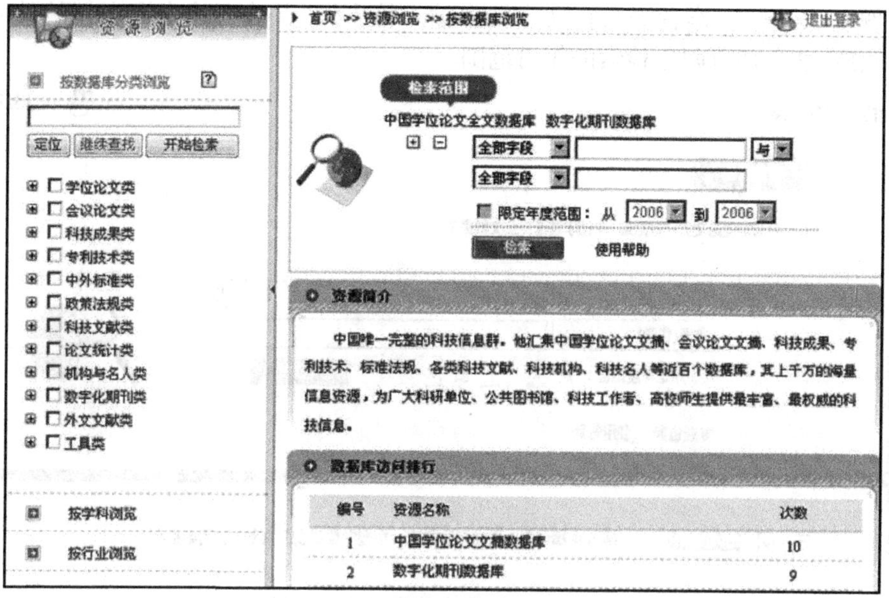

图9-5 万方数据库浏览检索界面

按学科浏览：学科分类导航是树型结构。选中某学科类别后，任何检索都局限于此类别以下的数据。除了手动选择学科分类信息外，还可以快速查找和定位某个学科或某类学科；也可以快速定位检索区的检索范围，选定某个学科或某类学科后，在检索区将显示相应的学科分类号。

按行业浏览：行业分类导航是树型结构。选中某行业类别后，任何检索都局限于此类别以下的数据。除了手动选择行业分类信息外，还可以快速查找和定位某个行业或某类行业，也可以快速定位检索区的检索范围，选定某个行业或某类行业后，在资源检索区将显示相应的行业分类号。

按地区浏览：地区分类导航是树型结构。选中某地区类别后，任何检索都局限于此类别以下的数据。除了手动选择地区分类信息外，还可以快速查找和定位某个地区，也可以快速定位检索区的检索范围，选定某个地区后，在资源检索区将显示相应的地区分类号。

按期刊浏览：有按期刊的学科浏览、按期刊的地区浏览和按期刊首字母浏览三种。

3. 跨库检索

提供专业检索界面和经典检索界面。

经典检索界面见图9-6,在所需数据库前的复选框中打"√",系统自动将所选择的数据库添加到检索范围中;点击检索项的下拉列表,选择字段限定(如论文题名、关键词、作者等);在文本框中输入检索词,并确立检索词之间的关系(与、或、非),还可限定检索的年份范围。

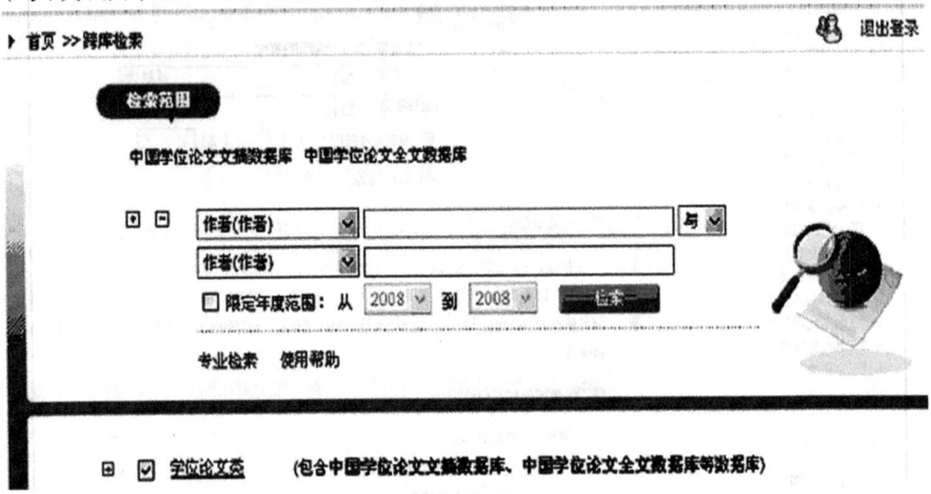

图9-6 万方数据库跨库经典检索界面

专业检索界面:见图9-7,适用于熟练掌握CQL检索技术的专业检索人员。在所需数据库前的复选框中打"√",系统自动将所选择的数据库添加到检索范围中。专业检索的检索表达式书写规则,详见检索语言说明。

二、检索结果处理

检索结果显示界面分为两个部分:二次检索区和结果显示区。

(1)二次检索:勾选"在结果中检索"前的单选项;在文本框中输入所需检索的检索词,可在检索结果中再缩小范围。

(2)标记和导出:能标记(选中或清除选中)记录,并导出选中记录到XML或者文本格式。

(3)查看和保存:进入细览页,可获得单条资源的详细内容和相关文献信息链接。提供有"简单信息"(显示文章的题名、刊名、关键词、数据库以及部分引文等)、"详细摘要信息"、"查看全文"链接,逐页查看或下载全文,点击"打包下载"则可打开或保存全文。

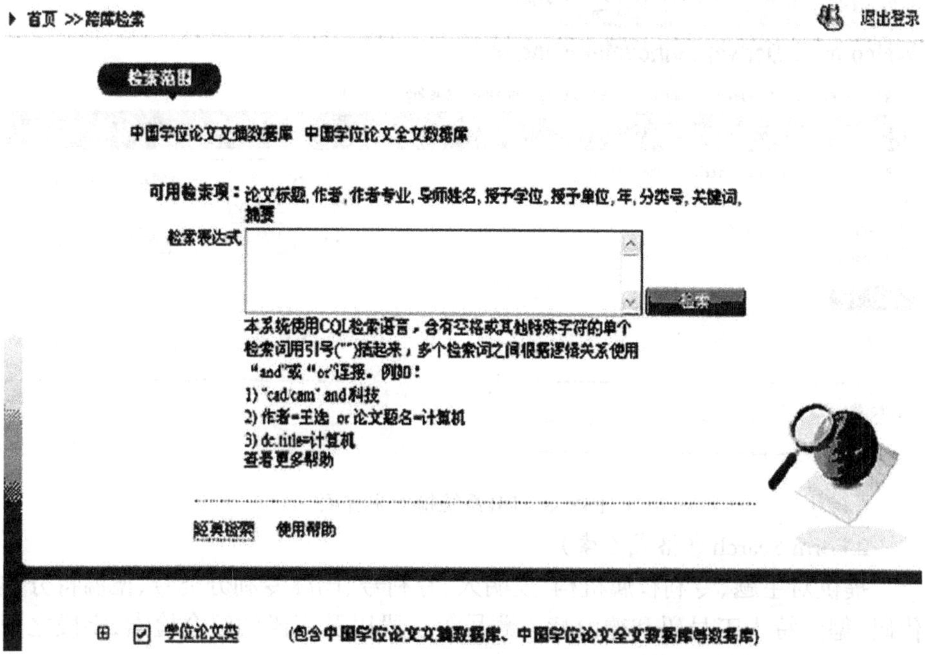

图9-7 万方数据数据库跨库专业检索界面

9.2.3 DII(德温特世界专利创新索引)

一、检索基础

(1)逻辑算符:AND、OR、NOT、SAME、SENT;

(2)通配符:* 代表一个字符串;? 代表1个字符;$代表0个或1个字符。

二、检索方法

提供快速检索(Quick Search)、格式检索(Form Search)、专家检索(Expert Search)和引用专利(Cited Search)检索四种方式,见图9-8。

检索之前需要选择数据库类型和时间范围。

数据库类型:按学科分为Chemical Section(化学部分)、Electrical and Electronic Section(电子与电气部分)、Engineering Section(工程部分)。

时间范围:有本周更新、过去两周、过去四周、所有年份及某一年份等选择。

1. Quick Search (快速检索)

系统默认快速检索(Quick Search),提供Who(发明人,专利权属机构)、What(主题)、Source(专利号)检索框,可以直接输入检索词进行检索。

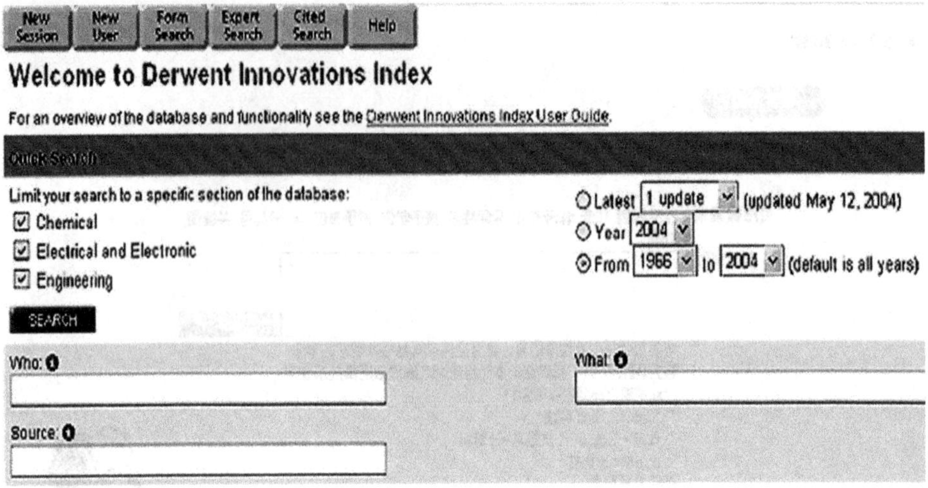

图9–8　DII系统检索主界面

2.Form Search（格式检索）

提供对主题、专利权属机构、发明人、专利号、国际专利分类号、德温特分类代码、德温特人工号码和德温特入藏号等字段以及字段的组合检索，字段之间默认以"AND"连接，见图9–9。

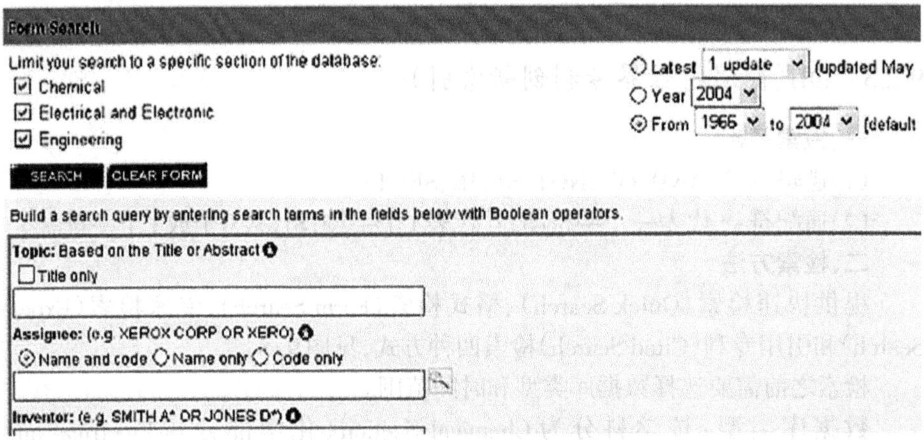

图9–9　DII系统格式检索界面

3. Expert Search（专家检索）

利用字段代码(标识符)，布尔逻辑算符，截词符等构造检索表达式直接检索，见图9–10。

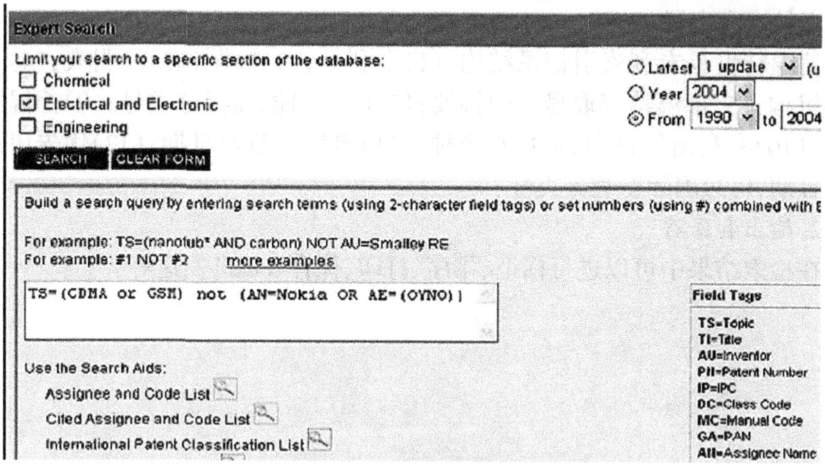

图9-10　DII系统常规专家界面

4. Cited Patent Search（专利引文检索）

可通过CITED PATENT NUMBER（被引专利号）、CITED ASSIGNEE（被引专利权人的名称和代号）、CITED INVENTOR（被引专利发明人）和CITED DERWENT PRIMARY ACCESSION NUMBER（被引专利的德温特入藏号）四个检索字段及其组合检索，查询更新引用了所指定的专利，见图9-11。

各检索字段之间默认以"AND"连接，DII中还有Citing Patent的链接，显示某一项专利发明以来，被哪些专利引用过。

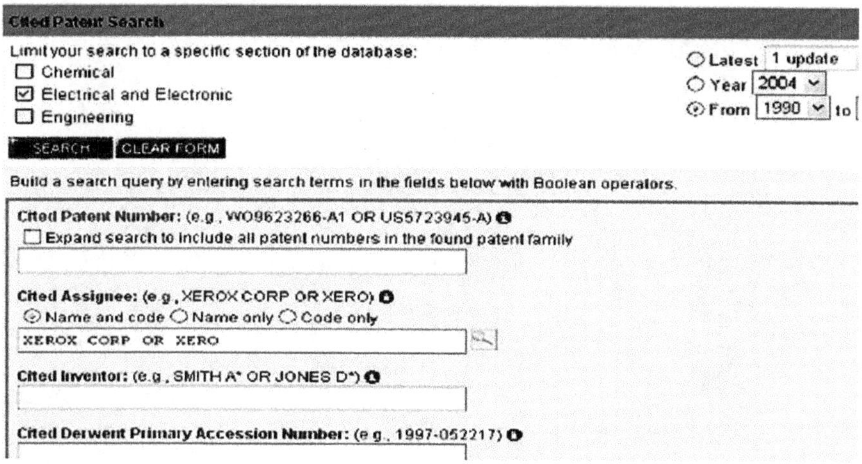

图9-11　DII系统专利引文检索界面

四、检索结果处理

1. 查看记录

点击文章的题目即可看到该文章的详细记录格式，每条全记录一般具有所有德温特专利字段。

德温特世界专利索引记录结构:(1)专利号;(2)标题;(3)发明人;(4)专利权属机构;(5)德温特存取号;(6)摘要;(7)图;(8)德温特分类号;(9)德温特人工号;(10)专利出版日期、页数及语种;(11)申请细节及日期;(12)优先申请信息及日期;(13)国际专利分类号。

2. 输出和保存

在检索结果中可以进行标记、排序、打印、保存、email发送等等。

第10章　文献信息的综合利用

在前面的章节中，系统地介绍了科技文献检索与利用的基本原理、基础知识及检索技能。从手工检索和计算机检索两个方面重点介绍了国内外理工科信息检索工具的实际使用方法。在此基础上，本章介绍文献信息的综合利用及科技论文的结构设计与写作。

10.1　信息资料的检索与利用

搞任何研究，都要以资料作为基础，资料是研究的前提。没有资料，就无从研究，更谈不上观点和创见。资料是研究过程中观点形成的基础，也是动笔写论文的重要依据。语言学家王力先生在谈写论文时曾说过："一个小小的题目，我们就要占有很多的材料，往往几十万字，要做几千张卡片。别看写出来的文章只有一万字，几千字，收集的材料却是几十万字，这叫做充分占有材料，材料越多越好，材料不够就写不出好文章。"可见查阅、收集资料的意义有多重要。要达到及时而准确地获得所需文献信息，就必须采用科学的检索步骤和方法。

10.1.1　检索步骤和方法

检索步骤是依据课题检索的要求，使用检索工具或检索信息系统查找文献信息的具体过程。检索步骤没有固定的模式，无论是手工检索还是计算机检索，其原理都是一样的，一般按照5个步骤进行：明确查找目的与要求，选择检索工具(或数据库系统)，确定检索策略、途径和方法，实际检索操作和索取原始文献。

一、明确查找目的与要求

文献检索最关键的一步是在分析研究课题的基础上明确查找的目的和要求。弄清楚课题的性质是什么？确定学科专业范围是什么？进而确认要求的文种，年代的限定，所需的文献类型，课题的关键词等。在此基础上制定出检索策略。

学科范围是指研究课题所属的学科是单一学科，还是涉及多学科或跨学科；语种范围是指课题需要参考的文献是本国文献还是国外文献；时间范围是指课题文献资料的年代范围是古代文献，还是近现代文献，或是新近出版发表的文献；文献类型属于基础理论性研究的，一般侧重查找期刊论文、会议论文；如果是尖端科学技术,则侧重于科技报告;如属于发明创造、技术革新,则应侧重于专利文献;如为产品定型设计,则需利用标准文献及产品样本。

在分析课题的基础上,形成反映课题内容的主题词和关键词,确定检索标识。每一检索课题都包含一个或多个甚至一系列的标识,应该分析出主要的、有检索意义的标识。有些课题的标识较易确定,有些课题实质性的内容往往很难确定,需要从课题所属专业角度对其内容进行透彻的分析,在准确理解课题内容的基础上,提炼出能够确切反映课题内容的主题概念。要注意尽量避免使用一些无关概念,所谓无关概念即一般性的泛词,或是专指度不高的词。

如有人需要查找作为首饰用的“变色钻石”是一种钻石,从钻石、金刚钻或碳素材料的角度去查,那就会毫无结果。事实上,“变色钻石”是一种刚玉,应从氧化铝或刚玉的角度着手检索。

需要文献类的检索课题,即以专著或论文等一次文献为检索对象,其结果是文献线索和原始文献。包括浏览性检索、针对性检索和回溯性检索。浏览性检索主要希望掌握新近发表的文献,以了解自己研究领域当前的进展情况;针对性检索主要是为了解决科研中的一些具体问题而进行的检索,只要检索到若干篇切题的文献即可,一般强调检准;回溯性检索主要是为了撰写论文专著,或是编写教材、综述等而进行的检索,需要查全与课题相关的全部文献。

需要事实与数据类的检索课题,一般是以某一特定事物或数据信息为查询对象,其结果是有关某一事物的具体答案或确定的数值数据信息。事实类问题又分为词语类、史实类、人物类、时间类、地理类等多种形式;数值数据类问题包括各种科学数据、人口数据、管理数据、金融数据、财政数据、商业数据等统计数据。

二、选择检索工具(或数据库系统)

当检索课题的实质明确以后,就要选用合适检索系统进行查找。是使用手工检索,还是计算机检索,是利用参考型工具,还是检索性工具,要根据检索课题的具体要求,课题的学科、专业特点以及所需文献类型,考虑检索工具报道文献的学科专业范围、文献类型、文种是否符合需要,了解所选检索工具对文献提示的深度、提供的检索途径、报道的时差等因素,选择最能满足检索要求的检索工具。同时还要注重检索工具权威性,综合性与专业性、单一性等的结合使用。

1. 选择工具书

书目适用于查找各类图书、书刊篇章、报刊出版;索引适用于查找论文篇目、主题资料、图书篇章、诗词文句以及人名、地名的出处等;文摘适用于查找图书论文提要;辞书适用于查找文字形体、字词的读音和意义、各类名词术语(人名、职官名、地名、成语典故)以及历史事件、名诗名句等;百科全书适用于查找各学科知识;年鉴适用于查找各学科研究动态、时政大事、统计资料以及图书论文篇目等；手册适用于查找各学科各行业基础知识以及统计资料、人物、地名等；名录适用于查机构资料以及人名、地名等；图录适用于查找各种图像资料。

2. 选择数据库

查找图书、期刊论文等一次文献，可利用收藏单位的OPAC、中外各种综合性和专业性的索引、题录以及全文数据库；查找学科术语、事实类和数据类资料，可利用各类事实与数据、数值型数据库。而数据库收录的信息内容所涉及的学科范围、文献类型、数量、时间范围、更新周期，以及数据库所能提供的检索途径、检索功能和服务方式等是关注的重点内容。

确定检索系统质量的客观标准一般有以下几个，一是看文献的收录量，二是看文献收录时限，三是看其易用性，四看信息的整合程度，五是看能否易于获取原文。

值得强调的是，由于不同的学科研究领域对文献出处的需求存在差异，所以在对科学技术领域的信息检索时，由于科技文献具有较强的知识积累性，文献老化，周期大大短于社科文献，新发表的论文大体上能将在它之前已有的相关知识吸收进去，因此，对科技信息的检索，在检索手段上应强调优先选择和利用时效性强的现代化检索工具。

三、确定检索途径、方法和策略

选用具体的检索工具后，就要考虑选择哪种检索方法，确定具体的检索途径，选用什么检索词，制定什么检索策略，达到什么检索要求等。

1. 检索途径

在利用各种检索工具（或数据库系统）查找文献信息时，主要是利用检索工具的各种索引（或检索字段）。每种索引（或字段）提供一种文献信息检索途径，一般来说，每种检索工具都为用户提供几种检索途径。工具书的编排方法就是其所提供查询的途径，一般有分类、主题、作者、拼音、部首、笔画等检索途径。数据库系统的主要检索途径有分类途径、主题词/关键词途径、著者途径、题名途径，全文检索系统还提供任意词（自由词）途径，有的数据库还提供一些特殊的检索途径，如机构途径、引文途径、基金途径等。

一种检索途径一般只适应某一种检索要求，检索时应考虑课题的难易和范围，并结合各种检索途径的特点，选择相应的检索入口。检索途径的选择应根据课题的需要加以灵活运用，或将几种检索途径相互补充、配合使用，以达到理想的检索效果。

以查全为前提的课题，宜用分类途径。选择相应的分类名称和分类号，就能检索到与课题相关的全部文献。

以查准为前提的课题，如果文献需要量不大，用题名检索途径，因其直接采用文献题名的词汇为检索标识，故查准率较高，如果将题名途径和主题途径配合使用,则可达到较高的查全率和查准率。

多数研究课题一般通过标题、主题途径基本能获得满足。当通过标题或主题途径检索效果不理想及文献检出量不够时,可考虑全文数据库任意词(自由词)检索途径。对于全文数据库,则应考虑使用全文关键词途径,该途径能将文献题名未包含该词而文献内容却包含该词的文章检出,查全率较高,但误检率也较高,可带出一批文献内容虽含有该词但对课题却无参考价值的文献;若想了解课题研究最新成果或跟踪课题发展趋势,应配合年份途径进行限制检索;若检索某一专家学者的学术成就,则应采用作者检索途径。

2.检索方法

信息检索方法包括直接检索法、间接检索法、追溯检索法和循环检索法四种,要根据需要选用。

如果检索课题单一,课题文献相对比较集中,可用直接检索法浏览查阅原始文献,并同时使用追溯检索法追踪扩展查找相关文献。利用文末参考文献线索查找相关文献信息,在某种程度上可以扩大文献来源。由于原文献作者所引用的参考文献数量有限,而且不够全面,因此容易产生漏检和误检,且查全率极低。但是在检索工具缺少的情况下,可作为查找一种辅助方法。

如果需要掌握课题的来龙去脉,应系统收集该课题的有关文章,一般不要有重大遗漏,则宜用顺查法。这种检索法,年度跨度很大,查全率很高,所得结果系统全面。但是费时费力,工作量极大,适合于内容复杂、时间较长、范围较广的研究课题。

如想查阅课题最新的研究成果,可用倒查法。这种方法适合于课题查新以及掌握研究动态和制定研究规划时使用。采取这种方法可以及时把握学科的最新发展动态,且检索的时间跨度可以灵活掌握,检索效率高,但与顺查法相比,查全率相对较低。

如果熟悉学科发展特点,了解学科文献在某一时间内发表情况,即可采用抽查法。此方法花费时间较少,检索效率较高,但检索者必须熟悉该学科的发展特点,了解该学科文献 发展较为集中的时间范围,只有这样才能取得较好的效果。

就使用网址而言,在不了解查询某一专题信息的链接地址时,可从提供信息总目录的Web页面开始浏览,沿着专题连接层层查找,直到找到相关内容为止。然后,可将网址保存下来,转向另一个分支。这种方法可以迅速获得较多的相关地址,然后进行筛选。就使用搜索引擎而言,可选择连接页面多、响应时间快的搜索引擎进行相关信息查找。

在文献信息检索过程中,由于检索者对文献信息的需求不同,加之往往受制于检索工具、检索时间或检索环境等因素的影响,所以,检索方法并没有一定的规律可循。但是,无论是用计算机检索还是用手工检索,在具体检索时,都要根据检索课题的不同要求进行选择,常常是利用综合法,即先利用检索工具查出一批有用文献,然后利用这些文献所附的参考文献进行追溯查找,扩大文献线索。如此分段交替循环进行,可得到大量相关文献,以达到省时、省力、查全的效果。

3. 检索策略

检索策略是在正确分析信息需求的基础上,确定检索途径,选择确切地检索词,明确各检索词之间的逻辑关系与查找步骤,编制出符合检索课题的检索提问式。要充分利用已知条件,进一步扩大未知文献的查找线索,或者从三次文献着手,缩小检索范围,然后再查阅二次文献或通过二次文献检索,而进一步找到所需的原始文献。

首先,选择检索词。检索词是在课题主题概念的基础上形成的,检索词选择直接影响到检索效果。选择出所有能够表达检索概念的相关词,包括同义词、近义词、缩写词、俗称、简称以及词语的不同表现形式等应尽量选全,以提高查全率;选用数据库规定的规范词和代码,或者在相关专业文献中选择常用的专业术语,可获得最佳的检索效果;控制检索词的内涵和外延。概念太笼统、太大,容易造成漏检,但概念太小,也容易造成漏检。

其次,构建检索式。检索式是检索策略的逻辑表达式,是用来表达用户检索提问的,由基于检索概念产生的检索词和各种组配算符构成。检索词可以是一个单元词,表达一个单一概念,也可以是多个词组,表达多个概念。组配算符通常有布尔逻辑算符、截词符、通配符、位置算符等。绝大多数课题的检索概念都不止一个,因此在选定必要的检索词后,就需要编制检索提问式,确定科学的检索策略来保持信息需求、信息提问和检索效果的一致。通常使用逻辑“与”组配具有交叉、限定概念的检索词来缩小范围,起到缩检的作用,得到的检索结果专指性强,提高查准率;使用逻辑“或”组配同义词或相关词扩大范围,得到更多的检索结果,起到扩检的作用,提高查全率;使用逻辑“非”排除某些无用文献缩小范围,得到更切题的检索结果,但也容易造成漏检。此外,对于比较复杂的或综合性的课题,为兼顾查全和查准率,在构建检索提问式时,还要注意使用位置算符、截词符以及各个检索项的限定要求及输入次序等。

四、实际检索操作

构建完整检索提问式后,就可以利用检索工具(或系统)实施具体的检索。文献信息检索过程是一个动态的决策过程,检索失误时有发生。所谓检索失误,是指检索行为在检索过程中偏离或背离检索目标,使得检出的文献与实际需求不相符合(或漏检或误检)。因而,有必要对检索结果进行分析、评价,重新调整检索策略,调节检索词之间的数量关系及逻辑组配关系,进行二次检索,以逐步接近或达到满意的检索效果。

检索结果文献量过多：一种可能是主题词本身的多义性导致误检，二是对所选的检索词截词使用不当。可以考虑减少同义词与同族相关词；使用逻辑与或逻辑非缩小检索范围，或者对原检索词增加时间、文种、著者、文献类型等某些字段范围的限定；调整位置算符由松变严等。

检索结果文献量过少：一是选用了不规范的主题词或某些产品的俗称 商品名称作为检索词；二是同义词、相关词、近义词没有运用全；三是上位概念或下位概念没有完整运用等。可以考虑选全同义词与相关词并用逻辑"或"扩大检索范围；也可减少逻辑"与"的运算，丢掉一些次要的或者太专指的概念或使用截词符处理自由词，调整位置算符，由严变松，提高检全率。

如此反复修改检索策略，直至检索到适合的文献为止。根据检索系统提供的检索结果输出格式，选择需要的记录以及相应的字段(全部字段或部分字段)，将结果显示在显示器屏幕上、存储到磁盘或直接打印输出，网络数据库检索系统还提供电子邮件发送等。一般检索结果往往是凌乱的、不系统的，有时是不一致的甚至是互相矛盾的解释，这就要进行去粗取精、去伪存真的过程，对照原始文献进行阅读、核对和查实，并使之条理化，判断索得文献的参考价值，准确记录文献的分类号、题名、著者、出处和入藏号，以便索取原始文献。

五、索取原始文献

查找原始文献是文献检索的最终目的，是整个检索过程的最后阶段。从检索工具系统中查到文献线索后，先要对其进行甄别，剔除不需要的和重复的文献；然后要正确地找出获取原文所必需的著者姓名、题名、出版时间及详尽的出处，将文献来源缩写形式，通过检索工具本身的附录(如"来源索引"、"收录出版物一览表"等)转换为全称，将日文、中文、俄文等非拉丁语出版的拉丁语译文根据附录或有关规则还原成原文名称；最后，利用各种类型的馆藏目录和联合目录，查到文献原文。现在有许多数据库系统都有全文，可以直接点击链接进行浏览、打印或下载，也可通过相关的互借系统进行复制、订阅或申请订购，对各类文献信息的获取，要视检索工具和馆藏的具体情况而定。

查找原始文献，一般是由近而远，首先从本单位、本地区的文献资源入手，然后利用全国性的文献联合目录。随着计算机网络化的普及，许多文献收藏与服务机构已将馆藏文献信息建立了数据库，并连入互联网向用户提供文献的查询、传递和共享服务，利用互联网进行文献的查找和获取所需文献，目前已经成为用户方快捷、远程获取原始文献的一种发展趋势。

10.1.2 检索效率评价

检索效果是指利用检索系统(或工具)开展检索服务时所产生的有效结果，

反映了检索系统的能力，即指检索系统所具备的查全能力和查准能力。对于检索效果的评价，首先必须考虑的是对检索结果进行评价，即用户能否方便而快速查到所需要的切题文献，达到满意的检索效果。具体标准有两个：一是有没有得到所需要的信息；二是得到的信息是不是全面而准确。为了衡量与评价检索效果，人们提出了一些评价指标，包括收录范围、查全率、查准率、误检率、漏检率、响应时间、用户负担、输出形式等。其中查全率和查准率是普遍采用的量化评价指标。

查全率是指系统在进行某一检索时，检出的相关文献量与系统文献库中相关文献总量的比，它反映该系统文献库中实有的相关文献量在多大程度上被检索出来。

查全率=[检出相关文献量/文献库内相关文献总量]×100%。例如：要利用某个检索系统查某课题，假设在该系统文献库中共有相关文献为100篇，而只检索出来70篇，那么查全率就等于70%。

查准率是指系统在进行某一检索时，检出的相关文献量与检出文献总量的比率，它反映每次从该系统文献库中实际检出的全部文献中有多少是相关的。

查准率=[检出相关文献量/检出文献总量]×100%。例如：如果检出的文献总篇数为60篇，经审查确定其中与项目相关的只有45篇，另外15篇与该课题无关。那么，这次检索的查准率就等于75%。

显然，查准率是用来描述系统拒绝不相关文献的能力。查准率和查全率结合起来，描述了系统的检索成功率。

检索结果的评价是非常复杂的一个问题，从检索要求说，希望查全率和查准率都同时达到100%，即系统中存储的所有相关文献都被检出是最理想的效果，事实上不大可能达到100%的查全与查准。在多数情况下，查全率和查准率之间存在着相反的相互依赖的关系，即如果要提高检索的查准率，则势必会降低其查全率，反之亦然。影响检索效果的因素很多，几乎涉及信息存储和信息检索全过程。从信息存储角度讲，检索系统文献收录不全、文献质量不高，标引不够详尽、准确，提供的检索途径不多等，都是影响查全、查准的因素。从信息检索的角度看，检索者检索课题要求不明确，检索工具选择不当，检索途径选择不准，检索策略编制不佳等，都导致难以达到理想的检索效果。

所以，在实际检索过程中，应该尽量兼顾查全和查准，不可片面追求某一方面。为提高检索效率，从检索系统的角度说，应该提高检索系统的质量，从检索者的角度讲，应该正确表达检索需求，编制合理的检索策略，提高检索技能，使课题检索的查全率与查准率处于一个最佳的比例关系。

10.1.3 信息资料的鉴别与整理

查阅、收集资料是一项基础工作，及时获取信息、整理信息并准确分析信息是有效利用的前提。通过各种渠道采集的原始信息通常是真假混合、繁杂无序的，因此，在课题资料收集工作完成之后，就要对信息进行分析，将信息资料进行有选择地使用和整理。

一、信息资料的鉴别

鉴别资料就是对搜集来的资料作可靠性、新颖性、适用性和典型性的判断，进行质量上的评价和核实，在鉴别资料过程中有两点是需要注意的：

首先，要鉴别真伪。因为资料不一定完全真实，而资料是否真实，直接关系到所研究课题的真伪。如果用了不真实的资料进行研究，那么，研究的结论很可能就是不真实的。一些有价值的研究，会因为参考资料的失实而前功尽弃。要想鉴别真伪，就要鉴别资料的客观实在性和本质真实性，也就是弄清楚它是否真的发生、存在，是否在有条件的情况下才能发生；事物是偶然还是必然；是个别还是一般；是现象还是本质；是主流还是支流。我们要从事物的总体本质及其联系上挖掘事物本质的真实性，还要结合各方面的资料综合思考，分清真伪，进行比较分析，不要被局部或暂时现象迷惑。

其次，要鉴别程度。只要认真鉴别，多熟悉资料，你就能学会对资料的质量进行鉴别。常用的鉴别方法是比较法和专注法。

比较法是通过对同一资料进行对比，以确定正误和优劣。例如，把资料本身的论点和论据相比较；把正在阅读的资料和已经确认可靠的资料相比较；把宣传性广告和产品目录相比较，等等。

专注法就是注意专门的鉴别性文章，在学术界经常会产生不同的观点，甚至产生针锋相对的论点的争论，这是很正常的现象。争论中往往会发现原理论的不足之处，甚至错误之处，争论中理论也会得到发展。

二、信息资料的整理

资料的整理就是将所获取的信息资料分门别类地加以归纳，使原来分散的、个别的、局部的、无系统的信息资料，变成能说明事物的过程或整体，显示其变化的轨迹或状态，论证其道理或指出其规律的系统的信息资料。资料的整理一般可分为三步：

第一步是根据信息资料的性质、内容或特征进行分类。将相同或相近的资料合为一类，将相异的资料区别开来。

第二步是进行资料汇编。汇编就是按照研究的目的和要求，对分类后的资料进行汇总和编辑，使之成为能反映研究对象客观情况的系统、完整、集中、简明的材料。

第三步就是进行资料分析。运用科学的分析方法对所占有的信息资料进行分析,研究特定课题的现象、过程及内外各种联系,找出规律性的东西,构成理论框架。

10.2 科技论文的设计与撰写

10.2.1 科技论文概述

一、科技论文的含义

科技论文是科学技术论文简称,是报道自然科学研究和技术开发创新工作成果的论说文章。它是通过运用概念、判断、推理、证明或反驳等逻辑思维手段,来分析表达自然科学理论和技术开发的研究成果。一般包括学术性论文、技术性论文、学位论文等。科技论文主要用于科学技术研究及其成果的描述,是研究成果的体现。运用它们进行成果推广、信息交流、促进科学技术的发展。论文写作完成后通常在学术刊物上发表,或在学术会议上宣读交流。它们的发表标志着研究工作的水平为社会所公认,载入人类知识宝库,成为人们共享的精神财富。科技论文还是考核科技人员业绩的重要标准。

二、科技论文的特征

1. 科学性

所谓科学性是指选题必须有理论和事实根据;内容真实可信,忠于事实和材料;论点明确,论据可靠而充分;结论能经得起实践检验。科技论文以记录和总结科学研究实践过程,表述和论证并传播科学信息为职能,因而必须具有科学性。

科学性是科技论文在方法论上的特征,使它与一切文学的、美学的、神学等的文章区别开来。它不仅仅描述的是涉及科学和技术领域的命题,而且更重要的是论述的内容具有科学可信性,科技论文不能凭主观臆断或个人好恶随意地取舍素材或得出结论,它必须根据足够和可靠的实验数据或现象作为立论基础。所谓“可靠的”是指整个实验过程是可以复核验证的。

2. 首创性

首创性是科技论文的灵魂,是有别于其他文献的特征所在。它要求文章所揭示的事物现象、属性、特点及事物运动时所遵循的规律,或者这些规律的运用必须是前所未见的、首创的或部分首创的,必须有所发现,有所发明,有所创造,有所前进而不是对前人工作的复述、模仿或解释。科技论文的创新性大致表现在以下几方面:开拓新的研究领域,提出前人所无的全新论断;深化和发展前人的研究成果;从不同的角度,或以新的论证方式,或利用新资料来研究老问题,提出新见解等。创新性是衡量科技论文是否有价值的根本标准。

3. 逻辑性

逻辑性是指所提出和论述的问题必须具有一定的逻辑顺序和内在联系，其逻辑结构应是步步为营、层层推进，运用演绎推理或归纳推理等研究方法，推出必然的结论。逻辑性是一篇科技论文成功的重要保证。逻辑性是文章的结构特点，它要求论文脉络清晰、结构严谨、前提完备、演算正确、符号规范，文字通顺、图表精致、推断合理、前呼后应、自成系统。不论文章所涉及的专题大小如何，都应该有自己的前提或假说、论证素材和推断结论。通过推理、分析、提高到学术理论的高度，不应该出现无中生有的结论或一堆堆无序数据、一串串原始现象的自然堆砌。

三、科技论文的分类

从不同的角度分析，科技论文有不同的分类结果，如：按学术水平分可为一般性论文和学术性论文；按科学劳动的结果可分为依据性论文、原始性论文和成果性论文；在高等院校里通常划分为学士学位论文、硕士论文、博士论文和科研论文；按研究和写作方法分为理论推导型、实（试）验研究型、设计计算型、发现发明型。也可按写作目的和发挥的作用分为学术性论文、技术性论文、综述性论文、学位论文类。其他类型如科普类：科普创作和科技电影剧本；新闻类：科技通讯、科技广播、科技消息、科技新闻。

科技论文常见类型介绍：

（1）论证型：是对基础科学命题的论述与证明的文件。如对数、理、化、天、地、生等基础学科及其他众多的应用性学科的公理、定理、原理、原则或假设的建立、论证及其适用范围，使用条件的讨论。

（2）科技报告型：科技报告是描述一项科学技术研究的结果或进展或一项技术研究试验和评价的结果，或者论述某项科学技术问题的现状和发展的文件，记述型文章是它的一种特例（如医学领域的许多临床报告属之）。许多专业技术、工程方案和研究计划的可行性论证文章，亦可列入本类型，这样的文章一般应该提供所研究项目的充分信息。原始资料的准确与齐备，包括正反两方面的结果和经验，往往使它成为进一步研究的依据与基础。科技报告型论文占现代科技文献的多数。

（3）发现发明型：记述被发现事物或事件的背景、现象、本质、特性及其运动变化规律和人类使用这种发现前景的文件；阐述被发明的装备、系统、工具、材料、工艺、配方形式或方法的功效、性能、特点、原理及使用条件等的文件。

（4）计算型：提出或讨论不同类型（包括不同的边值和初始条件）数学物理方程的数值计算方法，其他数列或数字运算，计算机辅助设计及计算机在不同领域的应用原理、数据结构、操作方法和收敛性、稳定性、精度分析等。它往往是计算机软件进一步开发的基础。

(5)综述型:这是一种比较特殊的科技论文,与一般科技论文的主要区别在于它不要求在研究内容上具有首创性,尽管一篇好的综述文章也常常包括某些先前未曾发表过的新资料和新思想,但是它要求撰稿人在综合分析和评价已有的资料基础上,提出在特定时期内有关专业课题的演变规律和趋势,是对分散的、不易集中的某学科领域的发展状况、研究现状、发展趋势等资料进行收集、整理、浓缩、介绍,并记录成文的成果形式。综述文章的题目一般较笼统,篇幅允许稍长,它的写法通常有两类:一类以汇集文献资料为主,辅以注释,客观而少评述,某些发展较活跃的学科的年度综述属此;另一类则着重评述,通过回顾、观察和展望,提出合乎逻辑的,具有启迪性的看法和建议。这类文章的撰写要求较高,具有权威性,往往能对所讨论学科的进一步发展起到引导作用。

(6)学士学位论文

学士学位论文应能表明作者确已较好地掌握了本门学科的基础理论、专门知识和基本技能,并具有从事科学研究工作或担负专门技术工作的初步能力,应能体现作者具有提出问题、分析问题和解决问题的能力。学士论文的篇幅一般为0.5万～2万字。学士学位论文是对选定的论题所涉及的全部资料进行整理、分析、取舍、提高,进而形成自己的论点,做到中心论点明确,论据充实,论证严密。学位论文写作时还可以借鉴前人的研究思路、研究方法,以至重复前人的研究工作,但应具有自己的结论或见解。学士学位论文格式一般按科技论文格式写作。学士论文的选题可从如下方面考虑:

①选择具有创新意义的研究内容为题(对一些定理、命题给出新的证明、解释;通过实验和调查研究发现一些新的规律和结果,这类选题难度较大)。

②在前人研究的基础上,从发展、提高的角度选题(对已发表的论文或教课科上的一些结论、结果做一些订正、改进、推广、深化和提高等工作)。

③采用"移植"方法选题(运用不同学科的理论、研究思想、方法、实验技术去解决另一学科的有关问题)。

④进行不同学术观点的讨论作为论文的选题。

⑤用所学知识去解决实际问题作为论文的选题。

⑥对有关学科、领域或研究专题等进行综述、评述作为论文选题。

10.2.2　科技论文的写作方法和步骤

科技论文的写作是一项复杂的智力活动,有效掌握科技论文的写作步骤是顺利完成写作的必要条件。概括地说,科技论文写作主要经过以下步骤:

一、选　题

选择课题,确定主攻方向,是撰写学术论文的第一步,它直接关系着学术成果的质量和水平。科研人员的远见卓识,首先就表现在这里。爱因斯坦曾经说过:“提出一个问题往往比解决一个问题更重要。因为解决一个问题也许仅是一个数学上的或实验上的技能而已。而提出新的问题,新的可能性,从新的角度看旧的问题却需要有创造性的想象力,而且标志着科学的真正进步。”希尔伯特也认为“问题的完善提法意味着问题已经解决了一半”,因而选题一定要恰当,慎重。

1. 选题的原则

学术研究活动往往受到许多因素的限制,应当研究什么问题,不应当研究什么问题,需要遵循一定的原则。选题一般包括适应需要、具有学术价值和现实可能性三个原则。

(1)适应需要,是说要针对学科发展和社会发展的需要进行论文选题。

(2)注重学术价值,选择本学科的重大问题,即大家普遍关心,正在思考,有所争议,迫切需要解决的问题。

(3)现实可能性,是说完成所选课题应具备的主体条件和客体条件,主体条件即对所选课题的掌握程度,客体条件主要指研究必备的资料、设备、工具等各种物质手段。

2. 选题的方法

(1)在调查研究的基础上选题。全面了解本学科专业的研究历史和研究现状,是选择论题的基础。要弄清楚以下问题:前人的研究成果中已经解决的问题是否有学科“空白点”、研究的不足之处、存在争议的问题、争议的焦点问题、研究的薄弱环节、尚待深入研究的领域、在实践中出现的新情况新问题等。如果熟悉本学科研究概况,掌握本专业领域的基本研究成果,并能深入了解某一专题的研究动态,才有可能选择合适的论题。一般说来,应最好选择别人还没有研究过的或没有研究透的选题,或是国外研究过的而本国尚未研究过的课题,或是过去研究过的而现在尚需继续研究的课题,或是从新角度、新侧面去研究老问题的课题等。

(2)在学术研究的争论中选题。从某种意义上说,选题就是抓矛盾。在学科发展进程中,往往在一些关键问题上或对学科基本概念的理解上,存在分歧或对立;随着学科发展和社会实践的进步,一些旧观点也不能适应新形势的发展需要,会产生一些有争议的问题。善于发现旧理论观点的不适应性,注意对学术争论中具有矛盾、分歧、对立的问题进行分析提炼、归纳综合,就有可能发现有意义的论题。

3. 选题需注意的问题

(1)要注意选题的内容范围不宜太大。论文的题目有大有小,有难有易。如果选题较大,难度过深,会力不从心而难以驾驭,即使勉强完成,也容易流于表面,难以说深讲透。选择大小适中、难易适度的论题,才有可能抓住问题的要害和重点，才能够做到分析透彻精辟、有独到见解，最终形成有分量的论文。

（2）要注意扬长避短。有待研究的问题虽然很多，但并不是每个论题自己都具备研究条件。所以选题要切合自身实际，力求选择那些与自己所学专业对口，或者自己原有知识基础较好，又有一定研究条件的论题。

二、收集整理资料

在论文题目确定以后，接下来便是材料的搜集工作。搜集材料既是寻找论据，丰满论文“血肉”的过程，也是论点——论文“灵魂”提炼的准备过程。充分占有大量材料是学术论文写作的基础。

资料收集一方面是通过检索工具或检索系统查找所需要的文献资料。迅速获取文献资料，熟悉各类信息源的分布，熟悉各种信息检索系统的功能与使用，掌握信息检索的途径与方法，这正是本书所讲述的内容。另一方面则是通过作者的科学观察、实地调查和科学实验，把观察到的现象和测量到的数据详细记录下来而得到材料，这与专业的特点极为相关。

三、拟定写作提纲

拟定写作提纲是论文写作的重要阶段，实际上是对论文的总体框架进行构思。编写提纲可以保证一篇文章结构合理、层次清晰、前后照应、内容连贯、重点突出、比例协调。提纲的编写不能凭空编造，而是在对材料和主题深入思考研究的基础上，对论文的整体进行全面设计。拟制提纲的顺序：

（1）先拟标题。或提示论点，或提示课题，要求直接，具体，醒目。

（2）以论点句写出论文基本论点。

（3）选择论文构成的基本型，确定全篇逻辑构成的骨架。

（4）写出层次与段落的先后顺序。

（5）资料按构思的顺序标上序码备用。

（6）全面检查，修改提纲。

四、起草初稿

按照已经拟定的写作提纲，运用丰富翔实的材料，在深入思考、研究、分析的基础上，按照自己要表达的主题充分准确地表达出来，即可完成初稿。在执笔写作的过程中，应注意运用以下的方法：（1）从已知的到未知的；（2）从亲近的到较疏远的；（3）从简单的到复杂的；（4）从预备知识到本题论旨；（5）从概说到分论；（6）从具体到抽象；（7）从读者容易赞成的到不大同意的；（8）从与读者有关的到关系不大的；（9）从读者兴趣浓厚的到兴趣淡薄的；（10）语言尽量写得简洁、精炼；避免烦冗；（11）表和图的运用有助于论文的变化，增强表达效果；（12）引文尽量要少，引时不可断章取义，要核对无误；引文的出处要加注，方法有夹注、脚注、章（节）附注、尾注。

五、修改定稿

论文的初稿写成之后，还要再三推敲，反复修改。论文的修改，一般包括观点的订正，材料的增删，结构的调整，语言文字的润色等几个方面。修改的方法因人而异，因文而异。但不论用什么方法都应该注意：(1)要主动听取别人意见；(2)要再查阅、再研究，然后动笔修改；(3)要“冷处理”，即把初稿搁上若干天，然后广泛地浏览有关的资料，让头脑冷静下来，再行修改。这样修改，往往容易突破原来的框框，发现问题，产生新的看法，就可以使论文质量得到明显的提高。

10.2.3 科技论文的格式要求

一、科技论文的结构

随着科学技术飞速发展，科技论文大量发表，越来越要求论文作者以规范化、标准化的固定结构模式（即通用型格式）来表达他们的研究过程和成果。这种通用型结构形式，是经过长期实践，人们总结出来的论文写作的表达形式和规律。一般由前置、主体、附录三部分组成。

1. 前置部分

论文的前置部分包括标题、作者和作者单位、摘要、关键词、分类号等，见图10-1。

(1)标题（题目、题名、篇名）

标题是标明文章内容的简短语句。科技论文的标题应以最恰当、最简明的词语来表达论文的中心内容，恰如其分地反映研究的范围和所达到的深度。应符合编制题录、索引和便于检索的有关原则，有助于选择关键词，中文篇名一般不宜超过20个字，必要时可加副题名。英文篇名应与中文篇名含义一致。

(2)作者及工作单位

作者署名是文责自负和拥有著作权的标志，便于读者与作者的联系及文献检索，应是参加论文撰写的主要人员，按贡献大小先后排列，需用真实姓名，一般不用笔名、化名、不带头衔或职称，署在文章标题下一行，姓名之间用“，”分开。作者单位及其通讯地址应用全称，不得用简称，写在姓名下一行，并要注明地区及邮政编码，同时，在篇首页页脚标注主要作者的简介，内容包括姓名、性别、出生年月、职称、学位、研究方向，E-mail等。

(3)摘　要

摘要是文章内容不加注释和评论的简短陈述，是论文的精髓。摘要的写作应具有独立性和自明性，应是一篇完整的短文。应尽量写成报道性文摘，也可以写成指示性或报道/指示性文摘；摘要一般不分段，不用图表和非公知公用的符号或术语；应采用第三人称表述，不使用“本文”、“作者”作为主语。一般不超过250个字。英文摘要一般与中文摘要内容相对应。

前置部分
- 封面、封二(必要时)
- 标题
- 作者
- 序或前言(必要时)
- 摘要
- 关键词
- 目次页(必要时)
- 插图及附表清单(必要时)
- 分类号

图10-1　科技论文前置部分主要内容

(4)关键词

关键词是为了便于文献标引和检索而选取的能反映论文主题概念的词或词组。关键词的选取要注意对论文主题进行概念分解,对确定的主题进行再分析,从中找出那些最能够表达主题内容,具有检索价值的重要词汇,一般每篇文章标注3–8个,英文关键词与中文关键词相一致。

(5)分类号

中文科技论文应按照《中国图书馆分类法》对论文标引分类号。涉及多主题的论文,一篇可给出几个分类号,主分类号排在第1位,分类号之间以分号分隔。

2. 主体部分

主体部分主要包括引言、正文、结论、参考文献等,见图10–2。

(1)引言(前言)

科技论文一般都有引言或前言,以概述本论题研究目的、意义、背景、范围、主要方法、前人工作程度、目前的研究现状和存在的问题,以及该项研究工作在本学科中的地位、作用等。必要时还可写出该项研究工作的区域范围、合作单位和个人。引言应能起到引导全文和为正文主体部分奠定基础的作用。引言的写作要注意开门见山,言简意赅,不要与摘要雷同,或成为摘要的注释。“引言”或“前言”二字通常可以省略。

(2)正文部分

正文是科技论文的核心部分,占全文的主要篇幅,这部分是作者研究成果的学术性和创造性的集中体现。注意以下几个方面:

①层次标题

层次标题是指文章题名以下的各级分标题。层次标题应简短明确,准确反映该层次的内容。同一层次的标题应尽可能“排比”,即语词类型意义相同或相近，语气一致。层次标题一般以15个字以内为宜，最多不超过当行字数。标题编号一般方式是用阿拉伯数字连续编号，不同层次的数字之间用小圆点“.”相隔，末位数字后面不加点号，如“1”，“1 .1”，“1. 1 .1”等。

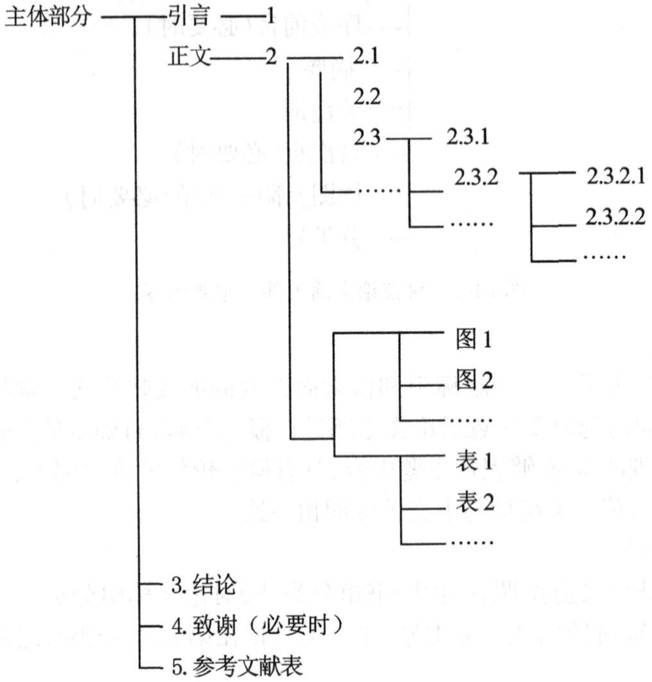

图10–2　科技论文主体部分主要内容

②论证

科技论文以议论为主要表达形式。所谓议论，就是阐明道理和评论是非。科技论文中的议论是通过概念、判断、推理等逻辑形式进行的，包括论点、论据和论证三个要素。论点和论据在选题、分析整理资料和设计提纲时已经形成，行文中的论证，主要解决论文的具体论证问题。论证离不开推理，推理是由一个或几个已知判断推导出未知判断的思维过程，论证是用论据证明论点的推理过程，两者有密切联系。常见的推理方法包括即归纳法、演绎法和类比法。

在具体论证过程中，较常用的论证方法有例证法、引证法、分析法、比较法。例证法是以客观事实、统计数字、实验结果、图表照片等为论据来证明论点的论证方法；引证法是运用已被实践证明了的科学原理、定义、定律和尽人皆知的常理等作为论据证明或推理的论证方法；分析法是通过对问题所包含的事理进行分析，揭示其内在联系，使论点得到证明和深化的论证方法；比较法是应用与论题同类，相近或相对的事物或观点作论据，通过比较说理，从而证明论点的论证方法。比较法是学术研究和科技论文主要的论证方法。实际论证过程中，上述几种论证方法往往是综合采用的。

③实验内容

实验原材料及制备方法：主要描述研究材料的可靠性、均衡性及随机性的情况。

实验所用设备、装置和仪器：通用设备应注明规格、型号，如果是自己特制的装置，应提供示意图，并附测试、计量所用仪器的精度，使读者得知实验结果的可信度和准确程度。

实验方法和过程：方法包括测量仪器、测定方法、标本处理、计算方法等，过程如何进行，操作应注意事项。若有技术上的经济性，要正确处理好学术交流与技术保密的关系。

实验结果：结果部分是示出处理后的实验效应，包括各项指标的数据和图像。对结果进行分析，把实验所得的数据和现象加以解释，阐明自己的新发现或新见解。图表的数量应择其要者。

写该部分时要注意首先是选取数据必须严肃认真，实事求是；其次是描述现象要分清主次，抓住本质，图表设计要精心，使其一目了然；最后是分析问题必须以理论为基础，以事实为依据。

④理论解析

解析方法：包括前提条件、提出的假设、解析的现象、适用的理论和计算的程序；

解析的结果：可用图表、公式进行整理；

分析讨论：对结果的可信度、误差的评价。

⑤数字的用法

在科技论文写作中涉及数字的使用时，应遵循如下规范：

定型的词、词组、成语、惯用语、缩略语或具有修辞色彩的词语中作为语素的数字，必须使用汉字。

公历世纪、年代、年、月、日、时刻和各种记数与计量（包括正负数、分数、小数、百分比），均采用阿拉伯数字，年份必须用全称。在表示多位数（5位以上）大数目时，可改写为以万和亿为单位的数，但一般不使用十万、百万、十亿等作单位。

邻近两个数字并列连用所表示的概数均使用汉字数字。数值范围的符号一般采用“~”表示。

含有月日简称表示事件、节日和其他意义的词组，要求使用汉字，重要事件外加引号。

中国干支纪年和夏历月日，要求使用汉字，并采用阿拉伯数字括注公历。

⑥计量单位的使用

在科技论文的写作中，量和单位的使用应严格执行国家标准GB3100-3102-93《量和单位》的规定，一律采用中华人民共和国法定计量单位。量的符号一般采用单个拉丁字母或希腊字母，量值的表达要使用的国际单位符号且要用正体。

⑦图表

在进行各种研究和和试验过程中，会涉及诸多数据和图表。数据获取必须严肃认真，实事求是，既要精确又要准确，还应具有代表性。图表要精心设计，大小适中，线条均匀，尽可能找出规律，图表中的度量单位、符号、术语、文字及插图表达要一致，使其一目了然。表中所有单位相同，应将单位标注在表的右上角，不写“单位”二字，表中不能出现“同上”、“同左”、“下同”来代替相关内容。图应有以阿拉伯数字连续编号的图序和简明的图题(一般是中英文并列)(如“图1”、“图2”……)。图序和图题间空1个字距，一般居中排于图的下方。

表一般随文排，先见文字后见表，表应有以阿拉伯数字连续编号的表序(如仅有1个表，表序可定名为“表1”)和简明的表题(一般是中英文并列)。表序和表题间空1个字距，居中放在表的上方。

(3)结论

论文主体部分之后通常有结论。结论是文章的总结性说明，应准确、简明、完整、有条理。结论的内容可包括研究工作最终得出的结果，说明的问题和规律，还有哪些不足尚需继续研究等。

(4)参考文献

参考文献既是论文必不可少的内容，也是学术规范中的重要组成部分，它不仅反映出作者对于前人研究成果的继承，也界定了作者对该学科已有成果研究的范围。

①参考文献的含义

论文参考文献，就是你所写的论文中引用的其他资料中的内容，如数据、研究方法、概念及别人的研究成果等。其主要作用是为论文的观点提供论据，同时为引文统计提供依据。一般在文末标明参考文献的资料著者、题名、页码、章节等具体出处，在正文引用文献处右上角用方括号标注阿拉伯数字序码，并与文末参考文献序码一致。

②参考文献的著录规范

·文献类型标识

印刷文献类型标识：M——专著，C——论文集，N——报纸文章，J——期刊文章，D——学位论文，R——研究报告，S——标准，P——专利。对于专著、论文集中的析出文献采用单字母"A"表示，对于其他未说明的文献类型，采用单字母"Z"标识。

电子文献类型与载体标识：DB—数据库，CP—计算机程序，EB—电子公告；MT——磁带，DK——磁盘，CD——光盘，OL——联机网络；DB/OL——联机网上数据库，DB/MT——磁带数据库，M/CD——光盘图书，CP/DK——磁盘软件，J/OL——网上期刊，EB/OL——网上电子公告。

·格式与排列

参考文献著录规则规定各个著录项目之间必须有识别符，形式与中文或外文的标点符号相似，但又不同于标点。标点是用在句子末尾或中间，而著录识别符则标注在著录项目之前，起着指示作用，并且与著录项目一一对应。同时也用于利用计算机检索时的一种识别码。例如，出版者前的识别符为"："，题名（篇名）前的识别符为"."，出版年前的识别符为"，"，而著者前则不加任何识别符。著录格式中所有的著录事项前后顺序都是固定的，出版者不能标在篇（题）名前，著（译）者也不能放在出版年后。如果某些事项省略，则其对应的标识符也相应省略。

☆专著：[序号] 著者．书名[文献类型标识]．版本．出版地：出版者，出版年：起止页码。例如：

[1] 徐光宪，王祥云．物质结构[M]．第2版．北京：高等教育出版社，1987：32-46，81.

对于多作者的文献著录。当作者为3人或少于3人的，应全部著录，名字之间用"，"隔开；若作者人数超过3人，则只列出前3个人的姓名，后加"等"；外国作者则3个人姓名后加",etal"。欧美作者的人名，名在前，姓在后，姓的首字母大写。部分亚洲国家作者是姓在前，名在后。

如果该书是第1次出版的，版本项可省略，如果是第2版的，版本项著录为"第2版"。著录时不加书名号。

☆ 期刊：[序号]作者．题名[文献类型标识]．其他责任者．刊名，年，卷（期）：起止页码。例如：

[2] 刘宗光．齐型空间上Herz空间及其应用[J]．数学物理学报，1999，19（3）：270-277.

对期刊出版卷、期的标识符不能混淆。出版年这个项目中期刊的年份、卷、期号应该完整，如果一份期刊只有出版年、期，没有卷，则不著录卷。卷的标识符是"，"，期的标识符为"（ ）"。例如，一篇论文刊载于某刊2004年第36卷第2期，则著录为2001,36（20），如果刊载于2001年第5期，则著录为2001（5）。

☆ 学位论文：[序号]作者．题名[D]．保存地：保存者，年份。例如：

[3]张志耘．数字图书馆个性化信息服务研究[D]．北京：中国人民大学，2004.

☆ 会议论文 [序号]作者．题名．会议名称，会址，会议年份。例如：

[4]王平．电子商务环境下物流配送计划调度专家系统的设计与实现．2001

中国控制与决策学术年会,西安,2001.

☆ 专利文献:[序号]专利申请者.专利题名[文献类型标识].专利国别,专利号.出版日期。例如:

[5]李本.辅送带跑偏自动调整器[P].中国专利,ZL00231686.2.2001-02-10.

☆ 技术标准 [序号] 起草责任者.标准代号 标准顺序号—发布年 标准名称[文献类型标识].出版地:出版者,出版年(起草责任者、出版项可以省略)。例如:

[6]全国量和单位标准化技术委员会.GB3100～3102-93 量和单位[S].北京:中国标准出版社,1994.

☆ 论文集中论文:[序号] 作者.题名[文献类型标识].见(In):编者.文集名.出版地:出版者,出版年,起止页码。例如:

[7]柯平.论图书馆战略知识管理[A].见2003中国图书馆学会学术年会论文集:中国图书馆学会.新世纪的图书馆员.北京:北京图书馆出版社,2003:1~7.

☆ 网络文献:[序号] 主要责任者.题名.电子文献的出处或可获得地址,发表或更新日期/引用日期。例如:

[8]邬家培.正确认识信息与知识及其相关问题的关系.http//www.zleco.zei.gov.cn/9811/02.htm.

☆报纸文献:[序号] 主要责任者.题名[N].报纸名.出版日期(版面次序)。例如:

[9]谢希德.创造学习的思路[N].人民日报,1998-12-25(10).

不同的期刊对参考文献的体例要求是不同的(特别是国外),所以在写科技论文(论文初稿)时,最好将参考文献的全部信息(所有作者、题名、年、卷、期、页码)都列出。在确定拟投稿期刊后,将论文初稿重新起名另存,然后根据拟投稿期刊对参考文献的体例要求去修改。保留论文初稿的原因有两个:一是便于作者日后查找相应的参考文献;二是如果论文被拒稿,那么在改投其它期刊时,作者能够方便地修改参考文献的体例,而无需重新查阅参考文献。

③参考文献的写作需要遵循的原则

·所选用文献应是与论文主题密切相关的、最主要的文献;

·文献必须是亲自阅读过,若为间接引用(即转引某篇论文的引文),需要提及该中间论文;

·优先引用最新发表的同等重要的论文;

·最好不引用专利、一般会议论文、普通书籍(如大学教材等)以及网络文献;

·避免过多地,特别是非必要地引用作者自己的文献;

·避免阅读的是中文文献,引用的是外文文献;

·确保文献各著录项(作者姓名、论文题目、期刊名称、专著名等)正确无误;

·参考文献的编写需遵循拟投稿期刊的体例要求。

(5)致谢

致谢一般单独成段放在“结论”段之后,但它并不是论文的必要组成部分。致谢是对曾经给予本研究的选题、构思或论文撰写以指导或建议,,对考察和实验作出某种贡献的人员,或给予过技术、资料、信息、物资或经费帮助的团体或个人致以谢意。

3. 附　录

附录是论文的附件,不是论文必要的组成部分,除确有特殊需要外,一般不设附录。但在不增加正文部分的篇幅和不影响论文主体内容叙述连贯性的前提下,为方便阅读之用可以设置。(1)放在正文中过于冗长的公式推导;(2)为方便阅读所需要的辅助性教学工具或表格;(3)重复性数据和图表;(4)论文中使用的主要符号、单位、缩写、程序全文及说明;(5) 调查问卷等。

以上介绍了科技论文的格式,但并非每一篇论文都要按上述格式项项不缺。可以根据实际情况删改。

主要参考文献

[1] 徐军玲,洪江龙.科技文献检索[M].上海:复旦大学出版社,2006.
[2] 姜效先,吴健,刘二灿.信息检索教程[M].北京:中国物资出版社,1999.
[3] 赵岩碧.信息检索原理与方法教程[M].北京:化学工业出版社,2005.
[4] 叶鹰.信息检索:理论与方法[M].北京:高等教育出版社,2004.
[5] 沈固朝.网络信息检索:工具·方法·实践[M].北京:高等教育出版社,2004.
[6] 余向春.化学文献及查阅方法[M].3版.北京:科学出版社,2005.
[7] 梁丽华,朱红.科技信息检索[M].北京:中国轻工业出版社,2004.
[8] 张明珍.网络信息检索原理与技术[M].成都:电子科技大学出版社,2001.
[9] 张厚生.信息检索[M].3版.南京:东南大学出版社,2002.
[10] 张有云.科技文献检索与利用[M].合肥:中国科学技术大学出版社,1999.
[11] 任胜国,周敬治.文献信息检索教程[M].北京:北京图书馆出版社,1999.
[12] 和正荣.信息检索与利用[M].重庆:重庆大学出版社,2000.
[13] 孙建军.网络信息资源搜集与利用[M].南京:东南大学出版社,2000.
[14] 张清华.信息(情报)检索基础教程[M].北京:中国林业出版社,2000.
[15] 穆安民.科技文献检索[M].重庆:重庆大学出版社,1996.
[16] 苏新宁.信息检索理论与技术[M].北京:科学技术文献出版社,2004.
[17] 孙建军.信息检索技术[M].北京:科学出版社,2004.
[18] 张翠梅.化学化工文献与信息检索[M].北京:国防工业出版社,2005.
[19] 董慧茹.化学化工信息检索基础知识和检索工具[M].北京:化学工业出版社,2005.
[20] 王正烈,王元欣.化学化工文献检索与利用[M].北京:科学工业出版社,2004.
[21] 姚荣余.美国《化学文摘》查阅法[M].北京:化学工业出版社,2004.
[22] 陈明旦.化学信息学[M].北京:化学工业出版社,2005.
[23] 万里鹏,肖红.国内网上书店的现状与评述[J].中国信息导报,2000(3):48-50.
[24] 杨育芬.以海量信息实现人性化服务——国内出版社网站的书目信息功能分析[J].中华读书报,2004-11-03.
[25] 曹玉霞.网络环境下的OPAC系统——七大图书馆OPAC系统的比较和分

析[J].图书馆建设，2000(6).
[26] 何青芳，陆琪青.中外科技报告的检索方法与获取途径[J].现代情报，2005(09).
[27] 周桂英.试论电子期刊的特点与局限性[J].黎明职业大学学报，2002(2).
[28] 刘廷蓉.网上国外专利文献的检索和利用[J].现代情报，2006(2).
[29] 张娴，鄢小燕，叶建忠等.因特网专利信息资源类型研究[J].现代图书情报技术，2005(10):10-14.
[30] 童云兰.Internet上专利信息的开发与利用[J].浙江大学学报(农业与生命科学版)，2005(6):820-824.
[31] 程良猛.浅谈标准文献的网上检索[J].内蒙古科技与经济，2006(20).
[32] 韦凤年.怎样写科技论文[J].河南水利，2006(9):37-39.
[33] 周芬娜.科技论文的引言与结论[J].编辑之友，1997(05):54
[34] 黄永松.科技论文署名、摘要及关键词的撰写[J].安徽教育学院学报(自然科学版)，1998(2):91-92.
[35] 白崇远.网上书店的特点及其对图书馆采购的影响[J].河北科技图苑，2000(2):7-9.
[36] 易爱华.论高校出版社网站的功能与建设[J].科技资讯，2007(7):28.
[37] 罗辉.网上搜索常用方法和技巧[J].中国医学教育技术，2006，20(4):353-356.
[38] http://www.sckjcg.gov.cn/root/root/kjcx/wxgs.jsp.
[39] http://www.lib.stu.edu.cn/html/wxjs/index/.
[40] http://202.116.41.252:8011/kcln/3/3_2.htm.
[41] http://www.thomsonscientific.com.cn/training.htm.
[42] http://www.library.fudan.edu.cn/eresources/help/ev2.htm.
[43] http://lib.scnu.edu.cn/teste/db/istp.htm.
[44] http://www.lib.tsinghua.edu.cn/.
[45] http://aqianblog.blog.163.com/blog/static/85278532006113111537661/.
[46] http://www2.lib.tju.edu.cn/n446909/n447105/n447116/5528.html.
[47] http://amazingapple.blog.163.com/blog/static/160938412007924111418785/.
[48] http://www.blogms.com/blog/CommList.aspx?BlogLogCode=1000824283.
[49] http://study.slzx.cn/hx/yjxxx/yjffzd/200612/259_2.htm.
[50] http://www.blog.edu.cn/user4/bookchen/archives/2007/1770368.shtml
[51] http://blog.163.com/zhangchaozw/blog/static/24694702006929403290/.
[52] http://www.cnki.com.cn/delivery/lunwen-kejilunwen-2.htm.
[53] www.zslib.com.cn/xuehui/2002lw/.

后 记

本书启蒙于南京航空航天大学图书馆专家邹小筑老师来我馆作的“网络信息资源的检索与利用”报告及其课件内容，得益于网络免费信息资源中各类检索课讲义、各数据库商和图书馆所作的数据库使用指南等帮助信息，借鉴国内文献信息检索专家的众多优秀成果，并结合本人20多年从事图书馆读者培训与指导经验，以及近年来给我校本科生开展文献检索课教学的实践经验编著而成。其中，李一梅参与第2章和第5章初稿编写；刘曼玉参与第3章和第10章初稿编写。借此机会，对在本书中引用的有关资料和网页的作者及诸位同行专家表示衷心的感谢！

同时，在本书立项出版过程中得到了学校、教务处、相关学院和图书馆领导们的关怀与支持，在此一并表示谢意。

特别要感谢的还有：

武汉大学信息管理学院图书馆学系主任、博士生导师肖希明教授在百忙中对书稿的指导审阅并作序；

图书馆馆长庄华峰教授对本书自始至终的关注，并题写书名；

图书馆业务副馆长吴代庆对本书编写思路及文献检索课大纲构架的具体指导；

数学与计算机科学学院副院长鲁世平教授和物理与电子信息学院副院长王元航教授对文献检索课程大纲和讲义构架方面的建议；

文献检索任课教师刘和文、章丽、沈炎、张琼、叶频等对相关教学信息的反馈及部分初稿的有益讨论；

出版社张传开教授、房列曙教授的大力支持和关心，编辑吴毛顺、秦宗财老师在本书的出版方面付出了诸多心血；

夫君叶世勇（化学与材料科学学院教授）和娇女叶菁（北京化工大学信息管理专业学生）在书稿的修改与审定方面花费了大量时间和精力。

在图书馆咨询部全体同仁随时随地地关心和鼓励下，本书历经5年终于脱稿。由于本人水平有限，书中错误和不足之处在所难免，诚请同行与专家批评指正。

编 著 者

2013年3月